Écrits 1

JACQUES LACAN
AU CHAMP FREUDIEN

De la psychose paranoïaque
dans ses rapports avec la personnalité
suivi de Premiers Écrits sur la paranoïa

*

Écrits

*

Télévision

*

Le Séminaire de Jacques Lacan
texte établi par Jacques-Alain Miller

Livre I
Les écrits techniques de Freud

Livre II
Le moi dans la théorie de Freud
et dans la technique de la psychanalyse

Livre III
Les psychoses

Livre IV
La relation d'objet

Livre VII
L'éthique de la psychanalyse

Livre VIII
Le transfert

Livre XI
Les quatre concepts fondamentaux
de la psychanalyse

Livre XVII
L'envers de la psychanalyse

Livre XX
Encore

*

Une sélection des *Écrits* est parue,
en deux volumes, dans la collection «Points Essais»,
ainsi que *De la psychose paranoïaque*
et *Les Quatre Concepts fondamentaux de la psychanalyse*

Jacques Lacan

Écrits 1

Éditions du Seuil

*Précédés d'une présentation inédite,
les cinq textes qui composent ce
volume sont extraits de l'ouvrage
que Jacques Lacan a publié en 1966
aux Éditions du Seuil sous
le titre « Écrits ».*

En couverture : photo André Villers

ISBN 2-02-000580-8

© *Éditions du Seuil, 1966.*

A quelqu'un,
grâce à qui ceci est plutôt signe...

Un signifiant qui donne prise sur la Reine, que soumet-il
à qui s'en empare ? Si la dominer d'une menace vaut le vol
de la lettre que Poe nous présente en exploit, c'est dire que
c'est à son pouvoir qu'il est passé la bride. A quoi enfin ?
A la Féminité en tant qu'elle est toute-puissante, mais
seulement d'être à la merci de ce qu'on appelle, ici pas
pour des prunes, le Roi.

Par cette chaîne apparaît qu'il n'y a de maître que le
signifiant. Atout-maître : on a bâti les jeux de cartes sur ce
fait du discours. Sans doute, pour jouer l'atout, faut-il
qu'on ait la main. Mais cette main n'est pas maîtresse. Il
n'y a pas trente-six façons de jouer une partie, même s'il
n'y en a pas seulement une. C'est la partie qui commande,
dès que la distribution est faite selon la règle qui la soustrait au moment de pouvoir de la main.

Ce que le conte de Poe démontre par mes soins, c'est que
l'effet de sujétion du signifiant, de la lettre volée en l'occasion, porte avant tout sur son détenteur d'après-vol, et qu'à
mesure de son parcours, ce qu'il véhicule, c'est cette Féminité même qu'il aurait prise en son ombre.

Serait-ce la lettre qui fait la Femme être ce sujet, à la
fois tout-puissant et serf, pour que toute main à qui la
Femme laisse la lettre, reprenne avec ce dont à la recevoir,
elle-même a fait lais ? « Lais » veut dire ce que la Femme

lègue de ne l'avoir jamais eu : d'où la vérité sort du puits, mais jamais qu'à mi-corps.

Voici pourquoi le Ministre vient à être châtré, châtré, c'est le mot de ce qu'il croit toujours l'avoir : cette lettre que Dupin a su repérer de son évidence entre les jambes de sa cheminée de haute lisse.

Ici ne fait que s'achever ce qui d'abord le féminise comme d'un rêve, et j'ajoute (p. 52) que le chant dont ce Lecoq voudrait, en le poulet qu'il lui destine, faire son réveil (« un destin si funeste... »), il n'a aucune chance de l'entendre : il supportera tout de la Reine, dès lors qu'elle va le défier.

Car la Reine redevenue gaie, voire maligne, ne fera pas pièce à sa puissance de ce qu'elle l'ait, sans qu'il le sache, désarmée, — en tout cas pas auprès du Roi dont on sait, par l'existence de la lettre, et c'est même tout ce qu'on en sait, que sa puissance est celle du Mort que chaque tour du jeu amincit.

Le pouvoir du Ministre s'affermit d'être à la mesure du masochisme qui le guette.

En quoi notre Dupin se montre égal en son succès à celui de psychanalyste, dont l'acte, ce n'est que d'une maladresse inattendue de l'autre qu'il peut venir à porter. D'ordinaire, son message est la seule chute effective de son traitement : autant que celui de Dupin, devant rester irrévélé, bien qu'avec lui l'affaire soit close.

Mais expliquerais-je, comme on en fera l'épreuve du texte qui ici garde le poste d'entrée qu'il a ailleurs, ces termes toujours plus, moins ils seront entendus.

Moins entendus des psychanalystes, de ce qu'ils soient pour eux aussi en vue que la lettre volée, qu'ils la voient même en eux, mais qu'à partir de là ils s'en croient, comme Dupin, les maîtres.

Ils ne sont maîtres en fait que d'user de mes termes à tort et à travers. Ce à quoi plusieurs se sont ridiculisés. Ce sont les mêmes qui m'affirment que ce dont les autres se méfient, c'est d'une rigueur à laquelle ils se sentiraient inégaux.

Mais ce n'est pas ma rigueur qui inhibe ces derniers, puisque ses pièges n'ont d'exemple que de ceux qui m'en font avis.

Que l'opinion qui reste Reine, m'en sache gré, n'aurait de sens que de lui valoir ce livre de poche, *vademecum* qu'on l'appelait dans l'ancien temps, et rien de neuf, si je n'en profitais pour situer ce qu'elle m'apporte de mes *Ecrits* comme bruit.

Je dois me persuader qu'ils ne soient pierre dans l'eau qu'à ce qu'elle en fût déjà l'onde, et même l'onde de retour.

Ceci m'est rendu tangible de ce que ceux ici choisis, me semblent épaves tombées au fond. Pourquoi m'en étonnerais-je ? quand ces *Ecrits*, ce n'est pas seulement recueillis qu'ils furent en mémoire de rebuts, mais composés qu'ils ont été à ce titre.

Répétant dans leur sort de sonde, celui de la psychanalyse en tant qu'esquif gobé d'emblée par cette mer.

Drôle de radoub que de montrer qu'il ne nage bien qu'à atterrir.

Car c'est un fait d'histoire : mettez à son banc une chiourme éprouvée d'ahaner à la voix, et la psychanalyse s'échoue, — au soulagement des gens du bord. Jamais aucun progressisme n'a fait mieux, ni d'une façon si sûre à rassurer, ce qu'il faut faire tout de suite.

Bref on lira mon discours dit de Rome en 1953, sans que puisse plus compter que j'aie été strictement empêché, depuis le terme mis en France aux plaisirs d'une Occupation dont la nostalgie devait encore la hanter vingt ans par la plume si juste en son exquisité de Sartre, strictement barré, dis-je, de toute charge, si mince fût-elle, d'enseignement. L'opposition m'en étant notifiée comme provenant d'un Monsieur Piéron dont je n'eus au reste aucun signe direct à moi, au titre de mon incompréhensibilité.

On voit que je l'étais de principe, car je n'avais eu l'occasion de la démontrer qu'aux plus banaux de ses entours, et ce que j'avais écrit alors, n'était nullement abstrus (si peu que je rougirais de republier ma thèse, même si elle ne relève pas de ce que l'ignorance alors enseignante tenait pour le bon sens en l'illustrant de Bergson).

Je voudrais qu'on me crédite de ce que ce retard qui me fut imposé, de huit ans, me force à pousser, tout au long de ce rapport, d'âneries, soyons exact : de paulhaneries, que je ne puis que hihaner pour les oreilles qui m'entendent. Même le cher Paulhan ne m'en a point tenu rigueur, lui qui savait jusqu'où « Kant avec Sade » détonerait dans son bestiaire [1] (cet *Ecrit* est ici absent).

Le ménage n'est jamais bien fait que par qui pourrait faire mieux. Le tâcheron est donc impropre à la tâche, même si la tâche réduit quiconque à faire le tâcheron. J'appelle tâche ranger ce qui traîne.

Enoncer que l'inconscient s'est rencontré d'abord dans le discours, que c'est toujours là qu'on le trouve dans la psychanalyse, ce peut nécessiter qu'on l'articule avec appui, s'il en faut le préliminaire : avant qu'il vienne comme second temps que le discours lui-même mérite qu'on s'arrête aux structures qui lui sont propres, dès que l'on songe que cet effet ne semble pas y aller de soi.

C'est une idée qui se précise de relever ces structures mêmes, et ce n'est nullement s'en remettre aux lois de la linguistique que de les prier de nous dire si elles s'en sentent dérangées.

On doit s'habituer au maniement des schèmes, scientifiquement repris d'une éthique (la stoïcienne en l'occasion), du signifiant et du λεκτόν. Et aussitôt on s'aperçoit que ce λεκτόν ne se traduit pas bien. On le met en réserve, et on joue un temps du signifié, plus accessible et plus douillet à ceux qui s'y retrouvent, dans l'illusion qu'ils pensent quoi que ce soit qui vaille plus que tripette.

Le long de la route, on s'aperçoit, avec retard heureusement, c'est mieux de ne pas s'y arrêter, que s'élèvent des protestations. « Le rêve ne pense pas... », écrit un professeur fort pertinent dans toutes les preuves qu'il en donne.

1. La N.R.F., un n. fût-il redoublé dans son sigle.

Le rêve est plutôt comme une inscription chiffonnée. Mais quand ai-je dit quoi que ce soit qui y objecte ? Même si au chiffonné, je n'ai, selon ma méthode de commentaire qui s'astreint à s'en tenir aux documents, fait sort qu'au niveau de la girafe que le petit Hans en qualifie.

Outre que cet auteur ne saurait même avancer les faits dont il argue qu'à tenir pour établi ce que j'articule du rêve, soit qu'il requière un support textuel, ce que j'appelle proprement l'instance de la lettre avant toute grammatologie, où peut-il prendre que j'aie dit que le rêve pense ? Question que je pose sans m'être relu.

Par contre il découvre que ce que j'inscris comme effet du signifiant, ne répond nullement au signifié que cerne la linguistique, mais bel et bien au sujet.

J'applaudis à cette trouvaille d'autant plus qu'à la date où paraissent ses remarques, il y a beau temps que je martèle à qui veut l'entendre, que le signifiant (et c'est en quoi je le distingue du signe) est ce qui représente un sujet pour un autre signifiant.

Je dis à qui veut l'entendre, car une telle articulation suppose un discours ayant déjà porté des effets, effets de λεκτόν précisément. Car c'est d'une pratique de l'enseignement où se démontre que l'insistance de ce qui est énoncé, n'est pas à tenir pour seconde dans l'essence du discours, — que prend corps, quoique je l'aie pointé de ce ressort dès sa première sortie, mon terme du : point de capiton. Par quoi λεκτόν se trouve traduit à mon gré, sans que je m'en targue, étant plutôt que stoïcologue, stoïque d'avance à l'endroit de ce qui pourra s'en redire.

Ce n'est pas pour autant aller aussi loin que je pourrais dans ce que m'apporte ma parution en livre de poche. Elle tient pour moi d'un inénarrable que seul mesurera un jour un bilan statistique d'un matériel de syntagmes auxquels j'ai donné cours.

J'ai fourni de meilleurs emboîtages tout un marché de la culture. Mea culpa.

Il n'y a pas de métalangage. Cette affirmation est possible de ce que j'en aie ajouté un à la liste de ceux qui courent les champs de la science. Elle sera justifiée, s'il produit l'effet dont s'assurera que l'inconscient EST un discours.

Ce serait que le psychanalyste vienne à en être le λεκτόν, mais pas démoli pour autant.

Que le lecteur du livre de poche se laisse prendre au jeu que j'ai célébré à moi tout seul, à Vienne d'abord, puis à Paris, en l'honneur de la *Chose freudienne* pour le centenaire de Freud. S'il s'anime de la rigolade pincée, dont l'a accueilli mon auditoire d'alors, il saura qu'il est déjà de mes intimes et qu'il peut venir à mon Ecole, pour y faire le ménage.

> *... de quelque chose à lire de ce*
> *14. XII. 69.*

1

Ouverture de ce recueil

« Le style est l'homme même », répète-t-on sans y
voir de malice, ni s'inquiéter de ce que l'homme ne
soit plus référence si certaine. Au reste l'image du
linge parant Buffon en train d'écrire, est là pour
soutenir l'inattention.

Une réédition du *Voyage à Montbar* (publié an IX
chez Solvet, posthume) de la plume d'Hérault de
Séchelles, titre qui reprend une *Visite à Monsieur de
Buffon* de 1785, serait propice à plus de réflexion.
Non pas seulement de ce qu'on y goûte un autre style
qui préfigure le meilleur de nos reportages bouffon-
nants, mais de rendre le propos lui-même à un
contexte d'impertinence où l'hôte ne le cède en rien à
son visiteur.

Car l'homme agité en l'adage déjà classique à cette
date d'être extrait d'un discours à l'Académie, s'avère
en ce crayon être un fantasme du grand homme, qui
l'ordonne en scénario pour y prendre sa maison
entière. Rien ici qui relève du naturel, Voltaire là-
dessus, on s'en souvient, généralise méchamment.

Le style c'est l'homme, en rallierons-nous la formule,
à seulement la rallonger : l'homme à qui l'on
s'adresse ?

Ce serait simplement satisfaire à ce principe par nous
promu : que dans le langage notre message nous
vient de l'Autre, et pour l'énoncer jusqu'au bout :
sous une forme inversée. (Et rappelons que ce principe s'est appliqué à sa propre énonciation, puisqu'à

avoir été émis par nous, c'est d'un autre, interlocuteur éminent, qu'il a reçu sa meilleure frappe.)

Mais si l'homme se réduisait à n'être rien que le lieu
de retour de notre discours, la question ne nous en
reviendrait-elle pas d'à quoi bon le lui adresser ?

C'est bien la question que nous pose ce lecteur nouveau dont on nous fait argument pour rassembler ces
écrits.

Nous lui ménageons un palier dans notre style, en
donnant à *La Lettre volée* le privilège d'ouvrir leur
suite en dépit de la diachronie de celle-ci.

A ce lecteur de rendre à la lettre en question, au-delà
de ceux qui firent un jour son adresse, cela même
qu'il y trouvera pour mot de la fin : sa destination. A
savoir le message de Poe déchiffré et revenant de lui,
lecteur, à ce qu'à le lire, il se dise n'être pas plus feint
que la vérité quand elle habite la fiction.

Ce « vol de la lettre », on le dira la parodie de notre
discours : soit qu'on s'en tienne à l'étymologie qui
indique un accompagnement et implique la préséance
du trajet parodié ; soit qu'à rendre le terme à son
emploi commun, on en voie conjurée l'ombre du
maître à penser, pour obtenir l'effet que nous lui
préférons.

The rape of the lock, le vol de la boucle, le titre ici
s'évoque du poème où Pope, par la grâce de la parodie, ravit, lui à l'épopée, le trait secret de son enjeu de
dérision.

Notre tâche ramène cette boucle charmante au sens
topologique qu'aurait le mot : nœud dont un trajet se
ferme de son redoublement renversé, — soit tel que
récemment nous l'avons promu à soutenir la structure du sujet.

C'est bien là que nos élèves seraient fondés à reconnaître le « déjà » pour lequel ils se contentent parfois
d'homologies moins motivées.

Car nous déchiffrons ici en la fiction de Poe, si
puissante, au sens mathématique du terme, cette division où le sujet se vérifie de ce qu'un objet le traverse
sans qu'ils se pénètrent en rien, laquelle est au principe de ce qui se lève à la fin de ce recueil sous le
nom d'objet *a* (à lire : petit *a*).

C'est l'objet qui répond à la question sur le style, que
nous posons d'entrée de jeu. A cette place que mar-
quait l'homme pour Buffon, nous appelons la chute
de cet objet, révélante de ce qu'elle l'isole, à la fois
comme la cause du désir où le sujet s'éclipse, et
comme soutenant le sujet entre vérité et savoir. Nous
voulons du parcours dont ces écrits sont les jalons et
du style que leur adresse commande, amener le lecteur à une conséquence où il lui faille mettre du
sien.

Octobre 1966.

Le séminaire
sur « *La Lettre volée* »

Und wenn es uns glückt,
Und wenn es sich schickt,
So sind es Gedanken.

Notre recherche nous a mené à ce point de reconnaître que l'automatisme de répétition *(Wiederholungszwang)* prend son principe dans ce que nous avons appelé l'*insistance* de la chaîne signifiante. Cette notion elle-même, nous l'avons dégagée comme corrélative de l'*ex-sistence* (soit : de la place excentrique) où il nous faut situer le sujet de l'inconscient, si nous devons prendre au sérieux la découverte de Freud. C'est, on le sait, dans l'expérience inaugurée par la psychanalyse qu'on peut saisir par quels biais de l'imaginaire vient à s'exercer, jusqu'au plus intime de l'organisme humain, cette prise du *symbolique*.

L'enseignement de ce séminaire est fait pour soutenir que ces incidences imaginaires, loin de représenter l'essentiel de notre expérience, n'en livrent rien que d'inconsistant, sauf à être rapportées à la chaîne symbolique qui les lie et les oriente.

Certes savons-nous l'importance des imprégnations imaginaires *(Prägung)* dans ces partialisations de l'alternative symbolique qui donnent à la chaîne signifiante son allure. Mais nous posons que c'est la loi propre à cette chaîne qui régit les effets psychanalytiques déterminants pour le sujet :

tels que la forclusion *(Verwerfung)*, le refoulement *(Ver-drängung)*, la dénégation *(Verneinung)* elle-même, — pré-cisant de l'accent qui y convient que ces effets suivent si fidèlement le déplacement *(Entstellung)* du signifiant que les facteurs imaginaires, malgré leur inertie, n'y font figure que d'ombres et de reflets.

Encore cet accent serait-il prodigué en vain, s'il ne ser-vait à votre regard, qu'à abstraire une forme générale de phénomènes dont la particularité dans notre expérience resterait pour vous l'essentiel, et dont ce ne serait pas sans artifice qu'on romprait le composite original.

C'est pourquoi nous avons pensé à illustrer pour vous aujourd'hui la vérité qui se dégage du moment de la pensée freudienne que nous étudions, à savoir que c'est l'ordre symbolique qui est, pour le sujet, constituant, en vous démontrant dans une histoire la détermination majeure que le sujet reçoit du parcours d'un signifiant.

C'est cette vérité, remarquons-le, qui rend possible l'exis-tence même de la fiction. Dès lors une fable est aussi propre qu'une autre histoire à la mettre en lumière, — quitte à y faire l'épreuve de sa cohérence. A cette réserve près, elle a même l'avantage de manifester d'autant plus purement la nécessité symbolique, qu'on pourrait la croire régie par l'arbitraire.

C'est pourquoi sans chercher plus loin, nous avons pris notre exemple dans l'histoire même où est insérée la dialec-tique concernant le jeu de pair ou impair, dont nous avons le plus récemment tiré profit. Sans doute n'est-ce pas par hasard que cette histoire s'est avérée favorable à donner suite à un cours de recherche qui y avait déjà trouvé appui.

Il s'agit, vous le savez, du conte que Baudelaire a traduit sous le titre de : *La Lettre volée*. Dès le premier abord, on y distinguera un drame, de la narration qui en est faite et des conditions de cette narration.

On voit vite au reste ce qui rend nécessaires ces compo-sants, et qu'ils n'ont pu échapper aux intentions de qui les a composés.

La narration double en effet le drame d'un commentaire, sans lequel il n'y aurait pas de mise en scène possible. Disons que l'action en resterait, à proprement parler, invisible de la salle, — outre que le dialogue en serait expressément et par les besoins mêmes du drame, vide de tout sens qui pût s'y rapporter pour un auditeur : — autrement dit que rien du drame ne pourrait apparaître ni à la prise de vues, ni à la prise de sons, sans l'éclairage à jour frisant, si l'on peut dire, que la narration donne à chaque scène du point de vue qu'avait en le jouant l'un de ses acteurs.

Ces scènes sont deux, dont nous irons aussitôt à désigner la première sous le nom de scène primitive, et non par inattention, puisque la seconde peut être considérée comme sa répétition, au sens qui est ici même à l'ordre du jour.

La scène primitive donc se joue, nous dit-on, dans le boudoir royal, de sorte que nous soupçonnons que la personne du plus haut rang, dite encore l'illustre personne, qui y est seule quand elle reçoit une lettre, est la Reine. Ce sentiment se confirme de l'embarras où la plonge l'entrée de l'autre illustre personnage, dont on nous a déjà dit avant ce récit que la notion qu'il pourrait avoir de ladite lettre, ne mettrait en jeu rien de moins pour la dame que son honneur et sa sécurité. Nous sommes en effet promptement tirés hors du doute qu'il s'agisse bien du Roi, à mesure de la scène qui s'engage avec l'entrée du ministre D... A ce moment en effet, la Reine n'a pu faire mieux que de jouer sur l'inattention du Roi en laissant la lettre sur la table « retournée, la suscription en dessus ». Celle-ci pourtant n'échappe pas à l'œil de lynx du ministre, non plus qu'il ne manque de remarquer le désarroi de la Reine, ni d'éventer ainsi son secret. Dès lors tout se déroule comme dans une horloge. Après avoir traité du train et de l'esprit dont il est coutumier les affaires courantes, le ministre tire de sa poche une lettre qui ressemble d'aspect à celle qui est en sa vue, et ayant feint de la lire, il la dépose à côté de celle-ci. Quelques mots encore dont il amuse le royal tapis, et il s'empare tout roidement de la lettre embarrassante, décampant sans que la Reine, qui n'a rien perdu de son manège, ait pu intervenir dans la crainte d'éveiller l'attention du royal conjoint qui à ce moment la coudoie.

Tout pourrait donc avoir passé inaperçu pour un spectateur idéal d'une opération où personne n'a bronché, et dont le *quotient* est que le ministre a dérobé à la Reine sa lettre et que, résultat plus important encore que le premier, la Reine sait que c'est lui qui la détient maintenant, et non pas innocemment.

Un *reste* qu'aucun analyste ne négligera, dressé qu'il est à retenir tout ce qui est du signifiant sans pour autant savoir toujours qu'en faire : la lettre, laissée pour compte par le ministre, et que la main de la Reine peut maintenant rouler en boule.

Deuxième scène : dans le bureau du ministre. C'est à son hôtel, et nous savons, selon le récit que le préfet de police en a fait au Dupin dont Poe introduit ici pour la seconde fois le génie propre à résoudre les énigmes, que la police depuis dix-huit mois, y revenant aussi souvent que le lui ont permis les absences nocturnes, ordinaires au ministre, a fouillé l'hôtel et ses abords de fond en comble. En vain, — encore que chacun puisse déduire de la situation que le ministre garde cette lettre à sa portée.

Dupin s'est fait annoncer au ministre. Celui-ci le reçoit avec une nonchalance affichée, des propos affectant un romantique ennui. Cependant Dupin, que cette feinte ne trompe pas, de ses yeux protégés de vertes lunettes, inspecte les aîtres. Quand son regard se porte sur un billet fort éraillé qui semble à l'abandon dans la case d'un méchant porte-cartes en carton qui pend, retenant l'œil de quelque clinquant, au beau milieu du manteau de la cheminée, il sait déjà qu'il a affaire à ce qu'il cherche. Sa conviction se renforce des détails mêmes qui paraissent faits pour contrarier le signalement qu'il a de la lettre volée, au format près qui est conforme.

Dès lors il n'a plus qu'à se retirer après avoir « oublié » sa tabatière sur la table, pour revenir le lendemain la rechercher, armé d'une contre-façon qui simule le présent aspect de la lettre. Un incident de la rue, préparé pour le

bon moment, ayant attiré le ministre à la fenêtre, Dupin en
profite pour s'emparer à son tour de la lettre en lui substi-
tuant son semblant, et n'a plus qu'à sauver auprès du
ministre les apparences d'un congé normal.

Là aussi tout s'est passé, sinon sans bruit, du moins sans
fracas. Le quotient de l'opération est que le ministre n'a
plus la lettre, mais lui n'en sait rien, loin de soupçonner
que c'est Dupin qui la lui ravit. En outre ce qui lui reste en
main est ici bien loin d'être insignifiant pour la suite. Nous
reviendrons sur ce qui a conduit Dupin à donner un libellé
à sa lettre factice. Quoi qu'il en soit, le ministre, quand il
voudra en faire usage, pourra y lire ces mots tracés pour
qu'il y reconnaisse la main de Dupin :

> *... Un dessein si funeste*
> *S'il n'est digne d'Atrée, est digne de Thyeste.*

que Dupin nous indique provenir de l'*Atrée* de Crébillon.

Est-il besoin que nous soulignions que ces deux actions
sont semblables ? Oui, car la similitude que nous visons
n'est pas faite de la simple réunion de traits choisis à la
seule fin d'appareiller leur différence. Et il ne suffirait pas
de retenir ces traits de ressemblance aux dépens des autres
pour qu'il en résulte une vérité quelconque. C'est l'intersubjectivité où les deux actions se motivent que nous voulons
relever, et les trois termes dont elle les structure.

Le privilège de ceux-ci se juge à ce qu'ils répondent à la
fois aux trois temps logiques par quoi la décision se précipite, et aux trois places qu'elle assigne aux sujets qu'elle
départage.

Cette décision se conclut dans le moment d'un regard[1].
Car les manœuvres qui s'ensuivent, s'il s'y prolonge en
tapinois, n'y ajoutent rien, pas plus que leur ajournement

---

1. On cherchera ici la référence nécessaire en notre essai sur « le
Temps logique et l'Assertion de certitude anticipée », voir *Ecrits*
p. 197.

d'opportunité dans la seconde scène ne rompt l'unité de ce moment.

Ce regard en suppose deux autres qu'il rassemble en une vue de l'ouverture laissée dans leur fallacieuse complémentarité, pour y anticiper sur la rapine offerte en ce découvert. Donc trois temps, ordonnant trois regards, supportés par trois sujets, à chaque fois incarnés par des personnes différentes.

Le premier est d'un regard qui ne voit rien : c'est le Roi, et c'est la police.

Le second d'un regard qui voit que le premier ne voit rien et se leurre d'en voir couvert ce qu'il cache : c'est la Reine, puis c'est le ministre.

Le troisième qui de ces deux regards voit qu'ils laissent ce qui est à cacher à découvert pour qui voudra s'en emparer : c'est le ministre, et c'est Dupin enfin.

Pour faire saisir dans son unité le complexe intersubjectif ainsi décrit, nous lui chercherions volontiers patronage dans la technique légendairement attribuée à l'autruche pour se mettre à l'abri des dangers ; car celle-ci mériterait enfin d'être qualifiée de politique, à se répartir ici entre trois partenaires, dont le second se croirait revêtu d'invisibilité, du fait que le premier aurait sa tête enfoncée dans le sable, cependant qu'il laisserait un troisième lui plumer tranquillement le derrière ; il suffirait qu'enrichissant d'une lettre sa dénomination proverbiale, nous en fassions la *politique de l'autruiche,* pour qu'en elle-même enfin elle trouve un nouveau sens pour toujours.

Le module intersubjectif étant ainsi donné de l'action qui se répète, il reste à y reconnaître un *automatisme de répétition*, au sens qui nous intéresse dans le texte de Freud.

La pluralité des sujets bien entendu ne peut être une objection pour tous ceux qui sont rompus depuis longtemps aux perspectives que résume notre formule : *l'inconscient, c'est le discours de l'Autre.* Et nous ne rappellerons pas maintenant ce qu'y ajoute la notion de l'*immixtion des sujets,* naguère introduite par nous en reprenant l'analyse du rêve de l'injection d'Irma.

Ce qui nous intéresse aujourd'hui, c'est la façon dont les sujets se relaient dans leur déplacement au cours de la répétition intersubjective.

Nous verrons que leur déplacement est déterminé par la place que vient à occuper le pur signifiant qu'est la lettre volée, dans leur trio. Et c'est là ce qui pour nous le confirmera comme automatisme de répétition.

Il ne paraît pas de trop cependant, avant de nous engager dans cette voie, de questionner si la visée du conte et l'intérêt que nous y prenons, pour autant qu'ils coïncident, ne gisent pas ailleurs.

Pouvons-nous tenir pour une simple rationalisation, selon notre rude langage, le fait que l'histoire nous soit contée comme une énigme policière ?

A la vérité nous serions en droit d'estimer ce fait pour peu assuré, à remarquer que tout ce dont une telle énigme se motive à partir d'un crime ou d'un délit, — à savoir sa nature et ses mobiles, ses instruments et son exécution, le procédé pour en découvrir l'auteur, et la voie pour l'en convaincre, — est ici soigneusement éliminé dès le départ de chaque péripétie.

Le dol est en effet dès l'abord aussi clairement connu que les menées du coupable et leurs effets sur sa victime. Le problème, quand on nous l'expose, se limite à la recherche aux fins de restitution, de l'objet à quoi tient ce dol, et il semble bien intentionnel que sa solution soit obtenue déjà, quand on nous l'explique. Est-ce par-là qu'on nous tient en haleine ? Quelque crédit en effet que l'on puisse faire à la convention d'un genre pour susciter un intérêt spécifique chez le lecteur, n'oublions pas que « le Dupin » ici deuxième à paraître, est un prototype, et que pour ne recevoir son genre que du premier, c'est un peu tôt pour que l'auteur joue sur une convention.

Ce serait pourtant un autre excès que de réduire le tout à une fable dont la moralité serait que pour maintenir à l'abri des regards une de ces correspondances dont le secret est parfois nécessaire à la paix conjugale, il suffise d'en laisser traîner les libellés sur notre table, même à les retourner sur leur face signifiante. C'est là un leurre dont pour nous, nous ne recommanderions l'essai à personne, crainte qu'il soit déçu à s'y fier.

N'y aurait-il donc ici d'autre énigme que, du côté du Préfet de police, une incapacité au principe d'un insuccès, — si ce n'est peut-être du côté de Dupin une certaine discordance, que nous n'avouons pas de bon gré, entre les remarques assurément fort pénétrantes, quoique pas toujours absolument pertinentes en leur généralité, dont il nous introduit à sa méthode, et la façon dont en fait il intervient.

A pousser un peu ce sentiment de poudre aux yeux, nous en serions bientôt à nous demander si, de la scène inaugurale que seule la qualité de ses protagonistes sauve du vaudeville, à la chute dans le ridicule qui semble dans la conclusion être promise au ministre, ce n'est pas que tout le monde soit joué qui fait ici notre plaisir.

Et nous serions d'autant plus enclin à l'admettre que nous y retrouverions avec ceux qui ici nous lisent, la définition que nous avons donnée, quelque part en passant, du héros moderne, « qu'illustrent des exploits dérisoires dans une situation d'égarement [2] ».

Mais ne sommes-nous pas pris nous-mêmes à la prestance du détective amateur, prototype d'un nouveau matamore, encore préservé de l'insipidité du *superman* contemporain ?

Boutade, — qui suffit à nous faire relever bien au contraire en ce récit une vraisemblance si parfaite, qu'on peut dire que la vérité y révèle son ordonnance de fiction.

Car telle est bien la voie où nous mènent les raisons de cette vraisemblance. A entrer d'abord dans son procédé, nous apercevons en effet un nouveau drame que nous dirons complémentaire du premier, pour ce que celui-ci était ce qu'on appelle un drame sans paroles, mais que c'est

---

2. Cf. « Fonction et champ de la parole et du langage », p. 119, ci-dessous.

sur les propriétés du discours que joue l'intérêt du second [3].

S'il est patent en effet que chacune des deux scènes du drame réel nous est narrée au cours d'un dialogue différent, il n'est que d'être muni des notions que nous faisons dans notre enseignement valoir, pour reconnaître qu'il n'en est pas ainsi pour le seul agrément de l'exposition, mais que ces dialogues eux-mêmes prennent, dans l'usage opposé qui y est fait des vertus de la parole, la tension qui en fait un autre drame, celui que notre vocabulaire distinguera du premier comme se soutenant dans l'ordre symbolique.

Le premier dialogue — entre le Préfet de police et Dupin — se joue comme celui d'un sourd avec un qui entend. C'est-à-dire qu'il représente la complexité véritable de ce qu'on simplifie d'ordinaire, pour les résultats les plus confus, dans la notion de communication.

On saisit en effet dans cet exemple comment la communication peut donner l'impression où la théorie trop souvent s'arrête, de ne comporter dans sa transmission qu'un seul sens, comme si le commentaire plein de signification auquel l'accorde celui qui entend, pouvait, d'être inaperçu de celui qui n'entend pas, être tenu pour neutralisé.

Il reste qu'à ne retenir que le sens de compte rendu du dialogue, il apparaît que sa vraisemblance joue sur la garantie de l'exactitude. Mais le voici alors plus fertile qu'il ne semble, à ce que nous en démontrions le procédé : comme on va le voir à nous limiter au récit de notre première scène.

Car le double et même le triple filtre subjectif sous lequel elle nous parvient : narration par l'ami et familier de Dupin (que nous appellerons désormais le narrateur général de l'histoire) — du récit par quoi le Préfet fait connaître à Dupin — le rapport que lui en a fait la Reine, n'est pas là seulement la conséquence d'un arrangement fortuit.

Si en effet l'extrémité où est portée la narratrice originale

3. La complète intelligence de ce qui suit exige bien entendu qu'on relise ce texte extrêmement répandu (en français comme en anglais), et d'ailleurs court, qu'est « La Lettre volée ».

exclut qu'elle ait altéré les événements, on aurait tort de croire que le Préfet ne soit ici habilité à lui prêter sa voix que pour le manque d'imagination dont il a déjà, si l'on peut dire, la patente.

Le fait que le message soit ainsi retransmis nous assure de ce qui ne va pas absolument de soi : à savoir qu'il appartient bien à la dimension du langage.

Ceux qui sont ici connaissent nos remarques là-dessus, et particulièrement celles que nous avons illustrées du repoussoir du prétendu langage des abeilles : où un linguiste [4] ne peut voir qu'une simple signalisation de la position de l'objet, autrement dit qu'une fonction imaginaire plus différenciée que les autres.

Nous soulignons ici qu'une telle forme de communication n'est pas absente chez l'homme, si évanouissant que soit pour lui l'objet quant à son donné naturel en raison de la désintégration qu'il subit de par l'usage du symbole.

On peut en effet en saisir l'équivalent dans la communion qui s'établit entre deux personnes dans la haine envers un même objet : à ceci près que la rencontre n'est jamais possible que sur un objet seulement, défini par les traits de l'être auquel l'une et l'autre se refusent.

Mais une telle communication n'est pas transmissible sous la forme symbolique. Elle ne se soutient que dans la relation à cet objet. C'est ainsi qu'elle peut réunir un nombre indéfini de sujets dans un même « idéal » : la communication d'un sujet à l'autre à l'intérieur de la foule ainsi constituée, n'en restera pas moins irréductiblement médiatisée par une relation ineffable.

Cette excursion n'est pas seulement ici un rappel de principes à l'adresse lointaine de ceux qui nous imputent d'ignorer la communication non verbale : en déterminant la portée de ce que répète le discours, elle prépare la question de ce que répète le symptôme.

Ainsi la relation indirecte décante la dimension du langage, et le narrateur général, à la redoubler, n'y ajoute rien

---

4. Cf. Emile Benveniste. « Communication animale et langage humain », *Diogène*, n° 1, et notre rapport de Rome, p. 178.

« par hypothèse ». Mais il en est tout autrement de son office dans le second dialogue.

Car celui-ci va s'opposer au premier comme les pôles que nous avons distingués ailleurs dans le langage et qui s'opposent comme le mot à la parole.

C'est dire qu'on y passe du champ de l'exactitude au registre de la vérité. Or ce registre, nous osons penser que nous n'avons pas à y revenir, se situe tout à fait ailleurs, soit proprement à la fondation de l'intersubjectivité. Il se situe là où le sujet ne peut rien saisir sinon la subjectivité même qui constitue un Autre en absolu. Nous nous contenterons, pour indiquer ici sa place, d'évoquer le dialogue qui nous paraît mériter son attribution d'histoire juive du dépouillement où apparaît la relation du signifiant à la parole, dans l'adjuration où il vient à culminer. « Pourquoi me mens-tu, s'y exclame-t-on à bout de souffle, oui, pourquoi me mens-tu en me disant que tu vas à Cracovie pour que je croie que tu vas à Lemberg, alors qu'en réalité c'est à Cracovie que tu vas ? »

C'est une question semblable qu'imposerait à notre esprit le déferlement d'apories, d'énigmes éristiques, de paradoxes, voire de boutades, qui nous est présenté en guise d'introduction à la méthode de Dupin, — si de nous être livré comme une confidence par quelqu'un qui se pose en disciple, il ne s'y ajoutait quelque vertu de cette délégation. Tel est le prestige immanquable du testament : la fidélité du témoin est le capuchon dont on endort en l'aveuglant la critique du témoignage.

Quoi de plus convaincant d'autre part que le geste de retourner les cartes sur la table ? Il l'est au point qu'il nous persuade un moment que le prestidigitateur a effectivement démontré, comme il l'a annoncé, le procédé de son tour, alors qu'il l'a seulement renouvelé sous une forme plus pure : et ce moment nous fait mesurer la suprématie du signifiant dans le sujet.

Tel opère Dupin, quand il part de l'histoire du petit prodige qui blousait tous ses camarades au jeu de pair ou impair, avec son truc de l'identification à l'adversaire, dont nous avons pourtant montré qu'il ne peut atteindre le premier plan de son élaboration mentale, à savoir la notion de l'alternance intersubjective sans y achopper aussitôt sur la butée de son retour [5].

Ne nous en sont pas moins jetés, histoire de nous en mettre plein la vue, les noms de La Rochefoucauld, de La Bruyère, de Machiavel et de Campanella, dont la renommée n'apparaîtrait plus que futile auprès de la prouesse enfantine.

Et d'enchaîner sur Chamfort dont la formule qu' « il y a à parier que toute idée publique, toute convention reçue est une sottise, car elle a convenu au plus grand nombre », contentera à coup sûr tous ceux qui pensent échapper à sa loi, c'est-à-dire précisément le plus grand nombre. Que Dupin taxe de tricherie l'application par les Français du mot : analyse à l'algèbre, voilà qui n'a guère de chance d'atteindre notre fierté, quand de surcroît la libération du terme à d'autres fins n'a rien pour qu'un psychanalyste ne se sente en posture d'y faire valoir ses droits. Et le voici à des remarques philologiques à combler d'aise les amoureux du latin : qu'il leur rappelle sans daigner plus en dire qu' « *ambitus* ne signifie pas ambition, *religio*, religion, *homines honesti*, les honnêtes gens », qui parmi vous ne se plairait à se souvenir... de ce que veulent dire ces mots pour qui pratique Cicéron et Lucrèce. Sans doute Poe s'amuse-t-il...

Mais un soupçon nous vient : cette parade d'érudition n'est-elle pas destinée à nous faire entendre les maîtres-mots de notre drame [6] ? Le prestidigitateur ne répète-t-il pas devant nous son tour, sans nous leurrer cette fois de

---

5. Cf. notre introduction, p. 71.

6. J'avais d'abord mis une touche, pour ces trois mots, du sens dont chacun commenterait cette histoire, si la structure n'y suffisait, à quoi elle se voue.

J'en supprime l'indication, trop imparfaite, pour ce qu'à me relire pour cette réimpression, une personne me confirme qu'après le temps de ceux qui me vendent (encore ce 9-12-68), un autre vient où l'on me lit, pour plus d'explique.

Qui aurait place hors de cette page.

nous en livrer le secret, mais en poussant ici sa gageure à nous l'éclairer réellement sans que nous y voyions goutte. Ce serait bien là le comble où pût atteindre l'illusionniste que de nous faire par un être de sa fiction *véritablement tromper*.

Et n'est-ce pas de tels effets qui nous justifient de parler, sans y chercher malice, de maints héros imaginaires comme de personnages réels ?

Aussi bien quand nous nous ouvrons à entendre la façon dont Martin Heidegger nous découvre dans le mot ἀληθής le jeu de la vérité, ne faisons-nous que retrouver un secret où celle-ci a toujours initié ses amants, et d'où ils tiennent que c'est à ce qu'elle se cache, qu'elle s'offre à eux *le plus vraiment*.

Ainsi les propos de Dupin ne nous défieraient-ils pas si manifestement de nous y fier, qu'encore nous faudrait-il en faire la tentative contre la tentation contraire.

Dépistons donc sa foulée là où elle nous dépiste[7]. Et d'abord dans la critique dont il motive l'insuccès du Préfet. Déjà nous la voyions pointer dans ces brocards en sous-main dont le Préfet n'avait cure au premier entretien, n'y trouvant d'autre matière qu'à s'esclaffer. Que ce soit en effet, comme Dupin l'insinue, parce qu'un problème est trop simple, voire trop évident, qu'il peut paraître obscur, n'aura jamais pour lui plus de portée qu'une friction un peu vigoureuse du gril costal.

Tout est fait pour nous induire à la notion de l'imbécillité du personnage. Et on l'articule puissamment du fait que lui et ses acolytes n'iront jamais à concevoir, pour

---

7. Il nous plairait de reposer devant M. Benveniste la question du sens antinomique de certains mots, primitifs ou non, après la rectification magistrale qu'il a apportée à la fausse voie dans laquelle Freud l'a engagée sur le terrain philologique (cf. *la Psychanalyse,* vol. 1, p. 5-16). Car il nous semble que cette question reste entière, à dégager dans sa rigueur l'instance du signifiant. Bloch et Von Wartburg datent de 1875 l'apparition de la signification du verbe *dépister* dans le second emploi que nous en faisons dans notre phrase.

cacher un objet, rien qui dépasse ce que peut imaginer un fripon ordinaire, c'est-à-dire précisément la série trop connue des cachettes extraordinaires : dont on nous donne la revue, des tiroirs dissimulés du secrétaire au plateau démonté de la table, des garnitures décousues des sièges à leurs pieds évidés, du revers du tain des glaces à l'épaisseur de la reliure des livres.

Et là-dessus de dauber sur l'erreur que le Préfet commet à déduire de ce que le ministre est poète, qu'il n'est pas loin d'être fou, erreur, arguë-t-on, qui ne tiendrait, mais ce n'est pas peu dire, qu'en une fausse distribution du moyen terme, car elle est loin de résulter de ce que tous les fous soient poètes.

Oui-dà, mais on nous laisse nous-même dans l'errance sur ce qui constitue en matière de cachette, la supériorité du poète, s'avérât-il doublé d'un mathématicien, puisqu'ici on brise soudain notre lancer en nous entraînant dans un fourré de mauvaises querelles faites au raisonnement des mathématiciens, qui n'ont jamais montré, que je sache, tant d'attachement à leurs formules que de les identifier à la raison raisonnante. Au moins témoignerons-nous qu'à l'inverse de ce dont Poe semble avoir l'expérience, il nous arrive parfois devant notre ami Riguet qui vous est ici le garant par sa présence que nos incursions dans la combinatoire ne nous égarent pas, de nous laisser aller à des incartades aussi graves (ce qu'à Dieu ne dût plaire selon Poe) que de mettre en doute que « $x^2 + px$ ne soit peut-être pas absolument égal à q », sans jamais, nous en donnons à Poe le démenti, avoir eu à nous garder de quelque sévice inopiné.

Ne dépense-t-on donc tant d'esprit qu'afin de détourner le nôtre de ce qu'il nous fut indiqué de tenir pour acquis auparavant, à savoir que la police a cherché *partout* : ce qu'il nous fallait entendre, concernant le champ dans lequel la police présumait, non sans raison, que dût se trouver la lettre, au sens d'une exhaustion de l'espace, sans doute théorique, mais dont c'est le sel de l'histoire que de le prendre au pied de la lettre, le « quadrillage » réglant l'opération nous étant donné pour si exact qu'il ne permettait pas, disait-on « qu'un cinquantième de ligne échappât » à l'exploration des fouilleurs. Ne sommes-nous pas dès lors en droit de demander comment il se fait que la lettre n'ait été trouvée *nulle part,* ou plutôt de remarquer que tout ce qu'on nous dit d'une conception d'une plus haute volée du recel ne nous explique pas à la rigueur que la lettre ait échappé aux recherches, puisque le champ qu'elles ont épuisé, la contenait en fait comme enfin l'a prouvé la trouvaille de Dupin.

Faut-il que la lettre, entre tous les objets, ait été douée de la propriété de *nullibiété* : pour nous servir de ce terme que le vocabulaire bien connu sous le titre du *Roget* reprend de l'utopie sémiologique de l'évêque Wilkins [8] ?

Il est évident (*a little* too [9] *self evident*) que la lettre a en effet avec le lieu, des rapports pour lesquels aucun mot français n'a toute la portée du qualificatif anglais : *odd*. Bizarre, dont Baudelaire le traduit régulièrement, n'est qu'approximatif. Disons que ces rapports sont singuliers, car ce sont ceux-là même qu'avec le lieu entretient le signifiant.

Vous savez que notre dessein n'est pas d'en faire des rapports « subtils », que notre propos n'est pas de confondre la lettre avec l'esprit, même quand nous la recevons par pneumatique, et que nous admettons fort bien que l'une tue si l'autre vivifie, pour autant que le signifiant, vous commencez peut-être à l'entendre, matérialise l'instance de la mort. Mais si c'est d'abord sur la matérialité du signifiant que nous avons insisté, cette matérialité est *singulière* en bien des points dont le premier est de ne point supporter la partition. Mettez une lettre en petits morceaux, elle reste la lettre qu'elle est, et ceci en un tout autre sens que la

8. Celle-là même à qui M. Jorge Luis Borges, dans son œuvre si harmonique au phylum de notre propos, fait un sort que d'autres ramènent à ses justes proportions. Cf. *Les Temps modernes,* juin-juillet 1955, p. 2135-36, et oct. 1955, p. 574-75.
9. Souligné par l'auteur.

Gestalttheorie ne peut en rendre compte avec le vitalisme larvé de sa notion du tout [10].

Le langage rend sa sentence à qui sait l'entendre : par l'usage de l'article employé comme particule partitive. C'est même bien là que l'esprit, si l'esprit est la vivante signification, apparaît non moins singulièrement plus offert à la quantification que la lettre. A commencer par la signification elle-même qui souffre qu'on dise : ce discours plein *de* signification, de même qu'on reconnaît *de* l'intention dans un acte, qu'on déplore qu'il n'y ait plus d'amour, qu'on accumule *de la* haine et qu'on dépense *du* dévouement, et que tant d'infatuation se raccommode de ce qu'il y aura toujours *de la* cuisse à revendre et *du* rififi chez les hommes.

Mais pour la lettre, qu'on la prenne au sens de l'élément typographique, de l'épître ou de ce qui fait le lettré, on dira que ce qu'on dit est à entendre *à la lettre*, qu'il vous attend chez le vaguemestre *une lettre*, voire que vous avez *des lettres*, — jamais qu'il n'y ait nulle part *de la lettre*, à quelque titre qu'elle vous concerne, fût-ce à désigner du courrier en retard.

C'est que le signifiant est unité d'être unique, n'étant de par sa nature symbole que d'une absence. Et c'est ainsi qu'on ne peut dire de la lettre volée qu'il faille qu'à l'instar des autres objets, elle soit *ou* ne soit pas quelque part, mais bien qu'à leur différence, elle sera *et* ne sera pas là où elle est, où qu'elle aille.

Regardons en effet de plus près ce qui arrive aux policiers. On ne nous fait grâce de rien quant aux procédés dont ils fouillent l'espace voué à leur investigation, de la répartition de cet espace en volumes qui n'en laissent pas se dérober une épaisseur, à l'aiguille sondant le mou, et, à défaut de la répercussion sondant le dur, au microscope

---

10. Et c'est si vrai que la philosophie dans les exemples, décolorés d'être ressassés, dont elle argumente à partir de l'un et du plusieurs, n'emploiera pas aux mêmes usages la simple feuille blanche par le mitan déchirée et le cercle interrompu, voire le vase brisé, sans parler du ver coupé.

dénonçant les excréments de la tarière à l'orée de son forage, voire le bâillement infime d'abîmes mesquins. A mesure même que leur réseau se resserre pour qu'ils en viennent, non contents de secouer les pages des livres à les compter, ne voyons-nous pas l'espace s'effeuiller à la semblance de la lettre ?

Mais les chercheurs ont une notion du réel tellement immuable qu'ils ne remarquent pas que leur recherche va à le transformer en son objet. Trait où peut-être ils pourraient distinguer cet objet de tous les autres.

Ce serait trop leur demander sans doute, non en raison de leur manque de vues, mais bien plutôt du nôtre. Car leur imbécillité n'est pas d'espèce individuelle, ni corporative, elle est de source subjective. C'est l'imbécillité réaliste qui ne s'arrête pas à se dire que rien, si loin qu'une main vienne à l'enfoncer dans les entrailles du monde, n'y sera jamais caché, puisqu'une autre main peut l'y rejoindre, et que ce qui est caché n'est jamais que *ce qui manque à sa place*, comme s'exprime la fiche de recherche d'un volume quand il est égaré dans la bibliothèque. Et celui-ci serait-il en effet sur le rayon ou sur la case d'à côté qu'il y serait caché, si visible qu'il y paraisse. C'est qu'on ne peut dire *à la lettre* que ceci manque à sa place, que de ce qui peut en changer, c'est-à-dire symbolique. Car pour le réel, quelque bouleversement qu'on puisse y apporter, il y est toujours et en tout cas, à sa place, il l'emporte collée à sa semelle, sans rien connaître qui puisse l'en exiler.

Et comment en effet, pour revenir à nos policiers, auraient-ils pu saisir la lettre, ceux qui l'ont prise à la place où elle était cachée ? Dans ce qu'ils tournaient entre leurs doigts, que tenaient-ils d'autre que ce qui *ne répondait pas* au signalement qu'ils en avaient ? *A letter, a litter*, une lettre, une ordure. On a équivoqué dans le cénacle de Joyce [11] sur l'homophonie de ces deux mots en anglais. La sorte

---

11. Cf. *Our examination round his factification for incamination of work in progress*, Shakespeare and Company, 12, rue de l'Odéon, Paris, 1929.

de déchet que les policiers à ce moment manipulent, ne leur livre pas plus son autre nature de n'être qu'à demi déchiré. Un sceau différent sur un cachet d'une autre couleur, un autre cachet du graphisme de la suscription sont là les plus infrangibles des cachettes. Et s'ils s'arrêtent au revers de la lettre où, comme on sait, c'est là qu'à l'époque l'adresse du destinataire s'inscrivait, c'est que la lettre n'a pas pour eux d'autre face que ce revers.

Que pourraient-ils en effet détecter de son avers ? — Son message, comme on s'exprime pour la joie de nos dimanches cybernétiques ?... Mais ne nous vient-il pas à l'idée que ce message est déjà parvenu à sa destinataire et qu'il lui est même resté pour compte avec le bout de papier insignifiant, qui ne le représente maintenant pas moins bien que le billet original.

Si l'on pouvait dire qu'une lettre a comblé son destin après avoir rempli sa fonction, la cérémonie de rendre les lettres serait moins admise à servir de clôture à l'extinction des feux des fêtes de l'amour. Le signifiant n'est pas fonctionnel. Et aussi bien la mobilisation du joli monde dont nous suivons ici les débats, n'aurait pas de sens, si la lettre, elle, se contentait d'en avoir un. Car ce ne serait pas une façon très adéquate de le garder secret que d'en faire part à une escouade de poulets.

On pourrait même admettre que la lettre ait un tout autre sens, sinon plus brûlant, pour la Reine que celui qu'elle offre à l'intelligence du ministre. La marche des choses n'en serait pas sensiblement affectée, et non pas même si elle était strictement incompréhensible à tout lecteur non averti.

Car elle ne l'est certainement pas à tout le monde, puisque, comme nous l'assure emphatiquement le Préfet pour la gausserie de tous, « ce document, révélé à un troisième personnage dont il taira le nom » (ce nom qui saute à l'œil comme la queue du cochon entre les dents du père Ubu) « mettrait en question, nous dit-il, l'honneur d'une personne du plus haut rang », voire que « la sécurité de l'auguste personne serait ainsi mise en péril ».

Dès lors ce n'est pas seulement le sens, mais le texte du message qu'il serait périlleux de mettre en circulation, et ce d'autant plus qu'il paraîtrait plus anodin, puisque les risques en seraient accrus de l'indiscrétion qu'un de ses dépositaires pourrait commettre à son insu.

Rien donc ne peut sauver la position de la police, et l'on n'y changerait rien à améliorer « sa culture ». *Scripta manent*, c'est en vain qu'elle apprendrait d'un humanisme d'édition de luxe la leçon proverbiale que *verba volant* termine. Plût au ciel que les écrits restassent, comme c'est plutôt le cas des paroles : car de celles-ci la dette ineffaçable du moins féconde nos actes par ses transferts.

Les écrits emportent au vent les traites en blanc d'une cavalerie folle. Et, s'ils n'étaient feuilles volantes, il n'y aurait pas de lettres volées.

Mais qu'en est-il à ce propos ? Pour qu'il y ait lettre volée, nous dirons-nous, à qui une lettre appartient-elle ? Nous accentuions tout à l'heure ce qu'il y a de singulier dans le retour de la lettre à qui naguère en laissait ardemment s'envoler le gage. Et l'on juge généralement indigne le procédé de ces publications prématurées, de la sorte dont le Chevalier d'Eon mit quelques-uns de ses correspondants en posture plutôt piteuse.

La lettre sur laquelle celui qui l'a envoyée garde encore des droits, n'appartiendrait donc pas tout à fait à celui à qui elle s'adresse ? ou serait-ce que ce dernier n'en fut jamais le vrai destinataire ?

Voyons ici : ce qui va nous éclairer est ce qui peut d'abord obscurcir encore le cas, à savoir que l'histoire nous laisse ignorer à peu près tout de l'expéditeur, non moins que du contenu de la lettre. Il nous est seulement dit que le ministre a reconnu d'emblée l'écriture de son adresse à la Reine, et c'est incidemment à propos de son camouflage par le ministre qu'il se trouve mentionné que son sceau original est celui du Duc de S... Pour sa portée, nous savons seulement les périls qu'elle emporte, à ce qu'elle vienne entre les mains d'un certain tiers, et que sa posses-

sion a permis au ministre « d'user jusqu'à un point fort
dangereux dans un but politique » de l'empire qu'elle lui
assure sur l'intéressée. Mais ceci ne nous dit rien du message qu'elle véhicule.

Lettre d'amour ou lettre de conspiration, lettre délatrice
ou lettre d'instruction, lettre sommatoire ou lettre de
détresse, nous n'en pouvons retenir qu'une chose, c'est que
la Reine ne saurait la porter à la connaissance de son
seigneur et maître.

Or ces termes, loin de tolérer l'accent décrié qu'ils ont
dans la comédie bourgeoise, prennent un sens éminent de
désigner son souverain, à qui la lie la foi jurée, et de façon
redoublée puisque sa position de conjointe ne la relève pas
de son devoir de sujette, mais bien l'élève à la garde de ce
que la royauté selon la loi incarne du pouvoir : et qui
s'appelle la légitimité.

Dès lors, quelles que soient les suites que la Reine ait
choisi de donner à la lettre, il reste que cette lettre est le
symbole d'un pacte, et que, même si sa destinataire
n'assume pas ce pacte, l'existence de la lettre la situe dans
une chaîne symbolique étrangère à celle qui constitue sa
foi. Qu'elle y soit incompatible, la preuve en est donnée par
le fait que la possession de la lettre est impossible à faire
valoir publiquement comme légitime, et que pour la faire
respecter, la Reine ne saurait invoquer que le droit de son
privé, dont le privilège se fonde sur l'honneur auquel cette
possession déroge.

Car celle qui incarne la figure de grâce de la souverai-
neté, ne saurait accueillir d'intelligence même privée sans
qu'elle intéresse le pouvoir, et elle ne peut à l'endroit du
souverain se prévaloir du secret sans entrer dans la clandes-
tinité.

Dès lors la responsabilité de l'auteur de la lettre passe au
second rang auprès de celle de qui la détient : car l'offense
à la majesté vient à s'y doubler de la plus *haute trahison*.

Nous disons : qui la détient, et non pas : qui la possède.
Car il devient clair dès lors que la propriété de la lettre
n'est pas moins contestable à sa destinataire qu'à n'importe

qui elle puisse venir entre les mains, puisque rien, quant à l'existence de la lettre, ne peut rentrer dans l'ordre, sans que celui aux prérogatives de qui elle attente, n'ait eu à en juger.

Tout ceci n'implique pas pourtant que pour ce que le secret de la lettre est indéfendable, la dénonciation de ce secret soit d'aucune façon honorable. Les *honesti homines,* les gens bien, ne sauraient s'en tirer à si bon compte. Il y a plus d'une *religio,* et ce n'est pas pour demain que les liens sacrés cesseront de nous tirer à hue et à dia. Pour *l'ambitus,* le détour, on le voit, ce n'est pas toujours l'ambition qui l'inspire. Car s'il en est un par quoi nous passons ici, nous ne l'avons pas volé, c'est le cas de le dire, puisque, pour tout vous avouer, nous n'avons adopté le titre de Baudelaire que dans l'esprit de bien marquer non pas, comme on l'énonce improprement, le caractère conventionnel du signifiant, mais plutôt sa préséance par rapport au signifié. Il n'en reste pas moins que Baudelaire, malgré sa dévotion, a trahi Poe en traduisant par « la lettre volée » son titre qui est : *the purloined letter,* c'est-à-dire qui use d'un mot assez rare pour qu'il nous soit plus facile d'en définir l'étymologie que l'emploi.

To purloin, nous dit le dictionnaire d'Oxford, est un mot anglo-français, c'est-à-dire composé du préfixe *pur-* qu'on retrouve dans *purpose,* propos, *purchase,* provision, *purport,* portée, et du mot de l'ancien français : loing, loigner, longé. Nous reconnaîtrons dans le premier élément le latin *pro* en tant qu'il se distingue d'*ante* par ce qu'il suppose d'un arrière en avant de quoi il se porte, éventuellement pour le garantir, voire pour s'en porter garant (alors qu'*ante* s'en va au-devant de ce qui vient à sa rencontre). Pour le second, vieux mot français ; *loigner,* verbe de l'attribut de lieu *au loing* (ou encore *longé*), il ne veut pas dire au loin, mais au long de ; il s'agit donc de *mettre de côté,* ou, pour recourir à une locution familière qui joue sur les deux sens, de : *mettre à gauche.*

C'est ainsi que nous nous trouvons confirmé dans notre détour par l'objet même qui nous y entraîne : car c'est bel et bien la *lettre détournée* qui nous occupe, celle dont le trajet a été *prolongé* (c'est littéralement le mot anglais), ou pour recourir au vocabulaire postal, la *lettre en souffrance.*

Voici donc *simple and odd,* comme on nous l'annonce dès la première page, réduite à sa plus simple expression la singularité de la lettre, qui comme le titre l'indique, est le *sujet véritable* du conte : puisqu'elle peut subir un détour, c'est qu'elle a un trajet *qui lui est propre.* Trait où s'affirme ici son incidence de signifiant. Car nous avons appris à concevoir que le signifiant ne se maintient que dans un déplacement comparable à celui de nos bandes d'annonces lumineuses ou des mémoires rotatives de nos machines-à-penser-comme-les-hommes [12], ceci en raison de son fonctionnement alternant en son principe, lequel exige qu'il quitte sa place, quitte à y faire retour circulairement.

C'est bien ce qui se passe dans l'automatisme de répétition. Ce que Freud nous enseigne dans le texte que nous commentons, c'est que le sujet suit la filière du symbolique, mais ce dont vous avez ici l'illustration est plus saisissant encore : ce n'est pas seulement le sujet, mais les sujets, pris dans leur intersubjectivité, qui prennent la file, autrement dit nos autruches, auxquelles nous voilà revenus, et qui, plus dociles que des moutons, modèlent leur être même sur le moment qui les parcourt de la chaîne signifiante.

Si ce que Freud a découvert et redécouvre dans un abrupt toujours accru, a un sens, c'est que le déplacement du signifiant détermine les sujets dans leurs actes, dans leur destin, dans leurs refus, dans leurs aveuglements, dans leur succès et dans leur sort, nonobstant leurs dons innés et leur acquis social, sans égard pour le caractère ou le sexe, et que bon gré mal gré suivra le train du signifiant comme armes et bagages, tout ce qui est du donné psychologique.

Nous voici en effet derechef au carrefour où nous avions laissé notre drame et sa ronde avec la question de la façon

12. Cf. notre introduction p. 73.

dont les sujets s'y relaient. Notre apologue est fait pour montrer que c'est la lettre et son détour qui régit leurs entrées et leurs rôles. Qu'elle soit en souffrance, c'est eux qui vont en pâtir. A passer sous son ombre, ils deviennent son reflet. A tomber en possession de la lettre, — admirable ambiguïté du langage, — c'est son sens qui les possède.

C'est ce que nous montre le héros du drame qui ici nous est conté, quand se répète la situation même qu'a nouée son audace une première fois pour son triomphe. Si maintenant il y succombe, c'est d'être passé au rang second de la triade dont il fut d'abord le troisième en même temps que le larron, — ceci par la vertu de l'objet de son rapt.

Car s'il s'agit, maintenant comme avant, de protéger la lettre des regards, il ne peut faire qu'il n'y emploie le même procédé qu'il a lui-même déjoué : la laisser à découvert ? Et l'on est en droit de douter qu'il sache ainsi ce qu'il fait, à le voir captivé aussitôt par une relation duelle où nous retrouvons tous les caractères du leurre mimétique ou de l'animal qui fait le mort, et, pris au piège de la situation typiquement imaginaire : de voir qu'on ne le voit pas, méconnaître la situation réelle où il est vu ne pas voir. Et qu'est-ce qu'il ne voit pas ? Justement la situation symbolique qu'il a su lui-même si bien voir, et où maintenant le voilà vu se voyant n'être pas vu.

Le ministre agit en homme qui sait que la recherche de la police est sa défense, puisqu'on nous dit que c'est exprès qu'il lui laisse le champ libre par ses absences : il n'en méconnaît pas moins que hors cette recherche, il n'est plus défendu.

C'est l'autruicherie même dont il fut l'artisan, si l'on nous permet de faire provigner notre monstre, mais ce ne peut être par quelque imbécillité qu'il vient à en être la dupe.

C'est qu'à jouer la partie de celui qui cache, c'est le rôle de la Reine dont il lui faut se revêtir, et jusqu'aux attributs de la femme et de l'ombre, si propices à l'acte de cacher.

Ce n'est pas que nous réduisions à l'opposition primaire

de l'obscur et du clair, le couple vétéran du *yin* et du *yang*. Car son maniement exact comporte ce qu'a d'aveuglant l'éclat de la lumière, non moins que les miroitements dont l'ombre se sert pour ne pas lâcher sa proie.

Ici le signe et l'être merveilleusement disjoints, nous montrent lequel l'emporte quand ils s'opposent. L'homme assez homme pour braver jusqu'au mépris l'ire redoutée de la femme, subit jusqu'à la métamorphose la malédiction du signe dont il l'a dépossédée.

Car ce signe est bien celui de la femme, pour ce qu'elle y fait valoir son être, en le fondant hors de la loi, qui la contient toujours, de par l'effet des origines, en position de signifiant, voire de fétiche. Pour être à la hauteur du pouvoir de ce signe, elle n'a qu'à se tenir immobile à son ombre, y trouvant de surcroît, telle la Reine, cette simulation de la maîtrise du non-agir que seul « l'œil de lynx » du ministre a pu percer.

Ce signe ravi, voici donc l'homme en sa possession : néfaste de ce qu'elle ne peut se soutenir que de l'honneur qu'elle défie, maudite d'appeler celui qui la soutient à la punition ou au crime, qui l'une et l'autre brisent sa vassalité à la Loi.

Il faut qu'il y ait dans ce signe un *noli me tangere* bien singulier pour que, semblable à la torpille socratique, sa possession engourdisse son homme au point de le faire tomber dans ce qui chez lui se trahit sans équivoque comme inaction.

Car à remarquer comme le fait le narrateur dès le premier entretien, qu'avec l'usage de la lettre se dissipe son pouvoir, nous apercevons que cette remarque ne vise justement que son usage à des fins de pouvoir, — et du même coup que cet usage devient forcé pour le ministre.

Pour ne pouvoir s'en délivrer, il faut que le ministre ne sache que faire d'autre de la lettre. Car cet usage le met dans une dépendance si totale de la lettre comme telle, qu'à la longue il ne la concerne même plus.

Nous voulons dire que pour que cet usage concernât vraiment la lettre, le ministre qui après tout y serait autorisé par le service du Roi son maître, pourrait présenter à la Reine des remontrances respectueuses, dût-il s'assurer de leur effet de retour par des garanties appropriées, — ou bien introduire quelque action contre l'auteur de la lettre dont le fait qu'il reste ici hors du jeu, montre à quel point il s'agit peu ici de la culpabilité et de la faute, mais du signe de contradiction et de scandale que constitue la lettre, au sens où l'Evangile dit qu'il faut qu'il arrive sans égard au malheur de qui s'en fait le porteur, — voire soumettre la lettre devenue pièce d'un dossier au « troisième personnage », qualifié pour savoir s'il en fera sortir une Chambre Ardente pour la Reine ou la disgrâce pour le ministre.

Nous ne saurons pas pourquoi le ministre n'en fait pas l'un de ces usages, et il convient que nous n'en sachions rien puisque seul nous intéresse l'effet de ce non-usage ; il nous suffit de savoir que le mode d'acquisition de la lettre ne serait un obstacle à aucun d'entre eux.

Car il est clair que si l'usage non significatif de la lettre est un usage forcé pour le ministre, son usage à des fins de pouvoir ne peut être que potentiel, puisqu'il ne peut passer à l'acte sans s'évanouir aussitôt, — dès lors, que la lettre n'existe comme moyen de pouvoir que par les assignations ultimes du pur signifiant, soit : prolonger son détour pour la faire parvenir à qui de droit par un transit de surcroît, c'est-à-dire par une autre trahison dont la gravité de la lettre rend difficile de prévenir les retours, — ou bien détruire la lettre, ce qui serait la seule façon, sûre et comme telle proférée d'emblée par Dupin, d'en finir avec ce qui est destiné par nature à signifier l'annulation de ce qu'il signifie.

L'ascendant que le ministre tire de la situation ne tient donc pas à la lettre, mais, qu'il le sache ou non, au personnage qu'elle lui constitue. Et aussi bien les propos du Préfet nous le présentent-ils comme quelqu'un à tout oser, *who dares all things,* et l'on commente significativement : *those unbecoming as well as those becoming a man,* ce qui veut dire : ce qui est indigne aussi bien que ce qui est digne d'un homme, et ce dont Baudelaire laisse échapper la pointe en le traduisant : ce qui est indigne d'un homme aussi bien que ce qui est digne de lui. Car dans sa forme originale, l'appréciation est beaucoup plus appropriée à ce qui intéresse une femme.

Ceci laisse apparaître la portée imaginaire de ce personnage, c'est-à-dire la relation narcissique où se trouve engagé le ministre, cette fois certainement à son insu. Elle est indiquée aussi dans le texte anglais, dès la deuxième page, par une remarque du narrateur dont la forme est savoureuse : « L'ascendant, nous dit-il, qu'a pris le ministre, dépendrait de la connaissance qu'a le ravisseur de la connaissance qu'a la victime de son ravisseur », textuellement : *the robber's knowledge of the loser's knowledge of the robber*. Termes dont l'auteur souligne l'importance en les faisant reprendre littéralement par Dupin tout de suite après le récit sur lequel on a enchaîné de la scène du rapt de la lettre. Ici encore on peut dire que Baudelaire flotte en son langage en faisant l'un interroger, l'autre confirmer par ces mots : « Le voleur sait-il ?... », puis « le voleur sait... », Quoi ? « que la personne volée connaît son voleur ».

Car ce qui importe au voleur, ce n'est pas seulement que ladite personne sache qui l'a volé, mais bien à qui elle a affaire en fait de voleur ; c'est qu'elle le croie capable de tout, ce qu'il faut entendre : qu'elle lui confère la position qu'il n'est à la mesure de personne d'assumer réellement parce qu'elle est imaginaire, celle du maître absolu.

En vérité c'est une position de faiblesse absolue, mais pas pour qui on donne à le croire. La preuve n'en est pas seulement que la Reine y prenne l'audace d'en appeler à la police. Car elle ne fait que se conformer à son déplacement d'un cran dans la rangée de la triade de départ, en s'en remettant à l'aveuglement même qui est requis pour occuper cette place : *No more sagacious agent could, I suppose*, ironise Dupin, *be desired or even imagined*. Non, si elle a franchi ce pas, c'est moins d'être poussée au désespoir, *driven to despair*, comme on nous le dit, qu'en prenant la charge d'une impatience qui est plutôt à imputer à un mirage spéculaire.

Car le ministre a fort à faire pour se contenir dans l'inaction qui est son lot à ce moment. Le ministre en effet n'est pas *absolument* fou. C'est une remarque du Préfet qui toujours parle d'or : il est vrai que l'or de ses paroles ne coule que pour Dupin, et ne s'arrête de couler qu'à concurrence des cinquante mille francs qu'il lui en coûtera à l'étalon de ce métal à l'époque, encore que ce ne doive pas être sans lui laisser un solde bénéficiaire. Le ministre donc n'est pas *absolument* fou dans cette stagnation de folie, et c'est pourquoi il doit se comporter selon le mode de la névrose. Tel l'homme qui s'est retiré dans une île pour oublier, quoi ? il a oublié, — tel le ministre à ne pas faire usage de la lettre, en vient à l'oublier. C'est ce qu'exprime la persistance de sa conduite. Mais la lettre, pas plus que l'inconscient du névrosé, ne l'oublie. Elle l'oublie si peu qu'elle le transforme de plus en plus à l'image de celle qui l'a offerte à sa surprise, et qu'il va maintenant la céder à son exemple à une surprise semblable.

Les traits de cette transformation sont notés, et sous une forme assez caractéristique dans leur gratuité apparente pour les rapprocher valablement du retour du refoulé.

Ainsi apprenons-nous d'abord qu'à son tour le ministre a *retourné* la lettre, non certes dans le geste hâtif de la Reine, mais d'une façon plus appliquée, à la façon dont on retourne un vêtement. C'est en effet ainsi qu'il lui faut opérer, d'après le mode dont à l'époque on plie une lettre et la cachette, pour dégager la place vierge où inscrire une nouvelle adresse [13].

13. Nous nous sommes crus obligés d'en faire ici la démonstration à l'auditoire sur une lettre de l'époque intéressant M. de Chateaubriand et sa recherche d'un secrétaire. Il nous a paru amusant que M. de Chateaubriand ait mis le point final au premier état, récemment restitué, de ses mémoires en ce mois même de novembre 1841 où paraissait dans le *Chamber's journal* la lettre volée. Le dévouement de M. de Chateaubriand au pouvoir qu'il décrie et l'honneur que ce dévouement fait à sa personne (on n'en avait pas encore

Cette adresse devient la sienne propre. Qu'elle soit de sa main ou d'une autre, elle apparaîtra comme d'une écriture féminine très fine et le cachet passant du rouge de la passion au noir de ses miroirs, il y imprime son propre sceau. Cette singularité d'une lettre marquée du sceau de son destinataire est d'autant plus frappante à noter dans son invention, qu'articulée avec force dans le texte, elle n'est ensuite même pas relevée par Dupin dans la discussion à laquelle il soumet l'identification de la lettre.

Que cette omission soit intentionnelle ou involontaire, elle surprendra dans l'agencement d'une création dont on voit la minutieuse rigueur. Mais dans les deux cas, il est significatif que la lettre qu'en somme le ministre s'adresse à lui-même, soit la lettre d'une femme : comme si c'était là une phrase où il dût en passer par une convenance naturelle du signifiant.

Aussi bien l'aura de nonchaloir allant jusqu'à affecter les apparences de la mollesse, l'étalage d'un ennui proche du dégoût en ses propos, l'ambiance que l'auteur de la philosophie de l'ameublement [14] sait faire surgir de notations presque impalpables comme celle de l'instrument de musique sur la table, tout semble concerté pour que le personnage que tous ses propos ont cerné des traits de la virilité, dégage quand il apparaît l'*odor di femina* la plus singulière.

Que ce soit là un artifice, Dupin ne manque pas de le souligner en effet en nous disant derrière ce faux aloi la vigilance de la bête de proie prête à bondir. Mais que ce soit l'effet même de l'inconscient au sens précis où nous enseignons que l'inconscient, c'est que l'homme soit habité par le signifiant, comment en trouver une image plus belle que celle que Poe forge lui-même pour nous faire comprendre l'exploit de Dupin. Car il recourt, pour ce faire, à

---

inventé *le don*), le feraient-ils ranger au regard du jugement auquel nous verrons plus loin soumis le ministre, parmi les hommes de génie avec ou sans principes ?

14. Poe est en effet l'auteur d'un essai portant ce titre.

ces noms toponymiques qu'une carte de géographie, pour n'être pas muette, surimpose à son dessin, et dont on peut faire l'objet d'un jeu de devinette à qui saura trouver celui qu'aura choisi un partenaire, — remarquant dès lors que le plus propice à égarer un débutant sera celui qui, en grosses lettres largement espacées dans le champ de la carte, y donne, sans souvent même que le regard s'y arrête, la dénomination d'un pays tout entier...

Telle la lettre volée, comme un immense corps de femme, s'étale dans l'espace du cabinet du ministre, quand y entre Dupin. Mais telle déjà il s'attend à l'y trouver, et il n'a plus, de ses yeux voilés de vertes lunettes, qu'à déshabiller ce grand corps.

Et c'est pourquoi sans avoir eu besoin, non plus et pour cause que l'occasion, d'écouter aux portes du Pr Freud, il ira droit là où gît et gîte ce que ce corps est fait pour cacher, en quelque beau mitan où le regard se glisse, voire à cet endroit dénommé par les séducteurs le château Saint-Ango dans l'innocente illusion où ils s'assurent de tenir de là la Ville. Tenez ! entre les jambages de la cheminée, voici l'objet à portée de la main que le ravisseur n'a plus qu'à tendre... La question de savoir s'il le saisit sur le manteau comme Baudelaire le traduit, ou sous le manteau de la cheminée comme le porte le texte original, peut être abandonnée sans dommage aux inférences de la cuisine [15].

Si l'efficacité symbolique s'arrêtait là, c'est que la dette symbolique s'y serait éteinte aussi ? Si nous pouvions le croire, nous serions avertis du contraire par deux épisodes qu'on doit d'autant moins tenir pour accessoires qu'ils semblent au premier abord détonner dans l'œuvre.

C'est d'abord l'histoire de la rétribution de Dupin, qui loin d'être un jeu de la fin, s'est annoncée dès le principe par la question fort désinvolte qu'il pose au préfet sur le montant de la récompense qui lui a été promise, et dont, pour être réticent sur son chiffre, celui-ci ne songe pas à lui

15. Et même de la cuisinière.

dissimuler l'énormité, revenant même sur son augmentation dans la suite.

Le fait que Dupin nous ait été auparavant présenté comme un besogneux réfugié dans l'éther, est plutôt de nature à nous faire réfléchir sur le marché qu'il fait de la livraison de la lettre, et dont le check-book qu'il produit assure rondement l'exécution. Nous ne croyons pas négligeable que le *hint* sans ambages par où il l'a introduit soit une « histoire attribuée au personnage aussi célèbre qu'excentrique », nous dit Baudelaire, d'un médecin anglais nommé Abernethy, où il s'agit d'un riche avare qui, pensant lui soutirer une consultation gratuite, s'entend rétorquer non pas de prendre médecine, mais de prendre conseil.

N'est-ce pas à bon droit en effet que nous nous croirons concernés quand il s'agit peut-être pour Dupin de se retirer lui-même du circuit symbolique de la lettre, — nous qui nous faisons les émissaires de toutes les lettres volées qui pour un temps au moins seront chez nous en souffrance dans le transfert. Et n'est-ce pas la responsabilité que leur transfert comporte, que nous neutralisons en la faisant équivaloir au signifiant le plus annihilant qui soit de toute signification, à savoir l'argent.

Mais ce n'est pas là tout. Ce bénéfice si allégrement tiré par Dupin de son exploit, s'il a pour but de tirer son épingle du jeu, n'en rend que plus paradoxale, voire choquante, la prise à partie, et disons le coup en dessous, qu'il se permet soudain à l'endroit du ministre dont il semble pourtant que le tour qu'il vient de lui jouer ait assez dégonflé l'insolent prestige.

Nous avons dit les vers atroces qu'il assure n'avoir pu s'empêcher de dédier, dans la lettre par lui contrefaite, au moment où le ministre mis hors de ses gonds par les immanquables défis de la Reine, pensera l'abattre et se précipitera dans l'abîme : *facilis descensus Averni* [16], sentencie-t-il, ajoutant que le ministre ne pourra manquer de

16. Le vers de Virgile porte : *facilis descensus Averno.*

reconnaître son écriture, ce qui, pour laisser sans péril un opprobre sans merci, paraît, visant une figure qui n'est pas sans mérite, un triomphe sans gloire, et la rancune qu'il invoque encore d'un mauvais procédé éprouvé à Vienne (est-ce au Congrès ?) ne fait qu'y ajouter une noirceur de surcroît.

Considérons pourtant de plus près cette explosion passionnelle, et spécialement quant au moment où elle survient d'une action dont le succès relève d'une tête si froide.

Elle vient juste après le moment où l'acte décisif de l'identification de la lettre étant accompli, on peut dire que Dupin déjà tient la lettre autant que de s'en être emparé, sans pourtant être encore en état de s'en défaire.

Il est donc bien partie prenante dans la triade intersubjective, et comme tel dans la position médiane qu'ont occupée précédemment la Reine et le Ministre. Va-t-il en s'y montrant supérieur, nous révéler en même temps les intentions de l'auteur ?

S'il a réussi à remettre la lettre dans son droit chemin, il reste à la faire parvenir à son adresse. Et cette adresse est à la place précédemment occupée par le Roi, puisque c'est là qu'elle devait rentrer dans l'ordre de la Loi.

Nous l'avons vu, ni le Roi, ni la Police qui l'a relayé à cette place, n'étaient capables de la lire parce que cette *place comportait l'aveuglement.*

Rex et augur, l'archaïsme légendaire de ces mots, ne semble résonner que pour nous faire sentir le dérisoire d'y appeler un homme. Et les figures de l'histoire n'y encouragent guère depuis déjà quelque temps. Il n'est pas naturel à l'homme de supporter à lui seul le poids du plus haut des signifiants. Et la place qu'il vient occuper à le revêtir, peut être aussi propre à devenir le symbole de la plus énorme imbécillité [17].

17. On se souvient du spirituel distique attribué avant sa chute au plus récent en date à avoir rallié le rendez-vous de Candide à Venise :

Il n'est plus aujourd'hui que cinq rois sur la terre,
Les quatre rois des cartes et le roi d'Anlgeterre.

Disons que le Roi ici est investi par l'amphibologie naturelle au sacré, de l'imbécillité qui tient justement au Sujet.

C'est ce qui va donner leur sens aux personnages qui vont se succéder à sa place. Non pas que la police puisse être tenue pour constitutionnellement analphabète, et nous savons le rôle des piques plantées sur le *campus* dans la naissance de l'Etat. Mais celle qui exerce ici ses fonctions est toute marquée des formes libérales, c'est-à-dire de celles que lui imposent des maîtres peu soucieux d'essuyer ses penchants indiscrets. C'est pourquoi on ne nous mâche pas à l'occasion les mots sur les attributions qu'on lui réserve : « *Sutor ne ultra crepidam*, occupez-vous de vos filous. Nous irons même jusqu'à vous donner, pour ce faire, des moyens scientifiques. Cela vous aidera à ne pas penser aux vérités qu'il vaut mieux laisser dans l'ombre [18]. »

On sait que le soulagement qui résulte de principes si avisés, n'aura duré dans l'histoire que l'espace d'un matin, et que déjà la marche du destin ramène de toutes parts, suite d'une juste aspiration au règne de la liberté, un intérêt pour ceux qui la troublent de leurs crimes, qui va jusqu'à en forger à l'occasion les preuves. On peut même voir que cette pratique qui fut toujours bien reçue de ne jamais s'exercer qu'en faveur du plus grand nombre, vient à être authentifiée par la confession publique de ses forgeries par ceux-là mêmes qui pourraient y trouver à redire : dernière manifestation en date de la prééminence du signifiant sur le sujet.

Il n'en demeure pas moins qu'un dossier de police a toujours été l'objet d'une réserve, dont on s'explique mal qu'elle déborde largement le cercle des historiens.

C'est à ce crédit évanescent que la livraison que Dupin a l'intention de faire de la lettre au Préfet de police, va en réduire la portée. Que reste-t-il maintenant du signifiant quand, délesté déjà de son message pour la Reine, le voici

18. Ce propos a été avoué en termes clairs par un noble Lord parlant à la Chambre Haute où sa dignité lui donnait sa place.

invalidé dans son texte dès sa sortie des mains du
Ministre ?

Il ne lui reste justement plus qu'à répondre à cette
question même, de ce qu'il reste d'un signifiant quand il n'a
plus de signification. Or c'est la même question dont l'a
interrogé celui que Dupin maintenant retrouve au lieu
marqué de l'aveuglement.

C'est bien là en effet la question qui y a conduit le
Ministre, s'il est le joueur qu'on nous a dit et que son acte
dénonce suffisamment. Car la passion du joueur n'est autre
que cette question posée au signifiant, que figure
l'αὐτόματον du hasard.

« Qu'es-tu, figure du dé que je retourne dans ta rencontre (τύχη) [19] avec ma fortune ? Rien, sinon cette présence de la mort qui fait de la vie humaine ce sursis obtenu
de matin en matin au nom des significations dont ton signe
est la houlette. Telle fit Schéhérazade durant mille et une
nuits, et tel je fais depuis dix-huit mois à éprouver l'ascendant de ce signe au prix d'une série vertigineuse de coups
pipés au jeu de pair ou impair. »

C'est ainsi que Dupin, *de la place où il est,* ne peut se
défendre contre celui qui interroge ainsi, d'éprouver une
rage de nature manifestement féminine. L'image de haute
volée où l'invention du poète et la rigueur du mathématicien se conjoignaient avec l'impassibilité du dandy et l'élé-
gance du tricheur, devient soudain pour celui-là même qui
nous l'a fait goûter le vrai *monstrum horrendum,* ce sont
ses mots, « un homme de génie sans principes ».

Ici se signe l'origine de cette horreur, et celui qui
l'éprouve n'a nul besoin de se déclarer de la façon la plus
inattendue « partisan de la dame » pour nous la révéler :
on sait que les dames détestent qu'on mette en cause les
principes, car leurs attraits doivent beaucoup au mystère du
signifiant.

19. On sait l'opposition fondamentale que fait Aristote des deux
termes ici rappelés dans l'analyse conceptuelle qu'il donne du hasard
dans sa *Physique.* Bien des discussions s'éclaireraient à ne pas l'ignorer.

C'est pourquoi Dupin va enfin tourner vers nous la face médusante de ce signifiant dont personne en dehors de la Reine n'a pu lire que l'envers. Le lieu commun de la citation convient à l'oracle que cette face porte en sa grimace, et aussi qu'il soit emprunté à la tragédie :

> ... *Un destin si funeste,*
> *S'il n'est digne d'Atrée, est digne de Thyeste.*

Telle est la réponse du signifiant au-delà de toutes les significations :

« Tu crois agir quand je t'agite au gré des liens dont je noue tes désirs. Ainsi ceux-ci croissent-ils en forces et se multiplient-ils en objets qui te ramènent au morcellement de ton enfance déchirée. Eh bien, c'est là ce qui sera ton festin jusqu'au retour de l'invité de pierre, que je serai pour toi puisque tu m'évoques. »

Pour retrouver un ton plus tempéré, disons selon le canular, dont, avec certains d'entre vous qui nous avaient suivi au Congrès de Zurich l'année dernière, nous avions fait l'hommage au mot de passe de l'endroit, que la réponse du signifiant à celui qui l'interroge est : « Mange ton Dasein. »

Est-ce donc là ce qui attend le ministre à un rendez-vous fatidique. Dupin nous l'assure, mais nous avons aussi appris à nous défendre d'être à ses diversions trop crédules.

Sans doute voici l'audacieux réduit à l'état d'aveuglement imbécile, où l'homme est vis-à-vis des lettres de muraille qui dictent son destin. Mais quel effet pour l'appeler à leur rencontre, peut-on attendre des seules provocations de la Reine pour un homme tel que lui ? L'amour ou la haine. L'un est aveugle et lui fera rendre les armes. L'autre est lucide, mais éveillera ses soupçons. Mais s'il est vraiment le joueur qu'on nous dit, il interrogera, avant de les abattre, une dernière fois ses cartes, et y lisant son jeu, il se lèvera de la table à temps pour éviter la honte.

Est-ce là tout et devons-nous croire que nous avons

déchiffré la véritable stratégie de Dupin au-delà des trucs imaginaires dont il lui fallait nous leurrer ? Oui sans doute, car si « tout point qui demande de la réflexion », comme le profère d'abord Dupin, « s'offre le plus favorablement à l'examen dans l'obscurité », nous pouvons facilement en lire maintenant la solution au grand jour. Elle était déjà contenue et facile à dégager du titre de notre conte, et selon la formule même, que nous avons dès longtemps soumise à votre discrétion, de la communication intersubjective : où l'émetteur, vous disons-nous, reçoit du récepteur son propre message sous une forme inversée. C'est ainsi que ce que veut dire « la lettre volée », voire « en souffrance », c'est qu'une lettre arrive toujours à destination.

(Guitrancourt, San Casciano, mi-mai, mi-août 1956.)

Présentation de la suite

Ce texte, à qui voulait y prendre un air de nos leçons nous ne l'indiquâmes guère sans le conseil que ce fût par lui qu'on se fît introduire à l'introduction qui le précédait et qui ici va suivre.

Laquelle était faite pour d'autres qui de cet air, sortaient d'en prendre.

Ce conseil, d'ordinaire, n'était pas suivi : le goût de l'écueil étant l'ornement du persévérer dans l'être.

Nous ne prenons ici en main l'économie du lecteur qu'à revenir sur l'adresse de notre discours et à marquer ce qui ne se démentira pas : nos écrits prennent place à l'intérieur d'une aventure qui est celle du psychanalyste, aussi loin que la psychanalyse est sa mise en question.

Les détours de cette aventure, voire ses accidents, nous y ont porté à une position d'enseignement.

D'où une référence intime qu'à d'abord parcourir cette introduction, on saisira dans le rappel d'exercices pratiqués en chœur.

Ce n'est après tout que sur la grâce de l'un d'entre eux que l'écrit précédent raffine.

On use donc mal de l'introduction qui va suivre, à la prendre pour difficile : c'est reporter sur l'objet qu'elle présente ce qui ne tient qu'à sa visée en tant qu'elle est de formation.

Aussi bien les quatre pages qui pour certains font casse-tête, ne cherchaient-elles pas l'embarras. Nous y mettons quelques retouches pour ôter tout prétexte à se détourner de ce qu'elles disent.

C'est à savoir que la mémoration dont il s'agit dans l'inconscient — freudien s'entend — n'est pas du registre qu'on suppose à la mémoire, en tant qu'elle serait la propriété du vivant.

Pour mettre au point ce que comporte cette référence négative, nous disons que ce qui s'est imaginé pour rendre compte de cet effet de la matière vivante, n'est pas rendu pour nous plus recevable par la résignation qu'il suggère.

Alors qu'il saute aux yeux qu'à se passer de cet assujettissement, nous pouvons, dans les chaînes ordonnées d'un langage formel, trouver toute l'apparence d'une mémoration : très spécialement de celle qu'exige la découverte de Freud.

Nous irions donc jusqu'à dire que s'il y a quelque part preuve à faire, c'est de ce qu'il ne suffit pas de cet ordre constituant du symbolique pour y faire face à tout.

Pour l'instant, les liaisons de cet ordre sont au regard de ce que Freud produit de l'indestructibilité de ce que son inconscient conserve, les seules à pouvoir être *soupçonnées d'y suffire*.

(Qu'on se réfère au texte de Freud sur le *Wunderblock* qui là-dessus, comme bien d'autres, dépasse le sens trivial que lui laissent les distraits.)

Le programme qui se trace pour nous est dès lors de savoir comment un langage formel détermine le sujet.

Mais l'intérêt d'un tel programme n'est pas simple : puisqu'il suppose qu'un sujet ne le remplira qu'à y mettre du sien.

Un psychanalyste ne peut faire que d'y marquer son intérêt à mesure même de l'obstacle qu'il y trouve.

Ceux qui y participent en conviennent, et même les

autres l'avoueraient, interpellés convenablement : il y a là une face de conversion subjective qui n'a pas été pour notre compagnonnage sans drame, et l'imputation qui s'exprime chez les autres du terme d'intellectualisation dont ils entendent nous faire pièce, à cette lumière montre bien ce qu'elle protège.

Aucun sans doute à se donner peine plus méritoire à ces pages, que l'un près de nous, qui enfin n'y vit qu'à dénoncer l'hypostase qui inquiétait son kantisme.

Mais la brosse kantienne elle-même a besoin de son alcali.

C'est la faveur ici d'introduire votre objecteur, voire d'autres moins pertinents, à ce qu'ils font chaque fois qu'à s'expliquer leur sujet de tous les jours, leur patient comme on dit, voire à s'expliquer avec lui, ils emploient la pensée magique.

Qu'ils y entrent eux-mêmes par là, c'est en effet du même pas dont le premier s'engage pour écarter de nous le calice de l'hypostase, alors qu'il vient d'en remplir la coupe de sa main.

Car nous ne prétendons pas, par nos α, β, γ, δ extraire du réel plus que nous n'avons supposé dans sa donnée, c'est-à-dire ici rien, mais seulement démontrer qu'ils y apportent une syntaxe à seulement déjà, ce réel, le faire hasard.

Sur quoi nous avançons que ce n'est pas d'ailleurs que proviennent les effets de répétition que Freud appelle automatisme.

Mais nos α, β, γ, δ *ne sont pas* sans qu'un sujet s'en souvienne, nous objecte-t-on. — C'est bien ce qui est en question sous notre plume : plutôt que de rien du réel, qu'on se croit en devoir d'y supposer, c'est justement de *ce qui n'était pas* que ce qui se répète procède.

Remarquons qu'il en devient moins étonnant que ce qui se répète, insiste tant pour se faire valoir.

C'est bien ce dont le moindre de nos « patients » en analyse témoigne, et dans des propos qui confirment d'autant mieux notre doctrine que ce sont eux qui nous y ont conduit : comme ceux que nous formons le savent, pour les maintes fois où ils ont entendu nos termes même anticipés, dans le texte encore frais pour eux d'une séance analytique.

Or que le malade soit entendu comme il faut au moment où il parle, c'est ce que nous voulons obtenir. Car il serait étrange qu'on ne tende l'oreille qu'à l'idée de ce qui le dévoie, au moment qu'il est simplement en proie à la vérité.

Ceci vaut bien de démonter un peu l'assurance du psychologue, c'est-à-dire de la cuistrerie qui a inventé le niveau d'aspiration par exemple, tout exprès sans doute pour y marquer le sien comme un plafond indépassable.

Il ne faut pas croire que le philosophe de bonne marque universitaire soit la planche à supporter ce déduit.

C'est là que de faire écho à de vieilles disputes d'Ecole, notre propos trouve le passif de l'intellectuel, mais c'est aussi qu'il s'agit de l'infatuation qu'il s'agit de lever.

Pris sur le fait de nous imputer une transgression de la critique kantienne indûment, le sujet bienveillant à faire un sort à notre texte, n'est pas le père Ubu et ne s'obstine pas.

Mais il lui reste peu de goût pour l'aventure. Il veut s'asseoir. C'est une antinomie corporelle à la profession d'analyste. Comment rester assis, quand on s'est mis dans le cas de n'avoir plus à répondre à la question d'un sujet, qu'à le coucher d'abord ? Il est évident qu'être debout n'est pas moins incommode.

C'est pourquoi c'est ici que s'amorce la question de la transmission de l'expérience psychanalytique, quand la visée didactique s'y implique, négociant un savoir.

Les incidences d'une structure de marché ne sont pas vaines au champ de la vérité, mais elles y sont scabreuses.

Introduction

La leçon de notre Séminaire que nous donnons ici rédigée fut prononcée le 26 avril 1955. Elle est un moment du commentaire que nous avons consacré, toute cette année scolaire, à l'*Au-delà du principe de plaisir*.

On sait que c'est l'œuvre de Freud que beaucoup de ceux qui s'autorisent du titre de psychanalyste, n'hésitent pas à rejeter comme une spéculation superflue, voire hasardée, et l'on peut mesurer à l'antinomie par excellence qu'est la notion d'*instinct de mort* où elle se résout, à quel point elle peut être impensable, qu'on nous passe le mot, pour la plupart.

Il est pourtant difficile de tenir pour une excursion, moins encore pour un faux pas, de la doctrine freudienne, l'œuvre qui y prélude précisément à la nouvelle topique, celle que représentent les termes de *moi*, de *ça* et de *surmoi*, devenus aussi prévalents dans l'usage théoricien que dans sa diffusion populaire.

Cette simple appréhension se confirme à pénétrer les motivations qui articulent ladite spéculation à la révision théorique dont elle s'avère être constituante.

Un tel procès ne laisse pas de doute sur l'abâtardissement, voire le contresens, qui frappe l'usage présent desdits termes, déjà manifeste en ce qu'il est parfaitement équivalent du théoricien au vulgaire. C'est là sans doute ce qui justifie le propos avoué par tels épigones de trouver en ces termes le truchement par où faire rentrer l'expérience de la psychanalise dans ce qu'ils appellent la psychologie générale.

Posons seulement ici quelques jalons.

L'automatisme de répétition (*Wiederholungszwang*), — bien que la notion s'en présente dans l'œuvre ici en cause, comme destinée à répondre à certains paradoxes de la clinique, tels que les rêves de la névrose traumatique ou la réaction thérapeutique négative —, ne saurait être conçu comme un rajout, fût-il couronnant, à l'édifice doctrinal.

C'est sa découverte inaugurale que Freud y réaffirme : à savoir la conception de la mémoire qu'implique son « inconscient ». Les faits nouveaux sont ici l'occasion pour lui de la restructurer de façon plus rigoureuse en lui donnant une forme généralisée, mais aussi de rouvrir sa problématique contre la dégradation, qui se faisait sentir dès alors, d'en prendre les effets pour un simple donné.

Ce qui ici se rénove, déjà s'articulait dans le « projet [20] » où sa divination traçait les avenues par où devait le faire passer sa recherche : le système Ψ, prédécesseur de l'inconscient, y manifeste son originalité, de ne pouvoir se satisfaire que de *retrouver l'objet foncièrement perdu*.

C'est ainsi que Freud se situe dès le principe dans l'opposition, dont Kierkegaard nous a instruits, concernant la notion de l'existence selon qu'elle se fonde sur la réminiscence ou sur la répétition. Si Kierkegaard y discerne admirablement la différence de la conception antique et moderne de l'homme, il apparaît que Freud fait faire à cette dernière son pas décisif en ravissant à l'agent humain identifié à la conscience, la nécessité incluse dans cette répétition. Cette répétition étant répétition symbolique, il s'y avère que l'ordre du symbole ne peut plus être conçu comme constitué par l'homme, mais comme le constituant.

C'est ainsi que nous nous sommes senti mis en demeure d'exercer véritablement nos auditeurs à la notion de la remémoration qu'implique l'œuvre de Freud : ceci dans la considération trop éprouvée qu'à la laisser implicite, les données mêmes de l'analyse flottent dans l'air.

C'est parce que Freud ne cède pas sur l'original de son expérience que nous le voyons contraint d'y évoquer un

---

20. Il s'agit de l'*Entwurf einer Psychologie* de 1895 qui contrairement aux fameuses lettres à Fliess auxquelles il est joint, comme il lui était adressé, n'a pas été censuré par ses éditeurs. Certaines fautes dans la lecture du manuscrit que porte l'édition allemande, témoignent même du peu d'attention porté à son sens. Il est clair que nous ne faisons dans ce passage que ponctuer une position, dégagée dans notre séminaire.

élément qui la gouverne d'au-delà de la vie — et qu'il appelle l'instinct de mort.

L'indication que Freud donne ici à ses suivants se disant tels, ne peut scandaliser que ceux chez qui le sommeil de la raison s'entretient, selon la formule lapidaire de Goya, des monstres qu'il engendre.

Car pour ne pas déchoir à son accoutumée, Freud ne nous livre sa notion qu'accompagnée d'un exemple qui ici va mettre à nu de façon éblouissante la formalisation fondamentale qu'elle désigne.

Ce jeu par où l'enfant s'exerce à faire disparaître de sa vue, pour l'y ramener, puis l'oblitérer à nouveau, un objet, au reste indifférent de sa nature, cependant qu'il module cette alternance de syllabes distinctives, — ce jeu, dirons-nous, manifeste en ses traits radicaux la détermination que l'animal humain reçoit de l'ordre symbolique.

L'homme littéralement dévoue son temps à déployer l'alternative structurale où la présence et l'absence prennent l'une de l'autre leur appel. C'est au moment de leur conjonction essentielle, et pour ainsi dire, au point zéro du désir, que l'objet humain tombe sous le coup de la saisie, qui, annulant sa propriété naturelle, l'asservit désormais aux conditions du symbole.

A vrai dire, il n'y a là qu'un aperçu illuminant de l'entrée de l'individu dans un ordre dont la masse le supporte et l'accueille sous la forme du langage, et surimpose dans la diachronie comme dans la synchronie la détermination du signifiant à celle du signifié.

On peut saisir à son émergence même cette surdétermination qui est la seule dont il s'agisse dans l'aperception freudienne de la fonction symbolique.

La simple connotation par (+) et (—) d'une série jouant sur la seule alternative fondamentale de la présence et de l'absence, permet de démontrer comment les plus strictes déterminations symboliques s'accommodent d'une succession de coups dont la réalité se répartit strictement « au hasard ».

Il suffit en effet de symboliser dans la diachronie d'une telle série les groupes de trois qui se concluent à chaque coup [21] en les définissant synchroniquement par exemple par la symétrie de la constance (+ + +, — — —) notée par (1) ou de l'alternance (+ — +, — + —) notée par (3), réservant la notation (2) à la dissymétrie révélée par l'impair [22] sous la forme du groupe de deux signes semblables indifféremment précédés ou suivis du signe contraire (+ — —, — + +, + + —, — — +), pour qu'apparaissent, dans la nouvelle série constituée par ces notations, des possibilités et des impossibilités de succession que le réseau suivant résume en même temps qu'il manifeste la symétrie concentrique dont est grosse la triade, — c'est-à-dire, remarquons-le, la structure même à quoi doit se référer la question toujours rouverte [23] par les anthropologues, du caractère foncier ou apparent du dualisme des organisations symboliques.

Voici ce réseau :

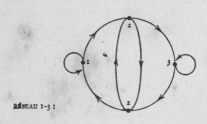

RÉSEAU I-3 :

21. Illustrons pour plus de clarté cette notation d'une série de hasard :

$$+ \quad + \cdot + \quad — \quad + \quad + \quad — \quad — \quad + \quad —$$
$$ 1 \quad 2 \quad 3 \quad 2 \quad 2 \quad 2 \quad 2 \quad 3 \text{ etc.}$$

22. Laquelle est proprement celle qui réunit les emplois du mot anglais sans équivalent que nous connaissions dans une autre langue : *odd*. L'usage français du mot *impair* pour désigner une aberration de la conduite, en montre l'amorce ; mais le mot : disparate, lui-même s'y avère insuffisant.

23. Cf. sa reprise renouvelante par Claude Lévi-Strauss dans son article « Les organisations dualistes existent-elles ? ». *Bijdragen tot de taal-, land-envolkenkunde, Deel* 112, 2e *aflevering*, Gravenhage, 1956, p. 99-128. Cet article se trouve en français dans le recueil de

Dans la série des symboles (1), (2), (3) par exemple, on peut constater qu'aussi longtemps que dure une succession uniforme de (2) qui a commencé après un (1), la série *se souviendra* du rang pair ou impair de chacun de ces (2), puisque de ce rang dépend que cette séquence ne puisse se rompre que par un (1) après un nombre pair de (2), ou par un (3) après un nombre impair.

Ainsi dès la première composition avec soi-même du symbole primordial — et nous indiquerons que ce n'est pas arbitrairement que nous l'avons proposée telle —, une structure, toute transparente qu'elle reste encore à ses données, fait apparaître la liaison essentielle de la mémoire à la loi.

Mais nous allons voir à la fois comment s'opacifie la détermination symbolique en même temps que se révèle la nature du signifiant, à seulement recombiner les éléments de notre syntaxe, en sautant un terme pour appliquer à ce binaire une relation quadratique.

Posons alors que ce binaire : (1) et (3) dans le groupe [(1) (2) (3)] par exemple, s'il conjoint de leurs symboles une symétrie à une symétrie [(1) — (1)], (3) — (3), [(1) — (3)] ou encore [(3) — (1)], sera noté α, une dissymétrie à une dissymétrie (seulement [(2) — (2)]), sera noté γ, mais qu'à l'encontre de notre première symbolisation, c'est de deux signes, β et δ, que disposeront les conjonctions croisées, β notant celle de la symétrie à la dissymétrie [(1) — (2)], [(3) — (2)], et δ celle de la dissymétrie à la symétrie [(2) — (1)] [(2) — (3)].

On va constater que, bien que cette convention restaure une stricte égalité de chances combinatoires entre quatre symboles, α, β, γ, δ (contrairement à l'ambiguïté classificatoire qui faisait équivaloir aux chances des deux autres celles du symbole (2) de la convention précédente), la syntaxe nouvelle à régir la succession des α, β, γ, δ, détermine des possibilités de répartition absolument dis-

travaux de Claude Lévi-Strauss publié sous le titre : *Anthropologie structurale* (Plon, 1958).

symétriques entre α et γ d'une part, β et δ de l'autre.

Etant reconnu en effet qu'un quelconque de ces termes peut succéder immédiatement à n'importe lequel des autres. et peut également être atteint au 4ᵉ temps compté à partir de l'un d'eux il s'avère à l'encontre que le temps troisième, autrement dit le temps constituant du binaire, est soumis à une loi d'exclusion qui veut qu'à partir d'un α ou d'un δ on ne puisse obtenir qu'un α ou un β, et qu'à partir d'un β ou d'un γ, on ne puisse obtenir qu'un γ ou un δ. Ce qui peut s'écrire sous la forme suivante :

$$\text{RÉPARTITOIRE A } \Delta : \quad \frac{\alpha, \delta}{\gamma, \beta} \rightarrow \alpha, \beta, \gamma, \delta \rightarrow \frac{\alpha, \beta}{\gamma, \delta}$$

$$\text{1}^{\text{er}}\text{ TEMPS} \qquad \text{2}^{\text{e}}\text{ TEMPS} \qquad \text{3}^{\text{e}}\text{ TEMPS}$$

où les symboles compatibles du 1ᵉʳ au 3ᵉ temps se répondent selon l'étagement horizontal qui les divise dans le répartitoire, tandis que leur choix est indifférent au 2ᵉ temps.

Que la liaison ici apparue ne soit rien de moins que la formalisation la plus simple de l'échange, c'est ce qui nous confirme son intérêt anthropologique. Nous ne ferons qu'indiquer à ce niveau sa valeur constituante pour une subjectivité primordiale, dont nous situerons plus loin la notion.

La liaison, compte tenu de son orientation, est en effet réciproque ; autrement dit, elle n'est pas réversible, mais elle est rétroactive. C'est ainsi qu'à fixer le terme du 4ᵉ temps, celui du 2ᵉ ne sera pas indifférent.

On peut démontrer qu'à fixer le 1ᵉʳ et le 4ᵉ terme d'une série, il y aura toujours une lettre dont la possibilité sera exclue des deux termes intermédiaires et qu'il y a deux autres lettres dont l'une sera toujours exclue du premier, l'autre du second, de ces termes intermédiaires. Ces lettres sont distribuées dans les deux tableaux Ω et O[24].

24. Ces deux lettres répondent respectivement à la dextrogyrie et à la lévogyrie d'une figuration en quadrant des termes exclus.

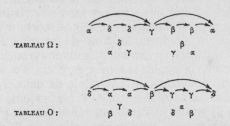

TABLEAU Ω :

TABLEAU O :

dont la première ligne permet de repérer entre les deux tableaux la combinaison cherchée du 1er au 4e temps, la lettre de la deuxième ligne étant celle que cette combinaison exclut des deux temps de leur intervalle, les deux lettres de la troisième étant, de gauche à droite, celles qui respectivement sont exclues du 2e et du 3e temps.

Ceci pourrait figurer un rudiment du parcours subjectif, en montrant qu'il se fonde dans l'actualité qui a dans son présent le futur antérieur. Que dans l'intervalle de ce passé qu'il est déjà à ce qu'il projette, un trou s'ouvre que constitue un certain *caput mortuum* du signifiant (qui ici se taxe des trois quarts des combinaisons possibles où il a à se placer [25], voilà qui suffit à le suspendre à de l'absence, à l'obliger à répéter son contour.

La subjectivité à l'origine n'est d'aucun rapport au réel, mais d'une syntaxe qu'y engendre la marque signifiante.

La propriété (ou l'insuffisance) de la construction du réseau des α, β, γ, δ, est de suggérer comment se composent en trois étages le réel, l'imaginaire et le symbolique, quoique ne puisse y jouer intrinsèquement que le symbolique comme représentant les deux assises premières.

C'est à méditer en quelque sorte naïvement sur la proximité dont s'atteint le triomphe de la syntaxe, qu'il vaut de s'attarder à l'exploration de la chaîne ici ordonnée dans la même ligne qui retint Poincaré et Markov.

---

25. Si l'on ne tient pas compte de l'ordre des lettres, ce *caput mortuum* n'est que des 7/16.

C'est ainsi qu'on remarque que si, dans notre chaîne, on peut rencontrer deux β qui se succèdent sans interposition d'un δ, c'est toujours soit directement (ββ) ou après inter-position d'un nombre d'ailleurs indéfini de couples αγ : (βαγα... γβ) mais qu'après le second β, nul nouveau β ne peut apparaître dans la chaîne avant que δ ne s'y soit produit. Cependant, la succession sus-définie de deux β ne peut se reproduire, sans qu'un second δ ne s'ajoute au premier dans une liaison équivalente (au renversement près du couple αγ en γα) à celle qui s'impose aux deux β, soit sans interposition d'un β.

D'où résulte immédiatement la dissymétrie que nous annoncions plus haut dans la probabilité d'apparition des différents symboles de la chaîne.

Tandis que les α et les γ en effet peuvent par une série heureuse du hasard se répéter chacun séparément jusqu'à couvrir la chaîne tout entière, il est exclu, même par les chances les plus favorables, que β et δ puissent augmenter leur proportion sinon de façon strictement équi-valente à un terme près, ce qui limite à 50 % le maximum de leur fréquence possible.

La probabilité de la combinaison que représentent les β et les δ étant équivalente à celle que supposent les α et les γ — et le tirage réel des coups étant d'autre part laissé strictement au hasard —, on voit donc se détacher du réel un déterminisme symbolique qui, pour ferme qu'elle soit à enregistrer toute partialité du réel, n'en produit que mieux les disparités qu'elle apporte avec elle.

Disparité encore manifestable à simplement considérer le contraste structural des deux tableaux Ω et O, c'est-à-dire la façon directe ou croisée dont le groupement (et l'ordre) des exclusions se subordonne en le reproduisant à l'ordre des extrêmes, selon le tableau auquel appartient ce dernier.

C'est ainsi que dans la suite des quatre lettres, les deux couples intermédiaire et extrême peuvent être identiques si le dernier s'inscrit dans l'ordre du tableau O (tels ααα, ααββ, ββγγ, ββδδ, γγγγ, γγδδ, δδαα, δδββ qui sont pos-sibles), ils ne le peuvent si le dernier s'inscrit dans le sens

Ω ($\beta\beta\beta\beta$, $\beta\beta\alpha\alpha$, $\gamma\gamma\beta\beta$, $\gamma\gamma\alpha\alpha$, $\delta\delta\delta\delta$, $\delta\delta\gamma\gamma$, $\alpha\alpha\delta\delta$, $\alpha\alpha\gamma\gamma$ impossibles).

Remarques, dont le caractère récréatif ne doit pas nous égarer.

Car il n'y a pas d'autre lien que celui de cette détermination symbolique où puisse se situer cette surdétermination signifiante dont Freud nous apporte la notion, et qui n'a jamais pu être conçue comme une surdétermination *réelle* dans un esprit comme le sien, — dont tout contredit qu'il s'abandonne à cette aberration conceptuelle où philosophes et médecins trouvent trop facilement à calmer leurs échauffements religieux.

Cette position de l'autonomie du symbolique est la seule qui permette de dégager de ses équivoques la théorie et la pratique de l'association libre en psychanalyse. Car c'est tout autre chose d'en rapporter le ressort à la détermination symbolique et à ses lois, qu'aux présupposés scolastiques d'une inertie imaginaire qui la supportent dans l'associationnisme, philosophique ou pseudo-tel, avant de se prétendre expérimental. D'en avoir abandonné l'examen, les psychanalystes trouvent ici un point d'appel de plus pour la confusion psychologisante où ils retombent sans cesse, certains de propos délibéré.

En fait seuls les exemples de conservation, indéfinie dans leur suspension, des exigences de la chaîne symbolique, tels que ceux que nous venons de donner, permettent de concevoir où se situe le désir inconscient dans sa persistance indestructible, laquelle, pour paradoxale qu'elle paraisse dans la doctrine freudienne, n'en est pas moins un des traits qui y sont le plus affirmés.

Ce caractère est en tout cas incommensurable avec aucun des effets connus en psychologie authentiquement expérimentale, et qui, quels que soient les délais ou retards à quoi ils soient sujets, viennent comme toute réaction vitale à s'amortir et à s'éteindre.

C'est précisément la question à laquelle Freud revient une fois de plus dans l'*Au-delà du principe de plaisir*, et pour marquer que l'*insistance* où nous avons trouvé le caractère essentiel des phénomènes de l'*automatisme de répétition,* ne lui paraît pouvoir trouver de motivation que prévitale et transbiologique. Cette conclusion peut surprendre, mais elle est de Freud, parlant de ce dont il est le premier à avoir parlé. Et il faut être sourd pour ne pas l'entendre. On ne pensera pas que sous sa plume il s'agisse d'un recours spiritualiste : c'est de la structure de la détermination qu'il est ici question. La matière qu'elle déplace en ses effets, dépasse de beaucoup en étendue celle de l'organisation cérébrale, aux vicissitudes de laquelle certains d'entre eux sont confiés, mais les autres ne restent pas moins actifs et structurés comme symboliques, de se matérialiser autrement.

C'est ainsi que si l'homme vient à penser l'ordre symbolique, c'est qu'il y est d'abord pris dans son être. L'illusion qu'il l'ait formé par sa conscience, provient de ce que c'est par la voie d'une béance spécifique de sa relation imaginaire à son semblable, qu'il a pu entrer dans cet ordre comme sujet. Mais il n'a pu faire cette entrée que par le défilé radical de la parole, soit le même dont nous avons reconnu dans le jeu de l'enfant un moment génétique, mais qui, dans sa forme complète, se reproduit chaque fois que le sujet s'adresse à l'Autre comme absolu, c'est-à-dire comme l'Autre qui peut l'annuler lui-même, de la même façon qu'il peut en agir avec lui, c'est-à-dire en se faisant objet pour le tromper. Cette dialectique de l'intersubjectivité, dont nous avons démontré l'usage nécessaire à travers les trois ans passés de notre séminaire à Sainte-Anne, depuis la théorie du transfert jusqu'à la structure de la paranoïa, s'appuie volontiers du schéma suivant :

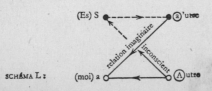

SCHÉMA L : (moi) a ... (Es) S ... a'utre ... (A)utre ... relation imaginaire ... inconscient

désormais familier à nos élèves et où les deux termes moyens représentent le couple de réciproque objectivation imaginaire que nous avons dégagé dans le *stade du miroir*.

La relation spéculaire à l'autre par où nous avons voulu d'abord en effet redonner sa position dominante dans la fonction du moi à la théorie, cruciale dans Freud, du narcissisme, ne peut réduire à sa subordination effective toute la fantasmatisation mise au jour par l'expérience analytique, qu'à s'interposer, comme l'exprime le schéma, entre cet en deçà du Sujet et cet au-delà de l'Autre, où l'insère en effet la parole, en tant que les existences qui se fondent en celle-ci sont tout entières à la merci de sa foi.

C'est d'avoir confondu ces deux couples que les légataires d'une praxis et d'un enseignement qui a aussi décisivement tranché qu'on peut le lire dans Freud, de la nature foncièrement narcissique de toute énamoration (*Verliebtheit*), ont pu diviniser la chimère de l'amour dit génital au point de lui attribuer la vertu d'oblativité, doù sont issus tant de fourvoiements thérapeutiques.

Mais de supprimer simplement toute référence aux pôles symboliques de l'intersubjectivité pour réduire la cure à une utopique rectification du couple imaginaire, nous en sommes maintenant à une pratique où, sous le pavillon de la « relation d'objet », se consomme ce qui chez tout homme de bonne foi ne peut que susciter le sentiment de l'abjection.

C'est là ce qui justifie la véritable gymnastique du registre intersubjectif que constituent tels des exercices auxquels notre séminaire a pu paraître s'attarder.

La parenté de la relation entre les termes du schéma L et de celle qui unit les 4 temps plus haut distingués dans la série orientée où nous voyons la première forme achevée d'une chaîne symbolique, ne peut manquer de frapper, dès qu'on en fait le rapprochement.

Parenthèse des parenthèses (1966)

Nous placerons ici notre perplexité qu'aucune des personnes qui s'attachèrent à déchiffrer l'ordination à quoi notre chaîne prêtait, n'ait songé à écrire sous forme de parenthèse la structure que nous en avions pourtant clairement énoncée.

Une parenthèse enfermant une ou plusieurs autres parenthèses, soit (( )) ou (( ) ( )... ( )), tel est ce qui équivaut à la répartition plus haut analysée des β et des δ, où il est facile de voir que la parenthèse redoublée est fondamentale.

Nous l'appellerons guillemets.

C'est elle que nous destinons à recouvrir la structure du sujet (S de notre schéma L), en tant qu'elle implique un redoublement ou plutôt cette sorte de division qui comporte une fonction de doublure.

Nous avons déjà placé dans cette doublure l'alternance directe ou inverse des $\alpha\alpha\gamma\gamma$... sous la condition que le nombre de signes en soit pair ou nul.

Entre les parenthèses intérieures, une alternance $\gamma\alpha\gamma\alpha$... γ en nombre de signes nul ou impair.

Par contre à l'intérieur des parenthèses, autant de γ que l'on voudra, à partir d'aucun.

Hors guillemets, nous trouvons au contraire une suite quelconque d'α, laquelle inclut aucune, une ou plusieurs parenthèses bourrées de $\alpha\gamma\alpha\gamma$... α en nombre de signes, nul ou impair.

A remplacer les α et les γ par des 1 et des 0, nous pourrons écrire la chaîne dite L sous une forme qui nous semble plus « parlante ».

Chaîne L : (10... (00... 0) 0101... 0 (00... 0)... 01) 11111... (1010... 1) 111... etc.

« Parlante » au sens qu'une lecture en sera facilitée au prix d'une convention supplémentaire, qui l'accorde au schéma L.

Cette convention est de donner aux 0 entre parenthèses la valeur de temps silencieux, une valeur de scansion étant laissée aux 0 des alternances, convention justifiée de ce qu'on verra plus bas qu'ils ne sont pas homogènes.

L'entre-guillemets peut alors représenter la structure du S (Es) de notre schéma L, symbolisant le sujet supposé complété du Es freudien, le sujet de la séance psychanalytique par exemple. Le Es y apparaît alors sous la forme que lui donne Freud, en tant qu'il le distingue de l'inconscient, à savoir : logistiquement disjoint et subjectivement silencieux (silence des pulsions).

C'est l'alternance des 01 qui représente alors le gril imaginaire (aa') du schéma L.

Il reste à définir le privilège de cette alternance propre à l'entre-deux des guillemets (01 pairs), soit évidemment du statut de a et a' en eux-mêmes [26].

Le hors-guillemets représentera le champ de l'Autre (A du schéma L). La répétition y domine, sous l'espèce du 1, trait unaire, représentant (complément de la convention précédente) les temps marqués du symbolique comme tel.

C'est de là aussi que le sujet S reçoit son message sous une forme inversée (interprétation).

Isolée de cette chaîne, la parenthèse incluant les (10... 01) représente le moi du *cogito* psychologique, soit du faux *cogito*, lequel peut aussi bien supporter la perversion pure et simple [27].

Le seul reste qui s'impose de cette tentative est le formalisme d'une certaine mémoration liée à la chaîne symbolique, dont on pourrait aisément sur la chaîne L formuler la loi.

(Essentiellement définie par le relais que constitue dans l'alternance des 0, 1, le franchissement d'un ou plusieurs signes de parenthèse et de quels signes.)

Ce qui est ici à retenir, c'est la rapidité avec laquelle est obtenue une formalisation suggestive à la fois d'une mémoration primordiale au sujet et d'une structuration dont il est remarquable que s'y distinguent des disparités stables (la même stucture dissy-

---

26. C'est ce pour quoi nous avons introduit depuis une topologie plus appropriée.

27. Cf. l'abbé de Choisy dont les mémoires célèbres peuvent se traduire : *je pense, quand je suis* celui qui s'habille en femme.

métrique en effet persiste, à renverser par exemple
tous les guillemets [28].

Ceci n'est qu'un exercice, mais qui remplit notre dessein d'y inscrire la sorte de contour où ce que nous
avons appelé le *caput mortuum* du signifiant prend
son aspect causal.

Effet aussi manifeste à se saisir ici que dans la fiction
de la lettre volée.

28. Joignons ici le réseau des α, β, γ, δ, dans sa constitution par
transformation du réseau 1-3. Tous les mathématiciens savent qu'il
est obtenu en transformant les segments du premier réseau en coupures du second et en marquant les chemins orientés joignant ces
coupures. C'est le suivant (que nous plaçons pour plus de clarté à
côté du premier) :

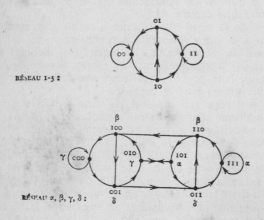

RÉSEAU 1-3 :

RÉSEAU α, β, γ, δ :

où l'on pose la convention dont les lettres ont été fondées :

$$1.1 = \alpha$$
$$0.0 = \gamma$$
$$1.0 = \beta$$
$$0.1 = \delta$$

(on y voit la raison de ce que nous avons dit qu'il y a deux espèces
de 0, dans notre chaîne L, les 0 de γ = 000 et les 0 de
γ = 010).

> Dont l'essence est que la lettre ait pu porter ses effets
> au dedans : sur les acteurs du conte, y compris le
> narrateur, tout autant qu'au dehors : sur nous, lec-
> teurs, et aussi bien sur son auteur, sans que jamais
> personne ait eu à se soucier de ce qu'elle voulait dire.
> Ce qui de tout ce qui s'écrit est le sort ordinaire.

Mais nous n'en sommes en ce moment qu'à la lancée
d'une arche dont les années seulement maçonneront le
pont [29].

C'est ainsi que pour démontrer à nos auditeurs ce qui
distingue de la relation duelle impliquée dans la notion de
projection, une intersubjectivité véritable, nous nous étions
déjà servi du raisonnement rapporté par Poe lui-même avec
faveur dans l'histoire qui sera le sujet du présent séminaire,
comme celui qui guidait un prétendu enfant prodige pour le
faire gagner plus qu'à son tour au jeu de pair ou impair.

Il faut à suivre ce raisonnement, — enfantin, c'est le cas
de le dire, mais qui en d'autres lieux séduit plus d'un —,
saisir le point où s'en dénonce le leurre.

Ici le sujet est l'interrogé : il répond à la question de
deviner si les objets que son adversaire cache en sa main
sont en nombre pair ou impair.

Après un coup gagné ou perdu pour moi, nous dit en
substance le garçon, je sais que si mon adversaire est un
simple, sa ruse n'ira pas plus loin qu'à changer de tableau
pour sa mise, mais que s'il est d'un degré plus fin, il lui
viendra à l'esprit que c'est ce dont je vais m'aviser et que
dès lors il convient qu'il joue sur le même.

C'est donc à l'objectivation du degré plus ou moins
poussé de la frisure cérébrale de son adversaire que l'enfant

29. Le texte de 1955 reprend ici. L'introduction par de tels exercices du champ d'approche structural dans la théorie psychanalytique, a été suivie en effet d'importants développements dans notre
enseignement. Le progrès des concepts sur la subjectivation y est allé
de pair avec une référence à l'*analysis situs* où nous prétendons
matérialiser le procès subjectif.

s'en remettait pour obtenir ses succès. Point de vue dont le lien avec l'identification imaginaire est aussitôt manifesté par le fait que c'est par une imitation interne de ses attitudes et de sa mimique qu'il prétend obtenir la juste appréciation de son objet.

Mais qu'en peut-il être au degré suivant quand l'adversaire, ayant reconnu que je suis assez intelligent pour le suivre dans ce mouvement, manifestera sa propre intelligence à s'apercevoir que c'est à faire l'idiot qu'il a sa chance de me tromper ? De ce moment il n'y a pas d'autre temps valable du raisonnement, précisément parce qu'il ne peut dès lors que se répéter en une oscillation indéfinie.

Et hors le cas d'imbécillité pure, où le raisonnement paraissait se fonder objectivement, l'enfant ne peut faire que de penser que son adversaire arrive à la butée de ce troisième temps, puisqu'il lui a permis le deuxième, par où il est lui-même considéré par son adversaire comme un sujet qui l'objective, car *il est vrai qu'il soit ce sujet,* et dès lors le voilà pris avec lui dans l'impasse que comporte toute intersubjectivité purement duelle, celle d'être sans recours contre un Autre absolu.

Remarquons en passant le rôle évanouissant que joue l'intelligence dans la constitution du temps deuxième où la dialectique se détache des contingences du donné, et qu'il suffit que je l'impute à mon adversaire pour que sa fonction soit inutile puisque à partir de là elle rentre dans ces contingences.

Nous ne dirons pas cependant que la voie de l'identification imaginaire à l'adversaire à l'instant de chacun des coups, soit une voie d'avance condamnée ; nous dirons qu'elle exclut le procès proprement symbolique qui apparaît dès que cette identification se fait non pas à l'adversaire, mais à son raisonnement qu'elle articule (différence au reste qui s'énonce dans le texte). Le fait prouve d'ailleurs qu'une telle identification purement imaginaire échoue dans l'ensemble.

Dès lors le recours de chaque joueur, s'il raisonne, ne peut se trouver qu'au-delà de la relation duelle, c'est-à-dire dans quelque loi qui préside à la succession des coups qui me sont proposés.

Et c'est si vrai que si c'est moi qui donne le coup à deviner, c'est-à-dire qui suis le sujet actif, mon effort à chaque instant sera de suggérer à l'adversaire l'existence d'une loi qui préside à une certaine régularité de mes coups, pour lui en dérober le plus de fois possible par sa rupture la saisie.

Plus cette démarche arrivera à se rendre libre de ce qui s'ébauche *malgré moi* de régularité réelle, plus elle aura effectivement de succès, et c'est pourquoi un de ceux qui ont participé à une des épreuves de ce jeu que nous n'avons pas hésité à faire passer au rang de travaux pratiques, a avoué qu'à un moment où il avait le sentiment, fondé ou non, d'être trop souvent percé à jour, il s'en était délivré en se réglant sur la succession conventionnellement transposée des lettres d'un vers de Mallarmé pour la suite des coups qu'il allait proposer dès lors à son adversaire.

Mais si le jeu eût duré le temps de tout un poème et si par miracle l'adversaire eût pu reconnaître celui-ci, il aurait alors gagné à tout coup.

C'est ce qui nous a permis de dire que si l'inconscient existe au sens de Freud, nous voulons dire : si nous entendons les implications de la leçon qu'il tire des expériences de la psychopathologie de la vie quotidienne par exemple, il n'est pas impensable qu'une moderne machine à calculer, en dégageant la phrase qui module à son insu et à long terme les choix d'un sujet, n'arrive à gagner au-delà de toute proportion accoutumée au jeu de pair et impair.

Pur paradoxe sans doute, mais où s'exprime que ce n'est pas pour le défaut d'une vertu qui serait celle de la conscience humaine, que nous refusons de qualifier de machine-à-penser celle à qui nous accorderions de si mirifiques performances, mais simplement parce qu'elle ne penserait pas plus que ne fait l'homme en son statut commun sans en être pour autant moins en proie aux appels du signifiant.

Aussi bien la possibilité ainsi suggérée a-t-elle eu l'intérêt de nous faire entendre l'effet de désarroi, voire d'angoisse, que certains en éprouvèrent et dont ils voulurent bien nous faire part.

Réaction sur laquelle on peut ironiser, venant d'analystes dont toute la technique repose sur la détermination inconsciente que l'on y accorde à l'association dite libre, — et qui peuvent lire en toutes lettres, dans l'ouvrage de Freud que nous venons de citer, qu'un chiffre n'est jamais choisi au hasard.

Mais réaction fondée si l'on songe que rien ne leur a appris à se détacher de l'opinion commune en distinguant ce qu'elle ignore : à savoir la nature de la surdétermination freudienne, c'est-à-dire de la détermination symbolique telle que nous la promouvons ici.

Si cette surdétermination devait être prise pour réelle, comme le leur suggérait mon exemple pour ce qu'ils confondent comme tout un chacun les calculs de la machine avec son mécanisme [30], alors en effet leur angoisse se justifierait, car en un geste plus sinistre que de toucher à la hache, nous serions celui qui la porte sur « les lois du hasard », et en bons déterministes que sont en effet ceux que ce geste a tant émus, ils sentent, et avec raison, que si l'on touche à ces lois, il n'y en a plus aucune de concevable.

Mais ces lois sont précisément celles de la détermination symbolique. Car il est clair qu'elles sont antérieures à toute constatation réelle du hasard, comme il se voit que c'est d'après son obéissance à ces lois, qu'on juge si un objet est propre ou non à être utilisé pour obtenir une série, dans ce cas toujours symbolique, de coups de hasard : à qualifier

---

30. C'est pour essayer de dissiper cette illusion que nous avons clos le cycle de cette année-là par une conférence sur *Psychanalyse et cybernétique,* qui a déçu beaucoup de monde, du fait que nous n'y ayons guère parlé que de la numération binaire, du triangle arithmétique, voire de la simple porte, définie par ce qu'il faut qu'elle soit ouverte ou fermée, bref, que nous n'ayons pas paru nous être élevé beaucoup au-dessus de l'étape pascalienne de la question.

par exemple pour cette fonction une pièce de monnaie ou cet objet admirablement dénommé dé.

Passé ce stage, il nous fallait illustrer d'une façon concrète la dominance que nous affirmons du signifiant sur le sujet. Si c'est là une vérité, elle gît partout, et nous devions pouvoir de n'importe quel point à la portée de notre perce, la faire jaillir comme le vin dans la taverne d'Auerbach.

C'est ainsi que nous prîmes le conte même dont nous avions extrait, sans y voir d'abord plus loin, le raisonnement litigieux sur le jeu de pair ou impair : nous y trouvâmes une faveur que notre notion de détermination symbolique nous interdirait déjà de tenir pour un simple hasard, si même il ne se fût pas avéré au cours de notre examen que Poe, en bon précurseur qu'il est des recherches de stratégie combinatoire qui sont en train de renouveler l'ordre des sciences, avait été guidé en sa fiction par un dessin pareil au nôtre. Du moins pouvons-nous dire que ce que nous en fîmes sentir dans son exposé, toucha assez nos auditeurs pour que ce soit à leur requête que nous en publions ici une version.

En le remaniant conformément aux exigences de l'écrit, différentes de celles de la parole, nous n'avons pu nous garder d'anticiper quelque peu sur l'élaboration que nous avons donnée depuis des notions qu'il introduisait alors.

C'est ainsi que l'accent dont nous avons toujours promu plus avant la notion de signifiant dans le symbole, s'est ici rétroactivement exercé. En estomper les traits par une sorte de feinte historique, eût paru, nous le croyons, artificiel à ceux qui nous suivent. Souhaitons que de nous en être dispensé, ne déçoive pas leur souvenir.

2

De nos antécédents

A produire maintenant, d'un retour en arrière, les travaux de notre entrée dans la psychanalyse, nous rappellerons d'où cette entrée se fit.

Médecin et psychiatre, nous avions introduit, sous le chef de la « connaissance paranoïaque », quelques résultantes d'une méthode d'exhaustion clinique dont notre thèse de médecine est l'essai [1].

Plutôt que d'évoquer le groupe *(Evolution psychiatrique)* qui voulut bien à leur exposé faire accueil, voire leur écho dans le milieu surréaliste où s'en renoua un lien ancien d'un relai neuf : Dali, Crevel, la paranoïa critique et le Clavecin de Diderot — les rejetons s'en trouvent aux premiers numéros du *Minotaure* [2] —, nous pointerons l'origine de cet intérêt.

Elle tient dans la trace de Clérambault, notre seul maître en psychiatrie.

Son *automatisme mental,* avec son idéologie mécanistique de métaphore, bien critiquable assurément, nous paraît, dans ses prises du texte subjectif, plus proche de ce qui peut se construire d'une analyse

---

1. *La Psychose paranoïaque dans ses rapports avec la personnalité,* Le François, 1932. Elle repose sur trente observations, bien que sa méthode y impose une monographie le cas Aimée. Ce fait motive l'appréciation galante qu'on en trouvera, d'une lumière, p. 536 des *Ecrits.*

2. *Le Problème du style et les Motifs du crime paranoïaque,* ce dernier article voué aux sœurs Papin et oublié lors d'une reprise récente de ce sujet par un témoin de cette époque.

structurale, qu'aucun effort clinique dans la psychiatrie française.

Nous y fûmes sensible à la touche d'une promesse,
perçue du contraste qu'elle fait avec ce qui se marque
de déclinant dans une sémiologie toujours plus engagée dans les présupposés raisonnants.

Clérambault réalise, de son être du regard, de ses
partialités de pensée, comme une récurrence de ce
qu'on nous a décrit récemment dans la figure datée
de la *Naissance de la clinique* [3].

Clérambault connaissait bien la tradition française,
mais c'est Kraepelin qui l'avait formé, où le génie de
la clinique était porté plus haut.

Singulièrement, mais nécessairement croyons-nous,
nous en fûmes amené à Freud.

Car la fidélité à l'enveloppe formelle du symptôme,
qui est la vraie trace clinique dont nous prenions le
goût, nous mena à cette limite où elle se rebrousse en
effets de création. Dans le cas de notre thèse (le cas
Aimée), effets littéraires, — et d'assez de mérite pour
avoir été recueillis, sous la rubrique (de révérence) de
poésie involontaire, par Eluard.

Ici la fonction de l'idéal se présentait à nous dans une
série de réduplications qui nous induisaient à la
notion d'une structure, plus instructive que le solde
où les cliniciens de Toulouse eussent réduit l'affaire
d'un rabais au registre de la passion.

En outre, l'effet comme de soufflage qui dans notre
sujet avait couché ce paravent qu'on appelle un délire, dès que sa main avait touché, d'une agression
non sans blessure, une des images de son théâtre,
doublement fictive pour elle d'être d'une vedette en
réalité, redoublait la conjugaison de son espace poétique avec une scansion de gouffre.

Ainsi approchions-nous de la machinerie du passage
à l'acte, et ne fût-ce qu'à nous contenter du porte-
manteau de l'autopunition que nous tendait la crimi-
nologie berlinoise par la bouche d'Alexander et de
Staub, nous débouchions sur Freud.

Le mode sous lequel une connaissance se spécifie de

3. Cf. Michel Foucault, *Naissance de la clinique*, P. U. F., 1964.

ses stéréotypies, et aussi bien de ses décharges, pour témoigner d'une autre fonction, pouvait prêter à des enrichissements à quoi aucun académisme, fût-il celui de l'avant-garde, n'eût refusé sa bienveillance.

Peut-être saisira-t-on qu'à franchir les portes de la psychanalyse, nous ayons aussitôt reconnu dans sa pratique, des préjugés de savoir beaucoup plus intéressants, d'être ceux qui sont à réduire dans son écoute fondamentale.

Nous n'avions pas attendu ce moment pour méditer sur les fantasmes dont s'appréhende l'idée du *moi*, et si le « stade du miroir » fut produit en 1936[4], par nous encore aux portes de la titularisation d'usage, au Congrès premier à nous donner une expérience d'une association internationale qui nous comblerait par la suite, nous n'y étions pas sans mérite. Car son invention nous portait au cœur d'une résistance théorique et technique qui, pour constituer un problème par la suite toujours plus patent, était, il faut le dire, bien loin d'être aperçu du milieu d'où nous partions.

Nous avons trouvé bon d'offrir au lecteur d'abord un petit article, contemporain de cette production.

Il arrive que nos élèves se leurrent dans nos écrits de trouver « déjà là » ce à quoi notre enseignement nous a porté depuis. N'est-ce pas assez que ce qui est là n'en ait pas barré le chemin ? Qu'on voie dans ce qui ici se dessine d'une référence au langage, le fruit de la seule imprudence qui ne nous ait jamais trompé : celle de ne nous fier à rien qu'à cette expérience du sujet qui est la matière unique du travail analytique.

Le titre « Au-delà etc. » ne recule pas à paraphraser l'autre « Au-delà » que Freud assigne en 1920 à son principe de plaisir. Par quoi l'on s'interroge : Freud y rompt-il le joug grâce à quoi il soutient ce principe, de le jumeler au principe de réalité ?

---

4. C'est au Congrès de Marienbad (31 juillet 1936) que prit place ce premier pivot de notre intervention dans la théorie psychanalytique. On y trouvera une référence ironique p. 184-185 des *Écrits*, avec l'indication du tome de l'*Encyclopédie française* qui fait foi pour la date de ses thèses (1938). Nous avions en effet négligé d'en livrer le texte pour le compte rendu du Congrès.

Freud dans son « Au-delà [5] » fait place au fait que
le principe du plaisir à quoi il a donné en somme un
sens nouveau d'en installer dans le circuit de la
réalité, comme processus primaire, l'articulation
signifiante de la répétition, vient à en prendre un plus
nouveau encore de prêter au forçage de sa barrière
traditionnelle du côté d'une jouissance, — dont l'être
alors s'épingle du masochisme, voire s'ouvre sur la
pulsion de mort.

Que devient dans ces conditions cet entrecroisement
par quoi l'identité des pensées qui proviennent de
l'inconscient offre sa trame au processus secondaire,
en permettant à la réalité de s'établir *à la satisfaction*
du principe du plaisir ?

Voici la question où pourrait s'annoncer cette reprise
par l'envers du projet freudien où nous avons caracté-
risé récemment le nôtre.

S'il y en a ici l'amorce, elle ne saurait aller loin.
Disons seulement qu'elle n'exagère pas la portée de
l'acte psychanalytique à supposer qu'il transcende le
processus secondaire pour atteindre une réalité qui ne
s'y produit pas, ne fût-ce qu'à rompre le leurre qui
réduisait l'idendité des pensées à la pensée de leur
identité.

Si tout le monde admet en effet, même assez sot pour
ne pas le reconnaître, que le processus primaire ne
rencontre rien de réel que l'impossible, ce qui dans la
perspective freudienne reste la meilleure définition
qu'on en puisse donner, il s'agirait d'en savoir plus
sur ce qu'il rencontre d'Autre pour que nous puissions
nous en occuper.

Ainsi n'est-ce pas céder à un effet perspectif que de
voir ici cette première délinéation de l'imaginaire,
dont les lettres, associées à celles du symbolique et

---

5. Il s'agit de l'article : « Au-delà du principe de réalité », non
reproduit ici et qu'on trouvera dans les *Ecrits* aux pages 73-92. Cet
article paru dans *L'Evolution psychiatrique*, 1936, fascicule III,
numéro spécial d'études freudiennes, p. 67 à 86, est strictement
contemporain de la première communication du « Stade du
Miroir », étant daté de Marienbad-Noirmoutier, août-octo-
bre 1936.

du réel, viendront orner beaucoup plus tard, juste avant le discours de Rome, les pots, vides à jamais, d'être tous aussi symboliques, dont nous ferons notre thériaque pour résoudre les embarras de la cogitation analytique.

Rien là qui ne se justifie de s'essayer à prévenir les malentendus qui se prennent de l'idée qu'il y aurait dans le sujet quoi que ce soit qui réponde à un appareil — voire, comme on dit ailleurs, à une fonction propre — du réel. Or c'est à ce mirage que se voue à cette époque une théorie du *moi* qui pour prendre appui dans la rentrée que Freud assure à cette instance dans *Analyse du moi et psychologie des masses* fait erreur, puisqu'il n'y a dans cet article rien d'autre que la théorie de l'identification.

Manquant trop à se reporter d'autre part à l'antécédent nécessaire, sans doute produit en une année où l'attention de communauté analytique est un peu relâchée d'être 1914, de l'article *Introduction au narcissisme* qui donne à celui-là sa base.

Rien en tout cas qui permette de tenir pour univoque la réalité qu'on invoquerait d'y conjuguer les deux termes : *Wirklichkeit* et *Realität* que Freud y distingue, le second étant spécialement réservé à la réalité psychique.

Dès lors prend sa valeur, elle *wirklich*, opérante, le coin que nous introduisons en remettant à sa place l'évidence trompeuse que l'idendité à soi-même qui se suppose dans le sentiment commun du *moi* aurait quoi que ce soit à faire avec une prétendue instance du réel.

Si Freud rappelle le rapport du *moi* au système perception-conscience, c'est seulement à indiquer que notre tradition, réflexive, dont on aurait tort de croire qu'elle n'ait pas eu des incidences sociales de ce qu'elle ait donné appui à des formes politiques du statut personnel, a éprouvé dans ce système ses étalons de vérité.

Mais c'est pour les mettre en question que Freud lie le *moi* d'une double référence, l'une au corps propre, c'est le narcissisme, l'autre à la complexité des trois ordres d'identification.

Le stade du miroir donne la règle de partage entre l'imaginaire et le symbolique à ce moment de capture par une inertie historique dont tout ce qui s'autorise d'être psychologie porte la charge, fût-ce par des voies à prétendre s'en dégager.

C'est pour quoi nous n'avons pas donné à notre article sur le « Principe de Réalité » la suite qu'il annonçait, de devoir s'en prendre au *Gestaltisme* et à la phénoménologie.

Bien plutôt revenant sans cesse à rappeler dans la pratique un moment qui n'est pas d'histoire mais d'*insight* configurant, par quoi nous le désignons comme stade, émergeât-il en une phase.

Celle-ci est-elle à réduire à une crise biologique ? La dynamique que nous en exposons, prend appui d'effets de diachronie : retard de la coordination nerveuse lié à la prématuration de la naissance, anticipation formelle de sa résolution.

Mais c'est encore donner le change que supposer une harmonie que contredisent bien des faits de l'éthologie animale.

Et masquer le vif d'une fonction de manque avec la question de la place qu'elle peut prendre dans une chaîne causale. Or loin que nous songions à l'en éliminer, une telle fonction nous semble maintenant l'origine même de la noèse causaliste, et jusqu'à la confondre avec son passage au réel.

Mais lui donner son efficace de la discordance imaginaire, c'est encore laisser trop de place à la présomption de la naissance.

Cette fonction est d'un manque plus critique, à ce que sa couverture soit le secret de la jubilation du sujet.

En quoi se laisse voir que tout attardement sur la genèse du *moi* participe encore de la vanité de ce qu'il juge. Ce qui semble aller de soi, à y réfléchir : nul pas dans l'imaginaire peut-il franchir ses limites, s'il ne procède d'un autre ordre ?

C'est bien pourtant ce que promet la psychanalyse, et qui y resterait mythique si elle reculait au plain-pied de cet ordre.

Pour le repérer dans le stade du miroir, sachons

d'abord y lire le paradigme de la définition proprement imaginaire qui se donne de la métonymie : la
partie pour le tout. Car n'omettons pas ce que notre
concept enveloppe de l'expérience analytique du fantasme, ces images dites partielles, seules à mériter la
référence d'un archaïsme premier, que nous réunis-
sons sous le titre des images du corps morcelé, et qui
se confirment de l'assertion, dans la phénoménologie de l'expérience Kleinienne, des fantasmes de la
phase dite paranoïde.

Ce qui se manipule dans le triomphe de l'assomption
de l'image du corps au miroir, c'est cet objet le plus
évanouissant à n'y apparaître qu'en marge : l'échange
des regards, manifeste à ce que l'enfant se retourne
vers celui qui de quelque façon l'assiste, fût-ce seulement de ce qu'il assiste à son jeu.

Ajoutons-y ce qu'un jour un film, pris tout à fait hors
de notre propos, montra aux nôtres, d'une petite fille
se confrontant nue au miroir : sa main en éclair
croissant, d'un travers gauche, le manque phallique.

Quoi que couvre l'image pourtant, elle ne centre qu'un pouvoir trompeur de dériver l'aliénation qui
déjà situe le désir au champ de l'Autre, vers la riva-
lité qui prévaut, totalitaire, de ce que le semblable
lui impose d'une fascination duelle : ce l'un ou l'autre, c'est le retour dépressif de la phase seconde
dans Mélanie Klein ; c'est la figure du meurtre hégélien.

Ajoutons-y l'usage aux fins d'apologue pour résumer
la méconnaissance s'enracinant ici originelle, de
l'inversion produite dans la symétrie par rapport à
un plan. Elle ne prendrait valeur que d'une référence
plus développée à l'orientation dans l'espace, où l'on
s'étonne que la philosophie ne soit pas plus intéressée depuis que Kant tenant son gant à bout de main
y suspendit une esthétique, pourtant aussi simple à
retourner que ce gant l'est lui-même.

C'est déjà situer pourtant l'expérience à un point qui
ne permet pas de se leurrer sur sa liaison avec la
qualité de voyant. Même l'aveugle y est sujet, de se
savoir objet du regard. Mais le problème est ailleurs,
et son articulation aussi théorique que celle du pro-

blème de Molyneux[6] : il faudrait savoir ce que
serait le *moi* dans un monde où personne ne saurait
rien de la symétrie par rapport à un plan.

Les repères de la connaissance spéculaire enfin sont
rappelés par nous d'une sémiologie qui va de la plus
subtile   dépersonnalisation   à   l'hallucination   du
double. On sait qu'ils n'ont en eux-mêmes aucune
valeur diagnostique quant à la structure du sujet (la
psychotique entre autres). Etant cependant plus
important de noter qu'ils ne constituent pas un repère
plus consistant du fantasme dans le traitement psychanalytique.

Nous nous trouvons donc replacer ces textes dans un
futur antérieur : ils auront devancé notre insertion de
l'inconscient dans le langage. N'est-ce pas, à les voir
s'égailler sur des années peu remplies, nous exposer
au reproche d'avoir cédé à un attardement ?

Outre qu'il nous fallait bien faire en notre pratique
nos écoles, nous plaiderons de n'avoir pu mieux faire
durant ce temps que de préparer notre audience.

Les générations présentes de la psychiatrie auront
peine à s'imaginer que nous ayons été, de notre âge
de salle de garde, quelque trois à nous engager dans
la psychanalyse, et sans être ingrat pour ce groupe de
l'*Evolution psychiatrique,* nous dirons qu'à ce que ce
fût parmi ses talents que la psychanalyse se soit fait
jour, ce n'est pas pour autant qu'elle en reçut une
mise en question radicale. L'adjonction à cette fin
d'une ingérence mondaine n'y augmenta ni leur soli-
darité ni leur information.

A vrai dire nul enseignement autre qu'accéléré de
routine, ne vint au jour avant qu'en 1951 nous ayons
ouvert le nôtre à titre privé.

Si cependant la quantité des recrues dont un effet de
qualité s'engendre, changea après la guerre du tout
au tout, peut-être la salle surchargée à nous entendre

---

6. Cf. dans les *Cahiers pour l'analyse,* 2 mai 1966, Cercle d'épisté-
mologie de l'E. N. S., l'article de A. Grosrichard, sur *Une expérience
psychologique au XVIIIe s.,* où l'on pourra approfondir, de la
fiction de l'aveugle philosophe à celle du philosophe aveugle,
la question du sujet.

De nos antécédents   87

sur *La psychanalyse, didactique* (une virgule entre),
sera-t-elle souvenir à rappeler que nous n'y fûmes pas
pour rien.

Jusque-là pourtant le lieu majeur à nous offrir
quelques conférences publiques fut ce *Collège philosophique*, où se croisaient, Jean Wahl invitant, les
fièvres d'alors [7].

Ajoutons que cette note ne doit rien de biographique
qu'à notre désir d'éclairer le lecteur.

7. Nous y produisîmes entre autres un *mythe individuel du névrosé*, initium d'une référence structuraliste en forme (le premier
texte de Claude Lévi-Strauss sur le mythe). Son texte ronéotypé,
paru non corrigé par nous, fera foi pour une reprise ultérieure.

Le stade du miroir comme formateur de la fonction du Je

telle qu'elle nous est révélée dans l'expérience psychanalytique

Communication faite
au XVIᵉ congrès international de psychanalyse,
à Zürich, le 17 juillet 1949.

La conception du stade du miroir que j'ai introduite à notre dernier congrès, il y a treize ans, pour être depuis plus ou moins passée dans l'usage du groupe français, ne m'a pas paru indigne d'être rappelée à votre attention : aujourd'hui spécialement quant aux lumières qu'elle apporte sur la fonction du *je* dans l'expérience que nous en donne la psychanalyse. Expérience dont il faut dire qu'elle nous oppose à toute philosophie issue directement du *Cogito*.

Peut-être y en a-t-il parmi vous qui se souviennent de l'aspect de comportement dont nous partons, éclairé d'un fait de psychologie comparée : le petit d'homme à un âge où il est pour un temps court, mais encore pour un temps, dépassé en intelligence instrumentale par le chimpanzé, reconnaît pourtant déjà son image dans le miroir comme telle. Reconnaissance signalée par la mimique illuminative du *Aha-Erlebnis,* où pour Köhler s'exprime l'aperception situationnelle, temps essentiel de l'acte d'intelligence.

Cet acte, en effet, loin de s'épuiser comme chez le singe dans le contrôle une fois acquis de l'inanité de l'image, rebondit aussitôt chez l'enfant en une série de gestes où il éprouve ludiquement la relation des mouvements assumés de l'image à son environnement reflété, et de ce complexe virtuel à la réalité qu'il redouble, soit à son propre corps et aux personnes, voire aux objets, qui se tiennent à ses côtés.

Cet événement peut se produire, on le sait depuis Baldwin, depuis l'âge de six mois, et sa répétition a souvent arrêté notre méditation devant le spectacle saisissant d'un nourrisson devant le miroir, qui n'a pas encore la maîtrise de la marche, voire de la station debout, mais qui, tout embrassé qu'il est par quelque soutien humain ou artificiel (ce que nous appelons en France un trotte-bébé), surmonte en un affairement jubilatoire les entraves de cet appui, pour suspendre son attitude en une position plus ou moins penchée, et ramener, pour le fixer, un aspect instantané de l'image.

Cette activité conserve pour nous jusqu'à l'âge de dix-huit mois le sens que nous lui donnons, — et qui n'est pas moins révélateur d'un dynamisme libidinal, resté problématique jusqu'alors, que d'une structure ontologique du monde humain qui s'insère dans nos réflexions sur la connaissance paranoïaque.

Il y suffit de comprendre le stade du miroir *comme une identification* au sens plein que l'analyse donne à ce terme : à savoir la transformation produite chez le sujet quand il assume une image, — dont la prédestination à cet effet de phase est suffisamment indiquée par l'usage, dans la théorie, du terme antique d'*imago*.

L'assomption jubilatoire de son image spéculaire par l'être encore plongé dans l'impuissance motrice et la dépendance du nourrissage qu'est le petit homme à ce stade *infans*, nous paraîtra dès lors manifester en une situation exemplaire la matrice symbolique où le *je* se précipite en une forme primordiale, avant qu'il ne s'objective dans la dialectique de l'identification à l'autre et que le langage ne lui restitue dans l'universel sa fonction de sujet.

Cette forme serait plutôt au reste à désigner comme *je-*

idéal[1], si nous voulions la faire rentrer dans un registre
connu, en ce sens qu'elle sera aussi la souche des identifications secondaires, dont nous reconnaissons sous ce terme
les fonctions de normalisation libidinale. Mais le point
important est que cette forme situe l'instance du *moi*, dès
avant sa détermination sociale, dans une ligne de fiction, à
jamais irréductible pour le seul individu, — ou plutôt, qui
ne rejoindra qu'asymptotiquement le devenir du sujet, quel
que soit le succès des synthèses dialectiques par quoi il doit
résoudre en tant que *je* sa discordance d'avec sa propre
réalité.

C'est que la forme totale du corps par quoi le sujet
devance dans un mirage la maturation de sa puissance, ne
lui est donnée que comme *Gestalt*, c'est-à-dire dans
une extériorité où certes cette forme est-elle plus constituante
que constituée mais où surtout elle lui apparaît dans un
relief de stature qui la fige et sous une symétrie qui
l'inverse, en opposition à la turbulence de mouvements
dont il s'éprouve l'animer. Ainsi cette *Gestalt* dont la pré-
gnance doit être considérée comme liée à l'espèce, bien que
son style moteur soit encore méconnaissable, — par ces
deux aspects de son apparition symbolise la permanence
mentale du *je* en même temps qu'elle préfigure sa destination aliénante ; elle est grosse encore des correspondances
qui unissent le *je* à la statue où l'homme se projette comme
aux fantômes qui le dominent, à l'automate enfin où dans
un rapport ambigu tend à s'achever le monde de sa fabrication.

Pour les *imagos* en effet, dont c'est notre privilège que
de voir se profiler, dans notre expérience quotidienne et la
pénombre de l'efficacité symbolique[2], les visages voilés,

1. Nous laissons sa singularité à la traduction que nous avons
adoptée, dans cet article, de l'*Ideal Ich* de Freud, sans plus en
donner les motifs, ajoutant que nous ne l'avons pas maintenue
depuis lors.
2. Cf. Cl. Lévi-Strauss, « L'efficacité symbolique », *Revue d'histoire des religions,* janvier-mars 1949.

— l'image spéculaire semble être le seuil du monde visible, si nous nous fions à la disposition en miroir que présente dans l'hallucination et dans le rêve l'*imago du corps propre,* qu'il s'agisse de ses traits individuels, voire de ses infirmités ou de ses projections objectales, ou si nous remarquons le rôle de l'appareil du miroir dans les apparitions du *double* où se manifestent des réalités psychiques, d'ailleurs hétérogènes.

Qu'une *Gestalt* soit capable d'effets formatifs sur l'organisme est attesté par une expérimentation biologique, elle-même si étrangère à l'idée de causalité psychique qu'elle ne peut se résoudre à la formuler comme telle. Elle n'en reconnaît pas moins que la maturation de la gonade chez la pigeonne a pour condition nécessaire la vue d'un congénère, peu important son sexe, — et si suffisante que l'effet en est obtenu par la seule mise à portée de l'individu du champ de réflexion d'un miroir. De même le passage dans la lignée, du criquet pèlerin de la forme solitaire à la forme grégaire est obtenu en exposant l'individu, à un certain stade, à l'action exclusivement visuelle d'une image similaire, pourvu qu'elle soit animée de mouvements d'un style suffisamment proche de ceux propres à son espèce. Faits qui s'inscrivent dans un ordre d'identification homéomorphique qu'envelopperait la question du sens de la beauté comme formative et comme érogène.

Mais les faits de mimétisme, conçus comme d'identification hétéromorphique, ne nous intéressent pas moins ici, pour autant qu'ils posent le problème de la signification de l'espace pour l'organisme vivant, — les concepts psychologiques ne semblant pas plus impropres à y apporter quelque lumière, que les efforts ridicules tentés en vue de les réduire à la loi prétendue maîtresse de l'adaptation. Rappelons seulement les éclairs qu'y fit luire la pensée (jeune alors et en fraîche rupture du ban sociologique où elle s'était formée) d'un Roger Caillois, quand sous le terme de *psychasthénie légendaire,* il subsumait le mimétisme morphologique à une obsession de l'espace dans son effet déréalisant.

Nous avons nous-même montré dans la dialectique sociale qui structure comme paranoïaque la connaissance humaine[3], la raison qui la rend plus autonome que celle de l'animal du champ de forces du désir, mais aussi qui la détermine dans ce « peu de réalité » qu'y dénonce l'insatisfaction surréaliste. Et ces réflexions nous incitent à reconnaître dans la captation spatiale que manifeste le stade du miroir l'effet chez l'homme, prémanent même à cette dialectique, d'une insuffisance organique de sa réalité naturelle, si tant est que nous donnions un sens au terme de nature.

La fonction du stade du miroir s'avère pour nous dès lors comme un cas particulier de la fonction de l'*imago* qui est d'établir une relation de l'organisme à sa réalité — ou, comme on dit, de l'*Innenwelt* à l'*Umwelt*.

Mais cette relation à la nature est altérée chez l'homme par une certaine déhiscence de l'organisme en son sein, par une Discorde primordiale que trahissent les signes de malaise et l'incoordination motrice des mois néonataux. La notion objective de l'inachèvement anatomique du système pyramidal comme de telles rémanences humorales de l'organisme maternel, confirme cette vue que nous formulons comme la donnée d'une véritable *prématuration spécifique de la naissance* chez l'homme.

Remarquons en passant que cette donnée est reconnue comme telle par les embryologistes, sous le terme de *fœtalisation*, pour déterminer la prévalence des appareils dits supérieurs du névraxe et spécialement de ce cortex que les interventions psychochirurgicales nous mèneront à concevoir comme le miroir intraorganique.

Ce développement est vécu comme une dialectique temporelle qui décisivement projette en histoire la formation de l'individu : le *stade du miroir* est un drame dont la poussée interne se précipite de l'insuffisance à l'anticipation — et qui pour le sujet, pris au leurre de l'identification spatiale, machine les fantasmes qui se succèdent d'une image morce-

3. Cf. là-dessus *Ecrits*, p. 111 et p. 180.

lée du corps à une forme que nous appellerons orthopé-
dique de sa totalité, — et à l'armure enfin assumée d'une
identité aliénante, qui va marquer de sa structure rigide
tout son développement mental. Ainsi la rupture du cercle
de l'*Innenwelt* à l'*Umwelt* engendre-t-elle la quadrature
inépuisable des récolements du *moi*.

Ce corps morcelé, dont j'ai fait aussi recevoir le terme
dans notre système de références théoriques, se montre
régulièrement dans les rêves, quand la motion de l'analyse
touche à un certain niveau de désintégration agressive de
l'individu. Il apparaît alors sous la forme de membres
disjoints et de ces organes figurés en exoscopie, qui s'ailent
et s'arment pour les persécutions intestines, qu'à jamais a
fixées par la peinture le visionnaire Jérôme Bosch, dans
leur montée au siècle quinzième au zénith imaginaire de
l'homme moderne. Mais cette forme se révèle tangible sur
le plan organique lui-même dans les lignes de fragilisation
qui définissent l'anatomie fantasmatique, manifeste dans les
symptômes de schize ou de spasme, de l'hystérie.

Corrélativement la formation du *je* se symbolise oni-
riquement par un camp retranché, voire un stade, — distri-
buant de l'arène intérieure à son enceinte, à son pourtour
de gravats et de marécages, deux champs de lutte opposés
où le sujet s'empêtre dans la quête de l'altier et lointain
château intérieur, dont la forme (parfois juxtaposée dans le
même scénario) symbolise le *ça* de façon saisissante. Et de
même, ici sur le plan mental, trouvons-nous réalisées ces
structures d'ouvrage fortifié dont la métaphore surgit spontanément, et comme issue des symptômes eux-mêmes du
sujet, pour désigner les mécanismes d'inversion, d'isolation,
de réduplication, d'annulation, de déplacement, de la
névrose obsessionnelle.

Mais à bâtir sur ces seules données subjectives, et pour si
peu que nous les émancipions de la condition d'expérience
qui nous les fait tenir d'une technique de langage, nos
tentatives théoriques resteraient exposées au reproche de se
projeter dans l'impensable d'un sujet absolu : c'est pourquoi nous avons cherché dans l'hypothèse ici fondée sur un

concours de données objectives, la grille directrice d'une *méthode de réduction symbolique*.

Elle instaure dans les *défenses du moi* un ordre génétique qui répond au vœu formulé par Mlle Anna Freud dans la première partie de son grand ouvrage, — et situe (contre un préjugé souvent exprimé) le refoulement hystérique et ses retours, à un stade plus archaïque que l'inversion obsessionnelle et ses procès isolants, et ceux-ci mêmes comme préalables à l'aliénation paranoïaque qui date du virage du *je* spéculaire en *je* social.

Ce moment où s'achève le stade du miroir inaugure, par l'identification à l'*imago* du semblable et le drame de la jalousie primordiale (si bien mis en valeur par l'école de Charlotte Bühler dans les faits de *transitivisme* enfantin), la dialectique qui dès lors lie le *je* à des situations socialement élaborées.

C'est ce moment qui décisivement fait basculer tout le savoir humain dans la médiatisation par le désir de l'autre, constitue ses objets dans une équivalence abstraite par la concurrence d'autrui, et fait du *je* cet appareil pour lequel toute poussée des instincts sera un danger, répondît-elle à une maturation naturelle, — la normalisation même de cette maturation dépendant dès lors chez l'homme d'un truchement culturel : comme il se voit pour l'objet sexuel dans le complexe d'Œdipe.

Le terme de narcissime primaire par quoi la doctrine désigne l'investissement libidinal propre à ce moment, révèle chez ses inventeurs, au jour de notre conception, le plus profond sentiment des latences de la sémantique Mais elle éclaire aussi l'opposition dynamique qu'ils ont cherché à définir, de cette libido à la libido sexuelle, quand ils ont invoqué des instincts de destruction voire de mort, pour expliquer la relation évidente de la libido narcissique à la foncton aliénante du *je*, à l'agressivité qui s'en dégage dans toute relation à l'autre, fût-ce celle de l'aide la plus samaritaine.

C'est qu'ils ont touché à cette négativité existentielle, dont la réalité est si vivement promue par la philosophie contemporaine de l'être et du néant.

Mais cette philosophie ne la saisit malheureusement que dans les limites d'une self-suffisance de la conscience, qui, pour être inscrite dans ses prémisses, enchaîne aux méconnaissances constitutives du *moi* l'illusion d'autonomie où elle se confie. Jeu de l'esprit qui, pour se nourrir singulièrement d'emprunts à l'expérience analytique, culmine dans la prétention à assurer une psychanalyse existentielle.

Au bout de l'entreprise historique d'une société pour ne plus se reconnaître d'autre fonction qu'utilitaire, et dans l'angoisse de l'individu devant la forme concentrationnaire du lien social dont le surgissement semble récompenser cet effort, — l'existentialisme se juge aux justifications qu'il donne des impasses subjectives qui en résultent en effet : une liberté qui ne s'affirme jamais si authentique que dans les murs d'une prison, une exigence d'engagement où s'exprime l'impuissance de la pure conscience à surmonter aucune situation, une idéalisation voyeuriste-sadique du rapport sexuel une personnalité qui ne se réalise que dans le suicide, une conscience de l'autre qui ne se satisfait que par le meurtre hégélien.

A ces propos toute notre expérience s'oppose pour autant qu'elle nous détourne de concevoir le *moi* comme centré sur le *système perception-conscience,* comme organisé par le « principe de réalité » où se formule le préjugé scientiste le plus contraire à la dialectique de la connaissance — pour nous indiquer de partir de la *fonction de méconnaissance* qui le caractérise dans toutes les structures si fortement articulées par Mlle Anna Freud : car si la *Verneinung* en représente la forme patente, latents pour la plus grande part en resteront les effets tant qu'ils ne seront pas éclairés par quelque lumière réfléchie sur le plan de fatalité, où se manifeste le *ça.*

Ainsi se comprend cette inertie propre aux formations du *je* où l'on peut voir la définition la plus extensive de la névrose : comme la captation du sujet par la situation donne la formule la plus générale de la folie, de celle qui gît entre les murs des asiles, comme de celle qui assourdit la terre de son bruit et de sa fureur.

Les souffrances de la névrose et de la psychose sont pour nous l'école des passions de l'âme, comme le fléau de la balance psychanalytique, quand nous calculons l'inclinaison de sa menace sur des communautés entières, nous donne l'indice d'amortissement des passions de la cité.

A ce point de jonction de la nature à la culture que l'anthropologie de nos jours scrute obstinément, la psychanalyse seule reconnaît ce nœud de servitude imaginaire que l'amour doit toujours redéfaire ou trancher.

Pour une telle œuvre, le sentiment altruiste est sans promesse pour nous, qui perçons à jour l'agressivité qui sous-tend l'action du philanthrope, de l'idéaliste, du pédagogue, voire du réformateur.

Dans le recours que nous préservons du sujet au sujet, la psychanalyse peut accompagner le patient jusqu'à la limite extatique du « *Tu es cela* », où se révèle à lui le chiffre de sa destinée mortelle, mais il n'est pas en notre seul pouvoir de praticien de l'amener à ce moment où commence le véritable voyage.

3

Du sujet enfin en question

Un rien d'enthousiasme est dans un écrit la trace à laisser la plus sûre pour qu'il date, au sens regrettable. Regrettons-le pour le discours de Rome, aussi sec, les circonstances qu'il mentionne n'y apportant rien d'atténuant.

Le publiant, nous supposons un intérêt à sa lecture, malentendu compris.

Même à vouloir la précaution, ce n'est pas d'une « adresse au lecteur » que nous redoublerions son adresse originale (au Congrès), quand la constante, dont nous avons d'abord averti, de notre adresse au psychanalyste, culmine ici de s'approprier à un groupe appelant notre aide.

Redoubler l'intérêt serait plutôt notre parade, si ce n'est pas le diviser que de dévoiler ce qui, quoi qu'il en soit pour la conscience du sujet, commande cet intérêt.

Nous voulons parler du sujet mis en question par ce discours, quand le remettre en place ici du point où nous ne lui avons pas fait défaut pour notre part, est seulement faire justice au point où il nous donnait rendez-vous.

Pour le lecteur, nous ne ferons plus désormais, au pointage près un peu plus loin du dessein de notre séminaire, que nous fier à son tête-à-tête avec des textes certes pas plus faciles, mais repérables intrinsèquement.

Meta, la borne qui assigne le tournant à serrer d'une course, est la métaphore dont nous lui ferons viatique pour lui rappeler le discours inédit que nous poursui-

vons depuis lors chaque mercredi de l'année d'enseignement, et dont il se peut qu'il l'assiste (s'il n'y
assiste pas) de circuler d'ailleurs.

Sur le sujet mis en question, la psychanalyse didactique sera notre départ. On sait qu'ainsi s'appelle une
psychanalyse qu'on se propose d'entreprendre à un
dessein de formation, — spécialement comme un élément de l'habilitation à pratiquer la psychanalyse.

La psychanalyse, lorsqu'elle est spécifiée par cette
demande, en est tenue pour modifiée dans les données qu'on y suppose ordinaires, et le psychanalyste
considère avoir à y parer.

Qu'il accepte de la conduire dans ces conditions, comporte une responsabilité. Il est curieux de constater
comment on la déplace, aux garanties qu'on y
prend.

Car le baptême inattendu que reçoit ce qui s'y propose, de « psychanalyse personnelle [1] » (comme s'il y
en avait d'autres), si les choses en sont bien remises
au point revêche qu'on désire, ne nous semble en rien
concerner ce que la proposition emporte dans le sujet
qu'on accueille ainsi, de la négliger en somme.

Peut-être y verra-t-on plus clair à purifier le dit sujet
des préoccupations que résume le terme de propagande : l'effectif à étendre, la foi à propager, le standard à protéger.

Extrayons-en le sujet qu'implique la demande où il se
présente. Qui nous lit, fait un premier pas à remarquer que l'inconscient lui donne assiette peu propice
à le réduire à ce que le rapport aux instruments de
précision désigne comme erreur subjective, — prêt à
ajouter que la psychanalyse n'a pas le privilège
d'un sujet plus consistant, mais doit plutôt permettre
de l'éclairer aussi bien dans les avenues d'autres disciplines.

Cette démarche d'envergure nous distrairait indûment
de faire droit à ce dont on argüe de fait : soit du sujet
qu'on qualifie (significativement) de patient, lequel
n'est pas le sujet strictement impliqué par sa

1. Moyen par quoi l'on s'évite d'avoir à trancher d'abord si une
psychanalyse sera ou non didactique.

demande, mais plutôt le produit qu'on en voudrait déterminé.

C'est-à-dire qu'on noie le poisson sous l'opération de sa pêche. Au nom de ce patient, l'écoute, elle aussi, sera patiente. C'est pour son bien que la technique s'élabore de savoir mesurer son aide. De cette patience et mesure, il s'agit de rendre le psychanalyste capable. Mais après tout, l'incertitude qui subsiste sur la fin même de l'analyse a pour effet de ne laisser entre le patient et le sujet qu'on lui annexe, que la différence, promise au second, de la répétition de l'expérience, étant même légitimé que leur équivalence de principe se maintienne de plein effet dans le contre-transfert. En quoi dès lors la didactique serait-elle un problème ?

Il n'y a dans ce bilan nulle intention négative. Nous pointons un état de choses où se font jour bien des remarques opportunes, une remise en question permanente de la technique, des luisances parfois singulières dans la verve de l'aveu, bref une richesse qui peut fort bien se concevoir comme fruit du relativisme propre à la discipline, et lui rendant sa garantie. Même l'objection à tirer du black-out qui subsiste sur la fin de la didactique, peut rester lettre morte, au regard de l'intouchable de la routine usagère.

Seul l'intouché du seuil maintenu à habiliter le psychanalyste à faire des didactiques (où le recours à l'ancienneté est dérisoire), nous rappelle que c'est le sujet en question dans la psychanalyse didactique qui fait problème et y reste sujet intact.

Ne faudrait-il pas plutôt concevoir la psychanalyse didactique comme la forme parfaite dont s'éclairerait la nature de la psychanalyse tout court : d'y apporter une restriction ?

Tel est le renversement qui avant nous n'est venu à l'idée de personne. Il semble s'imposer pourtant. Car si la psychanalyse a un champ spécifique, le souci thérapeutique y justifie des courts-circuits, voire des tempéraments ; mais s'il est un cas à interdire toute semblable réduction, ce doit être la psychanalyse didactique.

Mal inspiré qui en émettrait le soupçon que nous

avancions que la formation des analystes soit ce que
la psychanalyse a à présenter de plus défendable. Car
cette insolence, si elle était, ne toucherait pas les
psychanalystes. Plutôt quelque faille à combler dans
la civilisation, mais qui n'est pas encore assez cernée
pour que personne puisse se targuer d'en prendre la
charge.

N'y prépare qu'une théorie congrue à maintenir la
psychanalyse dans le statut qui préserve sa relation à
la science.

Que la psychanalyse soit née de la science, est manifeste. Qu'elle ait pu apparaître d'un autre champ, est
inconcevable.

Que la prétention à n'avoir pas d'autre soutien soit
encore ce qui est tenu pour allant de soi, là où il
elle se distingue d'être freudienne, et qui ne laisse en
effet nulle transition avec l'ésotérisme dont se structurent des pratiques voisines d'apparence, ce n'est pas
là hasard, mais conséquence.

Comment dès lors rendre compte des méprises évidentes qui s'étalent dans les conceptualisations en
cours dans les cercles institués ? Qu'on en bâcle la
façon comme on peut, — de la prétendue effusion
unitive, où, au culmen du traitement, se retrouverait
la béatitude qu'il faudrait croire inaugurante du
développement libidinal — jusqu'aux miracles vantés
de l'obtention de la maturité génitale, avec son
aisance sublime à se mouvoir dans toutes les régressions, — partout se reconnaîtra ce mirage qui n'est
même pas discuté : la complétude du sujet, qu'on
avoue même en forme tenir pour un but en droit
possible à atteindre, si dans le fait des boîteries attri-
buables à la technique ou aux séquelles de l'histoire
la gardent au rang d'un idéal trop reculé.

Tel est le principe de l'extravagance théorique, au
sens propre de ce terme, où se démontrent pouvoir
tomber le plus authentique interrogateur de sa responsabilité de thérapeute comme aussi bien le scruta-
teur le plus rigoureux des concepts : qu'on le
confirme du parangon que nous évoquons le premier,
Ferenczi, dans ses propos de délire biologique sur
l'*amphimixis,* ou pour le second, où nous pensons à

Jones, qu'on le mesure à ce faux pas phénoménologique, l'*aphanisis* du désir, où le fait glisser son besoin d'assurer l'égalité-de-droit entre les sexes au
regard de cette pierre de scandale, que l'on n'admet
qu'à renoncer à la complétude du sujet : la castration,
pour l'appeler par son nom.

Auprès de ces illustres exemples, le foisonnement
étonne moins de ces recentrements de l'économie à
quoi chacun se livre, extrapolant de la cure au développement, voire à l'histoire humaine, — tels le
report du fantasme de la castration sur la phase
anale, le fondement pris d'une névrose orale universelle... sans limite assignable à son etc. Au mieux
faut-il le prendre pour témoignant de ce que nous
appellerons la naïveté de la perversion personnelle,
la chose étant entendue pour laisser place à quelque
illumination.

Nulle référence dans ces mots à l'inanité du terme de
psychanalyse personnelle dont on peut dire que trop
souvent ce qu'il désigne s'y égale, à ne se sanctionner
que de réaménagements fort pratiques. D'où rebondit
la question du bénéfice de cette curieuse fabulation.
Sans doute le praticien non endurci n'est-il pas insen-
sible à une réalité rendue plus nostalgique de se soulever à sa rencontre, et répond-il en ce cas au rapport
essentiel du voile à son expérience par des ébauches
de mythe.

Un fait contredit à cette qualification, c'est qu'on y
reconnaisse non pas des mythes authentiques (entendons simplement de ceux qui ont été relevés sur le
terrain), lesquels ne manquent jamais de laisser lisible
la décomplétion du sujet, mais des fragments folklo-
riques de ces mythes, et précisément ceux qu'en ont
retenu les religions de propagande dans leurs thèmes
de salut. Le discuteront ceux pour qui ces thèmes
abritent leur vérité, trop heureux d'y trouver à la
conforter de ce qu'ils appellent herméneutique.

(Exploitation à quoi une saine réforme de l'ortho-
graphe permettrait de donner la portée d'une pratique
familionnaire : celle du faufilosophe par exemple, ou
de la flousophie, sans mettre plus de points ni d'i.)

Le vice radical se désigne dans la transmission du

savoir. Au mieux se défendrait-elle d'une référence à
ces métiers où, pendant des siècles, elle ne s'est faite
que sous un voile, maintenu par l'institution du compagnonnage. Une maîtrise-ès-art et des grades y pro-
tègent le secret d'un savoir substantiel. (C'est tout de
même aux arts libéraux qui ne pratiquent pas
l'arcane, que nous nous référons plus loin pour en
évoquer la jeunesse de la pyschanalyse.)

Si atténuée qu'elle puisse être, la comparaison ne se
supporte pas. Au point qu'on pourrait dire que la
réalité est faite de l'intolérance à cette comparaison,
puisque ce qu'elle exige est une toute autre position
du sujet.

La théorie ou plutôt le ressassement qui porte ce nom
et qui est si variable en ses énoncés qu'il semble parfois que seule son insipidité y maintienne un facteur
commun, n'est que le remplissage du lieu où une
carence se démontre, sans qu'on sache même la formuler.

Nous tentons une algèbre qui répondrait, à la place
ainsi définie, à ce qu'effectue pour sa part la sorte de
logique qu'on appelle symbolique : quand de la pratique mathématique elle fixe les droits.

Ce n'est pas sans le sentiment de ce qui y convient de
prudence et de soins.

Qu'il s'agisse d'y conserver la disponibilité de l'expérience acquise par le sujet, dans la structure propre de
déplacement et de refente où elle a dû se constituer,
c'est ici tout ce que nous pouvons dire, — renvoyant
à nos développements effectifs.

Ce que nous avons à souligner ici, c'est que nous
prétendons frayer la position scientifique, d'analyser
sous quel mode elle est déjà impliquée au plus intime
de la découverte psychanalytique.

Cette réforme du sujet, qui est ici inaugurante, doit
être rapportée à celle qui se produit au principe de la
science, cette dernière comportant un certain sursis
pris au regard des questions ambiguës qu'on peut
appeler les questions de la vérité.

Il est difficile de ne pas voir, dès avant la psychanalyse, introduite une dimension qu'on pourrait dire du
symptôme, qui s'articule de ce qu'elle représente le

retour de la vérité comme tel dans la faille d'un savoir.

Il ne s'agit pas du problème classique de l'erreur, mais d'une manifestation concrète à apprécier « cliniquement », où se révèle non un défaut de représentation, mais une vérité d'une autre référence que ce, représentation ou pas, dont elle vient troubler le bel ordre...

En ce sens on peut dire que cette dimension, même à n'y être pas explicitée, est hautement différenciée dans la critique de Marx. Et qu'une part du renversement qu'il opère à partir de Hegel est constituée par le retour (matérialiste, précisément de lui donner figure et corps) de la question de la vérité. Celle-ci dans le fait s'impose, irions-nous à dire, non à prendre le fil de la ruse de la raison, forme subtile dont Hegel la met en vacances, mais à déranger ces ruses (qu'on lise les écrits politiques) qui ne sont de raison qu'affublées...

Nous savons de quelle précision il conviendrait d'accompagner cette thématique de la vérité et de son biais dans le savoir, — pourtant principe, nous semble-t-il, de la philosophie en tant que telle.

Nous n'en faisons état que pour y dénoter le saut de l'opération freudienne.

Elle se distingue d'articuler en clair le statut du symptôme avec le sien, car elle est l'opération propre du symptôme, dans ses deux sens.

A la différence du signe, de la fumée qui n'est pas sans feu, feu qu'elle indique avec appel éventuellement à l'éteindre, le symptôme ne s'interprète que dans l'ordre du signifiant. Le signifiant n'a de sens que de sa relation à un autre signifiant. C'est dans cette articulation que réside la vérité du symptôme. Le symptôme gardait un flou de représenter quelque irruption de vérité. En fait il *est* vérité, d'être fait du même bois dont elle est faite, si nous posons matérialistement que la vérité, c'est ce qui s'instaure de la chaîne signifiante.

Nous voudrions ici nous démarquer du niveau de plaisanterie où se tiennent d'ordinaire certains débats de principe.

En demandant d'où notre regard doit prendre ce que lui propose la fumée, puisque tel est le paradigme classique, quand elle s'offre à lui de monter des fours crématoires.

Nous ne doutons pas qu'on accorde que ce ne puisse être que de sa valeur signifiante ; et que même s'y refuserait-on d'être stupide au critère, cette fumée resterait pour la réduction matérialiste élément moins métaphorique que toutes celles qui pourraient s'élever à débattre si ce qu'elle représente, est à reprendre par le biais du biologique ou du social.

A se repérer à ce joint qu'est le sujet, des conséquences du langage au désir du savoir, peut-être les voies deviendront-elles plus praticables, de ce qu'on sait depuis toujours de la distance qui le sépare d'avec son existence d'être sexué, voire d'être vivant.

Et en effet la construction que nous donnons du sujet dans le fil de l'expérience freudienne, n'ôte rien de leur poignance personnelle aux plusieurs déplacements et refentes qu'il peut avoir à traverser dans la psychanalyse didactique.

Si celle-ci enregistre les résistances franchies, c'est à ce qu'elles remplissent l'espace de défense où s'organise le sujet, et ce n'est qu'à certains repères de structure que l'on peut tenir le parcours qui s'en fait, pour en esquisser l'exhaution.

De même un certain ordre de bâti est-il exigible de ce qui est à atteindre comme écran fondamental du réel dans le fantasme inconscient.

Toutes ces valeurs de contrôle n'empêcheront que la castration, qui est la clef de ce biais radical du sujet par où se fait l'avènement du symptôme, ne reste même dans la didactique l'énigme que le sujet ne résout qu'à l'éviter.

Du moins si quelque ordre, à s'installer dans ce qu'il a vécu, lui donnait ensuite de ses propos la responsabilité, n'essaierait-il pas de réduire à la phase anale ce que de la castration il saisira dans le fantasme.

Autrement dit l'expérience serait prémunie de sanctionner des aiguillages théoriques propres à entretenir dans sa transmission le déraillement.

Il y faut la restauration du statut identique de la

psychanalyse didactique et de l'enseignement de la psychanalyse, dans leur ouverture scientifique.

Celle-ci comporte, comme tout autre, ces conditions minimales : une relation définie à l'instrument comme instrument, une certaine idée de la question posée par la matière. Que les deux convergent ici en une question qui ne s'en simplifie pas pour autant, peut-être fermera cette autre dont la psychanalyse redouble la première, comme question posée à la science, d'en constituer une par elle-même et au second degré.

Si ici le lecteur peut s'étonner que cette question lui parvienne si tard, et du même tempérament qui fait qu'il a fallu deux répercussions des plus improbables de notre enseignement pour recevoir de deux étudiants de l'Université aux U. S. A. la traduction soigneuse (et réussie) que méritaient deux de nos articles (dont le présent), — qu'il sache que nous avons mis au tableau de notre ordre préférentiel : d'abord qu'il y ait des psychanalystes.

Au moins maintenant pouvons-nous nous contenter de ce que tant qu'une trace durera de ce que nous avons instauré, il y aura *du* psychanalyste à répondre à certaines urgences subjectives, si *les* qualifier de l'article défini était trop dire, ou bien encore trop désirer.

1966.

Fonction et champ
de la parole et du langage
en psychanalyse

Rapport du congrès de Rome tenu à
l'Istituto di psicologia della università di Roma
les 26 et 27 septembre 1953

Préface

> En particulier, il ne faudra pas oublier
> que la séparation en embryologie, anato-
> mie, physiologie, psychologie, sociologie,
> clinique n'existe pas dans la nature et
> qu'il n'y a qu'une discipline : la *neuro-
> biologie* à laquelle l'observation nous
> oblige d'ajouter l'épithète d'*humaine* en
> ce qui nous concerne. (Citation choisie
> pour exergue d'un Institut de Psychana-
> lyse, en 1952.)

Le discours qu'on trouvera ici mérite d'être introduit par
ses circonstances. Car il en porte la marque.

Le thème en fut proposé à l'auteur pour constituer le
rapport théorique d'usage en la réunion annuelle dont la
société qui représentait alors la psychanalyse en France,
poursuivait depuis dix-huit ans la tradition devenue véné-
rable sous le titre du « Congrès des Psychanalystes de
langue française », étendu depuis deux ans aux psychanalystes de langue romane (la Hollande y étant comprise par
une tolérance de langage). Ce Congrès devait avoir lieu à
Rome au mois de septembre 1953.

Dans l'intervalle, des dissentiments graves amenèrent dans le groupe français une sécession. Ils s'étaient révélés à l'occasion de la fondation d'un « institut de psychanalyse ». On put alors entendre l'équipe qui avait réussi à y imposer ses statuts et son programme, proclamer qu'elle empêcherait de parler à Rome celui qui avec d'autres avait tenté d'y introduire une conception différente, et elle employa à cette fin tous les moyens en son pouvoir.

Il ne sembla pas pourtant à ceux qui dès lors avaient fondé la nouvelle Société française de Psychanalyse qu'ils dussent priver de la manifestation annoncée la majorité d'étudiants qui se ralliaient à leur enseignement, ni même qu'ils dussent se démettre du lieu éminent où elle avait été prévue.

Les sympathies généreuses qui leur vinrent en aide du groupe italien, ne les mettaient pas en posture d'hôtes importuns dans la Ville universelle.

Pour l'auteur de ce discours, il pensait être secouru, quelque inégal qu'il dût se montrer à la tâche de parler de la parole, de quelque connivence inscrite dans ce lieu même.

Il se souvenait en effet, que bien avant que s'y révélât la gloire de la plus haute chaire du monde, Aulu-Gelle, dans ses *Nuits attiques,* donnait au lieu dit du *Mons Vaticanus* l'étymologie de *vagire,* qui désigne les premiers balbutiements de la parole.

Que si donc son discours ne devait être rien de plus qu'un vagissement, au moins prendrait-il là l'auspice de rénover en sa discipline les fondements qu'elle prend dans le langage.

Aussi bien cette rénovation prenait-elle de l'histoire trop de sens pour qu'il ne rompît pas quant à lui avec le style traditionnel qui situe le « rapport » entre la compilation et la synthèse, pour lui donner le style ironique d'une mise en question des fondements de cette discipline.

Puisque ses auditeurs étaient ces étudiants qui attendent de nous la parole, c'est avant tout à leur adresse qu'il a fomenté son discours, et pour renoncer à leur endroit aux règles qui s'observent entre augures de mimer la rigueur par la minutie et de confondre règle et certitude.

Dans le conflit en effet qui les avait menés à la présente issue, on avait fait preuve quant à leur autonomie de sujets, d'une méconnaissance si exorbitante, que l'exigence première en ressortait d'une réaction contre le ton permanent qui avait permis cet excès.

C'est qu'au-delà des circonstances locales qui avaient motivé ce conflit, un vice était venu au jour qui les dépassait de beaucoup. Qu'on ait pu seulement prétendre à régler de façon si autoritaire la formation du psychanalyste, posait la question de savoir si les modes établis de cette formation n'aboutissaient pas à la fin paradoxale d'une minorisation perpétuée.

Certes les formes initiatiques et puissamment organisées où Freud a vu la garantie de la transmission de sa doctrine, se justifient dans la position d'une discipline qui ne peut se survivre qu'à se tenir au niveau d'une expérience intégrale.

Mais n'ont-elles pas mené à un formalisme décevant qui décourage l'initiative en pénalisant le risque, et qui fait du règne de l'opinion des doctes le principe d'une prudence docile où l'authenticité de la recherche s'émousse avant de se tarir ?

L'extrême complexité des notions mises en jeu en notre domaine fait que nulle part ailleurs un esprit, à exposer son jugement, ne court plus totalement le risque de découvrir sa mesure.

Mais ceci devrait comporter la conséquence de faire notre propos premier, sinon unique, de l'affranchissement des thèses par l'élucidation des principes.

La sélection sévère qui s'impose, en effet, ne saurait être remise aux ajournements indéfinis d'une cooptation vétilleuse mais à la fécondité de la production concrète et à l'épreuve dialectique de soutenances contradictoires.

Ceci n'implique de notre fait aucune valorisation de la divergence. Bien au contraire, ce n'est pas sans surprise que nous avons pu entendre au Congrès international de

Londres où, pour avoir manqué aux formes, nous venions en demandeurs, une personnalité bien intentionnée à notre égard déplorer que nous ne puissions pas justifier notre sécession de quelque désaccord doctrinal. Est-ce à dire qu'une association qui se veut internationale, ait une autre fin que de maintenir le principe de la communauté de notre expérience ?

Sans doute est-ce le secret de polichinelle, qu'il y a belle lurette qu'il n'en est plus ainsi, et c'est sans aucun scandale qu'à l'impénétrable M. Zilboorg qui, mettant à part notre cas, insistait pour que nulle sécession ne fût admise qu'au titre d'un débat scientifique, le pénétrant M. Wälder pût rétorquer qu'à confronter les principes où chacun de nous croit fonder son expérience, nos murs se dissoudraient bien vite dans la confusion de Babel.

Nous pensons, quant à nous, que, si nous innovons, ce n'est point de notre goût de nous en faire un mérite.

Dans une discipline qui ne doit sa valeur scientifique qu'aux concepts théoriques que Freud a forgés dans le progrès de son expérience, mais qui, d'être encore mal critiqués et de conserver pour autant l'ambiguïté de la langue vulgaire, profitent de ces résonances non sans encourir les malentendus, il nous semblerait prématuré de rompre la tradition de leur terminologie.

Mais il nous semble que ces termes ne peuvent que s'éclaircir à ce qu'on établisse leur équivalence au langage actuel de l'anthropologie, voire aux derniers problèmes de la philosophie, où souvent la psychanalyse n'a qu'à reprendre son bien.

Urgente en tout cas nous paraît la tâche de dégager dans des notions qui s'amortissent dans un usage de routine, le sens qu'elles retrouvent tant d'un retour sur leur histoire que d'une réflexion sur leurs fondements subjectifs.

C'est là sans doute la fonction de l'enseigneur, d'où toutes les autres dépendent, et c'est elle où s'inscrit le mieux le prix de l'expérience.

Qu'on la néglige, et le sens s'oblitère d'une action qui ne tient ses effets que du sens, et les règles techniques, à se réduire à des recettes, ôtent à l'expérience toute portée de connaissance et même tout critère de réalité.

Car personne n'est moins exigeant qu'un psychanalyste sur ce qui peut donner son statut à une action qu'il n'est pas loin de considérer lui-même comme magique, faute de savoir où la situer dans une conception de son champ qu'il ne songe guère à accorder à sa pratique.

L'exergue dont nous avons transporté l'ornement à cette préface en est un assez joli exemple.

Aussi bien s'accorde-t-elle à une conception de la formation analytique qui serait celle d'une auto-école qui, non contente de prétendre au privilège singulier de délivrer le permis de conduire, s'imaginerait être en posture de contrôler la construction automobile ?

Cette comparaison vaut ce qu'elle vaut, mais elle vaut bien celles qui ont cours dans nos convents les plus graves et qui pour avoir pris naissance dans notre discours aux idiots, n'ont même pas la saveur du canular d'initiés, mais n'en semblent pas moins recevoir valeur d'usage de leur caractère de pompeuse ineptie.

Cela commence à la comparaison que l'on connaît, du candidat qui se laisse entraîner prématurément à la pratique, au chirurgien qui opérerait sans asepsie, et cela va à celle qui incite à pleurer sur ces malheureux étudiants que le conflit de leurs maîtres déchire comme des enfants dans le divorce de leurs parents.

Sans doute cette dernière née nous paraît s'inspirer du respect qui est dû à ceux qui ont subi en effet ce que nous appellerons, en modérant notre pensée, une pression à l'enseignement qui les a mis à rude épreuve, mais on peut aussi se demander à en entendre le trémolo dans la bouche des maîtres, si les limites de l'enfantillage n'auraient pas été sans préavis reculées jusqu'à la niaiserie.

Les vérités que ces clichés recouvrent, mériteraient pourtant qu'on les soumette à un plus sérieux examen.

Méthode de vérité et de démystification des camouflages subjectifs, la psychanalyse manifesterait-elle une ambition démesurée à appliquer ses principes à sa propre corporation : soit à la conception que les psychanalystes se font de leur rôle auprès du malade, de leur place dans la société des esprits, de leurs relations à leurs pairs et de leur mission d'enseignement ?

Peut-être pour rouvrir quelques fenêtres au grand jour de la pensée de Freud, cet exposé soulagera-t-il chez certains l'angoisse qu'engendre une action symbolique quand elle se perd en sa propre opacité.

Quoi qu'il en soit, en évoquant les circonstances de ce discours, nous ne pensons point à excuser ses insuffisances trop évidentes de la hâte qu'il en a reçue, puisque c'est de la même hâte qu'il prend son sens avec sa forme.

Aussi bien avons-nous démontré, en un sophisme exemplaire du temps intersubjectif [1], la fonction de la hâte dans la précipitation logique où la vérité trouve sa condition indépassable.

Rien de créé qui n'apparaisse dans l'urgence, rien dans l'urgence qui n'engendre son dépassement dans la parole.

Mais rien aussi qui n'y devienne contingent quand le moment y vient pour l'homme, où il peut identifier en une seule raison le parti qu'il choisit et le désordre qu'il dénonce, pour en comprendre la cohérence dans le réel et anticiper par sa certitude sur l'action qui les met en balance.

---

1. Cf. « Le temps logique et l'assertion de certitude anticipée »,
Ecrits, p. 197.

Introduction

Nous allons déterminer cela pendant que nous sommes encore dans l'aphélie de notre matière car, lorsque nous arriverons au périhélie, la chaleur sera capable de nous la faire oublier. (LICHTENBERG.)

« Flesh composed of suns. How can such be ? » exclaim the simple ones. (R. BROWNING, *Parleying with certain people.*)

Tel est l'effroi qui s'empare de l'homme à découvrir la figure de son pouvoir qu'il s'en détourne dans l'action même qui est la sienne quand cette action la montre nue. C'est le cas de la psychanalyse. La découverte — prométhéenne — de Freud a été une telle action ; son œuvre nous l'atteste ; mais elle n'est pas moins présente dans chaque expérience humblement conduite par l'un des ouvriers formés à son école.

On peut suivre à mesure des ans passés cette aversion de l'intérêt quant aux fonctions de la parole et quant au champ du langage. Elle motive les « changements de but et de technique » qui sont avoués dans le mouvement et dont la relation à l'amortissement de l'efficacité thérapeutique est pourtant ambiguë. La promotion en effet de la résistance de l'objet dans la théorie et dans la technique, doit être elle-même soumise à la dialectique de l'analyse qui ne peut qu'y reconnaître un alibi du sujet.

Essayons de dessiner la topique de ce mouvement. A considérer cette littérature que nous appelons notre activité scientifique, les problèmes actuels de la psychanalyse se dégagent nettement sous trois chefs :

A) Fonction de l'imaginaire, dirons-nous, ou plus directement des fantasmes dans la technique de l'expérience et dans la constitution de l'objet aux différents stades du développement psychique. L'impulsion est venue ici de la psychanalyse des enfants, et du terrain favorable qu'offrait aux tentatives comme aux tentations des chercheurs l'approche des structurations préverbales. C'est là aussi que sa culmination provoque maintenant un retour en posant le problème de la sanction symbolique à donner aux fantasmes dans leur interprétation.

B) Notion des relations libidinales d'objet qui, renouvelant l'idée du progrès de la cure, remanie sourdement sa conduite. La nouvelle perspective a pris ici son départ de l'extension de la méthode aux psychoses et de l'ouverture momentanée de la technique à des données de principe différent. La psychanalyse y débouche sur une phénoménologie existentielle, voire sur un activisme animé de charité. Là aussi une réaction nette s'exerce en faveur d'un retour au pivot technique de la symbolisation.

C) Importance du contre-transfert et, corrélativement, de la formation du psychanalyste. Ici l'accent est venu des embarras de la terminaison de la cure, qui rejoignent ceux du moment où la psychanalyse didactique s'achève dans l'introduction du candidat à la pratique. Et la même oscillation s'y remarque : d'une part, et non sans courage, on indique l'être de l'analyste comme élément non négligeable dans les effets de l'analyse et même à exposer dans sa conduite en fin de jeu ; on n'en promulgue pas moins énergiquement, d'autre part, qu'aucune solution ne peut venir que d'un approfondissement toujours plus poussé du ressort inconscient.

Ces trois problèmes ont un trait commun en dehors de l'activité de pionniers qu'ils manifestent sur trois frontières différentes avec la vitalité de l'expérience qui les supporte. C'est la tentation qui se présente à l'analyste d'abandonner le fondement de la parole, et ceci justement en des domaines où son usage, pour confiner à l'ineffable, requerrait plus que jamais son examen : à savoir la pédagogie maternelle, l'aide samaritaine et la maîtrise dialectique. Le danger devient grand, s'il y abandonne en outre son langage au bénéfice de langages déjà institués et dont il connaît mal les compensations qu'ils offrent à l'ignorance.

A la vérité on aimerait en savoir plus sur les effets de la symbolisation chez l'enfant, et les mères officiantes dans la psychanalyse, voire celles qui donnent à nos plus hauts conseils un air de matriarcat, ne sont pas à l'abri de cette confusion des langues où Ferenczi désigne la loi de la relation enfant-adulte [2].

Les idées que nos sages se forment de la relation d'objet achevée sont d'une conception plutôt incertaine et, à être exposées, laissent apparaître une médiocrité qui n'honore pas la profession.

Nul doute que ces effets, — où le psychanalyste rejoint le type du héros moderne qu'illustrent des exploits dérisoires dans une situation d'égarement —, ne pourraient être corrigés par un juste retour à l'étude où le psychanalyste devrait être passé maître, des fonctions de la parole.

Mais il semble que, depuis Freud, ce champ central de notre domaine soit tombé en friche. Observons combien lui-même se gardait de trops grandes excursions dans sa périphérie : ayant découvert les stades libidinaux de l'enfant dans l'analyse des adultes et n'intervenant chez le petit Hans que par le moyen de ses parents, — déchiffrant un pan entier du langage de l'inconscient dans le délire paranoïde mais n'utilisant pour cela que le texte clef laissé par Schreber dans la lave de sa catastrophe spirituelle. Assumant par contre pour la dialectique de l'œuvre, comme pour la tradition de son sens, et dans toute sa hauteur, la position de la maîtrise.

Est-ce à dire que si la place du maître reste vide, c'est moins du fait de sa disparition que d'une oblitération croissante du sens de son œuvre ? Ne suffit-il pas pour s'en convaincre de constater ce qui se passe à cette place ?

Une technique s'y transmet, d'un style maussade, voire réticente en son opacité, et que toute aération critique semble affoler. A la vérité, prenant le tour d'un formalisme poussé jusqu'au cérémonial, et tant qu'on peut se demander

2. Ferenczi, « Confusion of tongues between the adult and the child », *Int. Jour. of Psycho.*, 1949, XXX, IV, p. 225-230.

si elle ne tombe pas sous le coup du même rapprochement avec la névrose obsessionnelle, à travers lequel Freud a visé de façon si convaincante l'usage, sinon la genèse, des rites religieux.

L'analogie s'accentue à considérer la littérature que cette activité produit pour s'en nourrir : on y a souvent l'impression d'un curieux circuit fermé, où la méconnaissance de l'origine des termes engendre le problème de les accorder, et où l'effort de résoudre ce problème renforce cette méconnaissance.

Pour remonter aux causes de cette détérioration du discours analytique, il est légitime d'appliquer la méthode psychanalytique à la collectivité qui le supporte.

Parler en effet de la perte du sens de l'action analytique, est aussi vrai et aussi vain que d'expliquer le symptôme par son sens, tant que ce sens n'est pas reconnu. Mais l'on sait qu'en l'absence de cette reconnaissance, l'action ne peut être ressentie que comme agressive au niveau où elle se place, et qu'en l'absence des « résistances » sociales où le groupe analytique trouvait à se rassurer, les limites de sa tolérance à sa propre activité, maintenant « reçue » sinon admise, ne dépendent plus que du taux numérique où se mesure sa présence à l'échelle sociale.

Ces principes suffisent à répartir les conditions symboliques, imaginaires et réelles qui détermineront les défenses, — isolation, annulation, dénégation et généralement méconnaissance —, que nous pouvons reconnaître dans la doctrine.

Dès lors si l'on mesure à sa masse l'importance que le groupe américain a pour le mouvement analytique, on appréciera à leur poids les conditions qui s'y rencontrent.

Dans l'ordre symbolique d'abord, on ne peut négliger l'importance de ce facteur c dont nous faisions état au Congrès de Psychiatrie de 1950, comme d'une constante caractéristique d'un milieu culturel donné : condition ici de l'anhistorisme où chacun s'accorde à reconnaître le trait majeur de la « communication » aux U. S. A., et qui à notre sens, est aux antipodes de l'expérience analytique. A quoi s'ajoute une forme mentale très autochtone qui sous le nom de behaviourisme, domine tellement la notion psychologique en Amérique, qu'il est clair qu'elle a désormais tout à fait coiffé dans la psychanalyse l'inspiration freudienne.

Pour les deux autres ordres, nous laissons aux intéressés le soin d'apprécier ce que les mécanismes manifestés dans la vie des sociétés psychanalytiques doivent respectivement aux relations de prestance à l'intérieur du groupe, et aux effets ressentis de leur libre entreprise sur l'ensemble du corps social, ainsi que le crédit qu'il faut faire à la notion soulignée par un de leurs représentants les plus lucides, de la convergence qui s'exerce entre l'extranéité d'un groupe où domine l'immigrant, et la distanciation où l'attire la fonction qu'appellent les conditions sus-indiquées de la culture.

Il apparaît en tout cas de façon incontestable que la conception de la psychanalyse s'y est infléchie vers l'adaptation de l'individu à l'entourage social, la recherche des pattern de la conduite et toute l'objectivation impliquée dans la notion des *human relations,* et c'est bien une position d'exclusion privilégiée par rapport à l'objet humain qui s'indique dans le terme, né sur place, de *human engineering.*

C'est donc à la distance nécessaire à soutenir une pareille position qu'on peut attribuer l'éclipse dans la psychanalyse, des termes les plus vivants de son expérience, l'inconscient, la sexualité, dont il semble que bientôt la mention même doive s'effacer.

Nous n'avons pas à prendre parti sur le formalisme et l'esprit de boutique, dont les documents officiels du groupe lui-même font état pour les dénoncer. Le pharisien et le boutiquier ne nous intéressent que pour leur essence commune, source des difficultés qu'ils ont l'un et l'autre avec la parole, et spécialement quand il s'agit du *talking shop,* de parler métier.

C'est que l'incommunicabilité des motifs, si elle peut soutenir un magistère, ne va pas de pair avec la maîtrise, celle du moins qu'exige un enseignement. On s'en est aperçu de reste, quand il fallut naguère, pour soutenir sa primauté, faire, pour la forme, au moins une leçon.

C'est pourquoi l'attachement indéfectiblement réaffirmé du même bord pour la technique traditionnelle après bilan des épreuves faites aux champs-frontières plus haut énumérés, ne va pas sans équivoque ; elle se mesure à la substitution du terme de *classique* à celui d'*orthodoxe* pour qualifier cette technique. On se rattache à la bienséance, faute de savoir sur la doctrine rien dire.

Nous affirmons pour nous que la technique ne peut être comprise, ni donc correctement appliquée, si l'on méconnaît les concepts qui la fondent. Notre tâche sera de démontrer que ces concepts ne prennent leur sens plein qu'à s'orienter dans un champ de langage, qu'à s'ordonner à la fonction de la parole.

Point où nous notons que pour manier aucun concept freudien, la lecture de Freud ne saurait être tenue pour superflue, fût-ce pour ceux qui sont homonymes à des notions courantes. Comme le démontre la mésaventure que la saison ramène à notre souvenir d'une théorie des instincts, revue de Freud par un auteur peu éveillé à la part, dite par Freud expressément mythique, qu'elle contient. Manifestement il ne saurait l'être puisqu'il l'aborde par l'ouvrage de Marie Bonaparte qu'il cite sans cesse comme un équivalent du texte freudien et ce sans que rien n'en avertisse le lecteur, se fiant peut-être, non sans raison, au bon goût de celui-ci pour ne pas les confondre, mais n'en prouvant pas moins qu'il ne voit goutte au vrai niveau de la seconde main. Moyennant quoi de réductions en déductions, et d'inductions en hypothèses, l'auteur conclut par la stricte tautologie de ses prémisses fausses : à savoir que les instincts dont il s'agit sont réductibles à l'arc réflexe. Telle la pile d'assiettes dont l'écroulement se distille dans l'exhibition classique, pour ne laisser entre les mains de l'artiste que deux morceaux dépareillés par le fracas, la construction complexe qui va de la découverte des migrations de la libido dans les zones érogènes au passage métapsychologique d'un principe de plaisir généralisé à l'instinct de mort, devient le binôme d'un instinct érotique passif modelé sur l'activité des chercheuses de poux, chères au poète, et d'un instinct destructeur, simplement identifié à la motricité. Résultat qui mérite une mention très honorable pour l'art, volontaire ou non, de pousser à la rigueur les conséquences d'un malentendu.

1. *Parole vide et parole pleine dans la réalisation psychanalytique du sujet*

> Donne en ma bouche parole vraie et estable et fay de moy langue caulte. (*L'Internele consolacion*, XLV⁰ Chapitre : qu'on ne doit pas chascun croire et du legier trebuchement de paroles.)
>
> Cause toujours.
> (Devise de la pensée « causaliste ».

Qu'elle se veuille agent de guérison, de formation ou de sondage, la psychanalyse n'a qu'un médium : la parole du patient. L'évidence du fait n'excuse pas qu'on le néglige. Or toute parole appelle réponse.

Nous montrerons qu'il n'est pas de parole sans réponse, même si elle ne rencontre que le silence, pourvu qu'elle ait un auditeur, et que c'est là le cœur de sa fonction dans l'analyse.

Mais si le psychanalyste ignore qu'il en va ainsi de la fonction de la parole, il n'en subira que plus fortement l'appel, et si c'est le vide qui d'abord s'y fait entendre, c'est en lui-même qu'il l'éprouvera et c'est au-delà de la parole qu'il cherchera une réalité qui comble ce vide.

Ainsi en vient-il à analyser le comportement du sujet pour y trouver ce qu'il ne dit pas. Mais pour en obtenir l'aveu, il faut bien qu'il en parle. Il retrouve alors la parole, mais rendue suspecte de n'avoir répondu qu'à la défaite de son silence, devant l'écho perçu de son propre néant.

Mais qu'était donc cet appel du sujet au-delà du vide de son dire ? Appel à la vérité dans son principe, à travers quoi vacilleront les appels de besoins plus humbles. Mais d'abord et d'emblée appel propre **du** vide, dans la béance ambiguë d'une séduction tentée sur l'autre par les moyens où le sujet met sa complaisance et où il va engager le monument de son narcissisme.

« La voilà bien, l'introspection ! » s'exclame le prud'homme qui en sait long sur ses dangers. Il n'est certes pas, avoue-t-il, le dernier à en avoir goûté les charmes, s'il en a épuisé le profit. Dommage qu'il n'ait plus de temps à perdre. Car vous en entendriez de belles et de profondes, s'il venait sur votre divan.

Il est étrange qu'un analyste, pour qui ce personnage est une des premières rencontres de son expérience, fasse encore état de l'introspection dans la psychanalyse. Car dès que la gageure est tenue, toutes ces belles choses se dérobent qu'on croyait avoir en réserve. Leur compte, à s'y obliger, paraîtra court, mais d'autres se présentent assez inattendues de notre homme pour lui paraître d'abord sottes et le rendre coi un bon moment. Sort commun [8].

Il saisit alors la différence entre le mirage de monologue dont les fantaisies accommodantes animaient sa jactance, et le travail forcé de ce discours sans échappatoire que le psychologue, non sans humour, et le thérapeute, non sans ruse, ont décoré du nom de « libre association ».

Car c'est bien là un travail, et tant un travail qu'on a pu dire qu'il exige un apprentissage, et aller jusqu'à voir dans cet apprentissage la valeur formatrice de ce travail. Mais à le prendre ainsi, que formerait-il d'autre qu'un ouvrier qualifié ?

Dès lors, qu'en est-il de ce travail ? Examinons ses conditions, son fruit, dans l'espoir d'y voir mieux son but et son profit.

On a reconnu au passage la pertinence du terme *durcharbeiten* auquel équivaut l'anglais *working through*, et qui

3. Paragraphe récrit (1966).

chez nous a désespéré les traducteurs, encore que s'offrît à eux l'exercice d'épuisement à jamais marqué en notre langue de la frappe d'un maître du style : « Cent fois sur le métier, remettez... », mais comment l'ouvrage progresse-t-il ici ?

La théorie nous rappelle la triade : frustration, agressivité, régression. C'est une explication d'aspect si compréhensible qu'elle pourrait bien nous dispenser de comprendre. L'intuition est preste, mais une évidence doit nous être d'autant plus suspecte qu'elle est devenue idée reçue. Que l'analyse vienne à surprendre sa faiblesse, il conviendra de ne pas se payer du recours à l'affectivité. Mot-tabou de l'incapacité dialectique qui, avec le verbe *intellectualiser,* dont l'acception péjorative fait de cette incapacité mérite, resteront dans l'histoire de la langue les stigmates de notre obtusion à l'endroit du sujet [4].

Demandons-nous plutôt d'où vient cette frustration ? Est-ce du silence de l'analyste ? Une réponse, même et surtout approbatrice, à la parole vide montre souvent par ses effets qu'elle est bien plus frustrante que le silence. Ne s'agit-il pas plutôt d'une frustration qui serait inhérente au discours même du sujet ? Le sujet ne s'y engage-t-il pas dans une dépossession toujours plus grande de cet être de lui-même, dont, à force de peintures sincères qui n'en laissent pas moins incohérente l'idée, de rectifications qui n'atteignent pas à dégager son essence, d'étais et de défenses qui n'empêchent pas de vaciller sa statue, d'étreintes narcissiques qui se font souffle à l'animer, il finit par reconnaître que cet être n'a jamais été que son œuvre dans l'imaginaire et que cette œuvre déçoit en lui toute certitude. Car dans ce travail qu'il fait de la reconstruire *pour un autre,* il retrouve l'aliénation fondamentale qui la lui a fait construire *comme une autre,* et qui l'a toujours destinée à lui être dérobée *par un autre* [5].

Cet *ego,* dont nos théoriciens définissent maintenant la

4. Nous avions écrit d'abord : en matière de psychologie (1966).
5. Paragraphe récrit (1966).

force par la capacité de soutenir une frustration, est frustration dans son essence [6]. Il est frustration non d'un désir du
sujet, mais d'un objet où son désir est aliéné et qui, tant
plus il s'élabore, tant plus s'approfondit pour le sujet l'aliénation de sa jouissance. Frustration au second degré donc,
et telle que le sujet en ramènerait-il la forme en son
discours jusqu'à l'image passivante par où le sujet se fait
objet dans la parade du miroir, il ne saurait s'en satisfaire
puisque à atteindre même en cette image sa plus parfaite
ressemblance, ce serait encore la jouissance de l'autre qu'il
y ferait reconnaître. C'est pourquoi il n'y a pas de réponse
adéquate à ce discours, car le sujet tiendra comme de
mépris toute parole qui s'engagera dans sa méprise.

L'agressivité que le sujet éprouvera ici n'a rien à faire
avec l'agressivité animale du désir frustré. Cette référence
dont on se contente, en masque une autre moins agréable
pour tous et pour chacun : l'agressivité de l'esclave qui
répond à la frustration de son travail par un désir de
mort.

On conçoit dès lors comment cette agressivité peut
répondre à toute intervention qui, dénonçant les intentions
imaginaires du discours, démonte l'objet que le sujet a
construit pour les satisfaire. C'est ce qu'on appelle en effet
l'analyse des résistances, dont apparaît aussitôt le dangereux versant. Il est déjà signalé par l'existence du naïf qui

6. C'est là la croix d'une déviation autant pratique que théorique.
Car identifier l'*ego* à la discipline du sujet, c'est confondre l'isolation
imaginaire avec la maîtrise des instincts. C'est par là s'offrir à des
erreurs de jugement dans la conduite du traitement : ainsi à viser un
renforcement de l'*ego* dans maintes névroses motivées par sa structure trop forte, ce qui est une voie sans issue. N'avons-nous pas lu,
sous la plume de notre ami Michaël Balint, qu'un renforcement de
l'*ego* doit être farovable au sujet souffrant d'*ejaculatio praecox*,
parce qu'il lui permettrait une suspension plus prolongée de son
désir ? Comment le penser pourtant, si c'est précisément au fait que
son désir est suspendu à la fonction imaginaire de l'*ego* que le sujet
doit le court-circuit de l'acte, dont la clinique psychanalytique
montre clairement qu'il est lié à l'identification narcissique au partenaire.

n'a jamais vu se manifester que la signification agressive des fantasmes de ses sujets [7].

C'est le même qui, n'hésitant pas à plaider pour une analyse « causaliste » qui viserait à transformer le sujet dans son présent par des explications savantes de son passé, trahit assez jusque dans son ton, l'angoisse qu'il veut s'épargner d'avoir à penser que la liberté de son patient soit suspendue à celle de son intervention. Que l'expédient où il se jette puisse être à quelque moment bénéfique pour le sujet, ceci n'a pas d'autre portée qu'une plaisanterie stimulante et ne nous retiendra pas plus longtemps.

Visons plutôt ce *hic et nunc* où certains croient devoir enclore la manœuvre de l'analyse. Il peut être utile en effet, pourvu que l'intention imaginaire que l'analyste y découvre, ne soit pas détachée par lui de la relation symbolique où elle s'exprime. Rien ne doit y être lu concernant le *moi* du sujet, qui ne puisse être réassumé par lui sous la forme du « *je* », soit en première personne.

« Je n'ai été ceci que pour devenir ce que je puis être » : si telle n'était pas la pointe permanente de l'assomption que le sujet fait de ses mirages, où pourrait-on saisir ici un progrès ?

L'analyste dès lors ne saurait traquer sans danger le sujet dans l'intimité de son geste, voire de sa statique, sauf à les réintégrer comme parties muettes dans son discours narcissiques, et ceci a été noté de façon fort sensible, même par de jeunes praticiens.

Le danger n'y est pas de la réaction négative du sujet, mais bien plutôt de sa capture dans une objectivation, non moins imaginaire que devant, de sa statique, voire de sa statue, dans un statut renouvelé de son aliénation.

Tout au contraire l'art de l'analyste doit être de suspendre les certitudes du sujet, jusqu'à ce que s'en consu-

---

7. Ceci dans le travail même auquel nous donnons la palme à la fin de notre introduction (1966). Il est marqué dans ce qui vient, que l'agressivité n'est qu'un effet latéral de la frustration analytique, s'il peut être renforcé par un certain type d'intervention : que comme tel, il n'est pas la raison du couple frustration-régression.

ment les derniers mirages. Et c'est dans le discours que doit se scander leur résolution.

Quelque vide en effet qu'apparaisse ce discours, il n'en est ainsi qu'à le prendre à sa valeur faciale : celle qui justifie la phrase de Mallarmé quand il compare l'usage commun du langage à l'échange d'une monnaie dont l'avers comme l'envers ne montrent plus que des figures effacées et que l'on se passe de main en main « en silence ». Cette métaphore suffit à nous rappeler que la parole, même à l'extrême de son usure, garde sa valeur de tessère.

Même s'il ne communique rien, le discours représente l'existence de la communication ; même s'il nie l'évidence, il affirme que la parole constitue la vérité ; même s'il est destiné à tromper, il spécule sur la foi dans le témoignage.

Aussi bien le psychanalyste sait-il mieux que personne que la question y est d'entendre à quelle « partie » de ce discours est confié le terme significatif, et c'est bien ainsi qu'il opère dans le meilleur cas : prenant le récit d'une histoire quotidienne pour un apologue qui à bon entendeur adresse son salut, une longue prosopopée pour une interjection directe, ou au contraire un simple lapsus pour une déclaration fort complexe, voire le soupir d'un silence pour tout le développement lyrique auquel il supplée.

Ainsi c'est une ponctuation heureuse qui donne son sens au discours du sujet. C'est pourquoi la suspension de la séance dont la technique actuelle fait une halte purement chronométrique et comme telle indifférente à la trame du discours, y joue le rôle d'une scansion qui a toute la valeur d'une intervention pour précipiter les moments concluants. Et ceci indique de libérer ce terme de son cadre routinier pour le soumettre à toutes fins utiles de la technique.

C'est ainsi que la régression peut s'opérer, qui n'est que l'actualisation dans le discours des relations fantasmatiques restituées par un *ego* à chaque étape de la décomposition de sa structure. Car enfin cette régression n'est pas réelle ; elle ne se manifeste même dans le langage que par des inflexions, des tournures, des « trébuchements si légiers » qu'ils ne sauraient à l'extrême dépasser l'artifice du parler

« babyish » chez l'adulte. Lui imputer la réalité d'une relation actuelle à l'objet revient à projeter le sujet dans une illusion aliénante qui ne fait que répercuter un alibi du psychanalyste.

C'est pourquoi rien ne saurait plus égarer le psychanalyste que de chercher à se guider sur un prétendu contact éprouvé de la réalité du sujet. Cette tarte à la crème de la psychologie intuitionniste, voire phénoménologique, a pris dans l'usage contemporain une extension bien symptomatique de la raréfaction des effets de la parole dans le contexte social présent. Mais sa valeur obsessionnelle devient flagrante à être promue dans une relation qui, par ses règles mêmes, exclut tout contact réel.

Les jeunes analystes qui s'en laisseraient pourtant imposer par ce que ce recours implique de dons impénétrables, ne trouveront pas mieux pour en rabattre qu'à se référer au succès des contrôles mêmes qu'ils subissent. Du point de vue du contact avec le réel, la possibilité même de ces contrôles deviendrait un problème. Bien au contraire, le contrôleur y manifeste une seconde vue, c'est le cas de le dire, qui rend pour lui l'expérience au moins aussi instructive que pour le contrôlé. Et ceci presque d'autant plus que ce dernier y montre moins de ces dons, que certains tiennent pour d'autant plus incommunicables qu'ils font eux-mêmes plus d'embarras de leurs secrets techniques.

La raison de cette énigme est que le contrôlé y joue le rôle de filtre, voire de réfracteur du discours du sujet, et qu'ainsi est présentée toute faite au contrôleur une stéréographie dégageant déjà les trois ou quatre registres où il peut lire la partition constituée par ce discours.

Si le contrôlé pouvait être mis par le contrôleur dans une position subjective différente de celle qu'implique le terme sinistre de contrôle (avantageusement remplacé, mais seulement en langue anglaise, par celui de *supervision),* le meilleur fruit qu'il tirerait de cet exercice serait d'apprendre à se tenir lui-même dans la position de subjectivité seconde où la situation met d'emblée le contrôleur.

Il y trouverait la voie authentique pour atteindre ce que

la classique formule de l'attention diffuse, voire distraite, de l'analyste n'exprime que très approximativement. Car l'essentiel est de savoir ce que cette attention vise : assurément pas, tout notre travail est fait pour le démontrer, un objet au-delà de la parole du sujet, comme certains s'astreignent à ne le jamais perdre de vue. Si telle devait être la voie de l'analyse, c'est sans aucun doute à d'autres moyens qu'elle aurait recours, ou bien ce serait le seul exemple d'une méthode qui s'interdirait les moyens de sa fin.

Le seul objet qui soit à la portée de l'analyste, c'est la relation imaginaire qui le lie au sujet en tant que *moi* et, faute de pouvoir l'éliminer, il peut s'en servir pour régler le débit de ses oreilles, selon l'usage que la physiologie, en accord avec l'Evangile, montre qu'il est normal d'en faire : des oreilles *pour ne point entendre,* autrement dit pour faire la détection de ce qui doit être entendu. Car il n'en a pas d'autres, ni troisième oreille, ni quatrième, pour une transaudition qu'on voudrait directe de l'inconscient par l'inconscient. Nous dirons ce qu'il faut penser de cette prétendue communication.

Nous avons abordé la fonction de la parole dans l'analyse par son biais le plus ingrat, celui de la parole vide, où le sujet semble parler en vain de quelqu'un qui, lui ressemblerait-il à s'y méprendre, jamais ne se joindra à l'assomption de son désir. Nous y avons montré la source de la dépréciation croissante dont la parole a été l'objet dans la théorie et la technique, et il nous a fallu soulever par degrés, telle une pesante roue de moulin renversée sur elle, ce qui ne peut servir que de volant au mouvement de l'analyse : à savoir les facteurs psychophysiologiques individuels qui, en réalité, restent exclus de sa dialectique. Donner pour but à l'analyse d'en modifier l'inertie propre, c'est se condamner à la fiction du mouvement, où une certaine tendance de la technique semble en effet se satisfaire.

Si nous portons maintenant notre regard à l'autre extrême de l'expérience psychanalytique, — dans son histoire, dans sa casuistique, dans le procès de la cure, — nous trouverons à opposer à l'analyse du *hic et nunc* la valeur de l'anamnèse comme indice et comme ressort du progrès thérapeutique, à l'intrasubjectivité obsessionnelle l'intersubjectivité hystérique, à l'analyse de la résistance l'interprétation symbolique. Ici commence la réalisation de la parole pleine.

Examinons la relation qu'elle constitue.

Souvenons-nous que la méthode instaurée par Breuer et par Freud fut, peu après sa naissance, baptisée par l'une des patientes de Breuer, Anna O., du nom de « talking cure ». Rappelons que c'est l'expérience inaugurée avec cette hystérique qui les mena à la découverte de l'événement pathogène dit traumatique.

Si cet événement fut reconnu pour être la cause du symptôme, c'est que la mise en paroles de l'un (dans les « stories » de la malade) déterminait la levée de l'autre. Ici le terme de prise de conscience emprunté à la théorie psychologique qu'on a aussitôt donnée du fait, garde un prestige qui mérite la méfiance que nous tenons pour de bonne règle à l'endroit des explications qui font office d'évidences. Les préjugés psychologiques de l'époque s'opposaient à ce qu'on reconnût dans la verbalisation comme telle une autre réalité que son *flatus vocis*. Il reste que dans l'état hypnotique elle est dissociée de la prise de conscience et que ceci suffirait à faire réviser cette conception de ses effets.

Mais comment les vaillants de l'*Aufhebung* behaviouriste ne donnent-ils pas ici l'exemple, pour dire qu'ils n'ont pas à connaître si le sujet s'est ressouvenu de quoi que ce soit ? Il a seulement raconté l'événement. Nous dirons, quant à nous, qu'il l'a verbalisé, ou pour développer ce terme dont les résonances en français évoquent une autre figure de Pandore que celle de la boîte où il faudrait peut-être le renfermer, il l'a fait passer dans le verbe ou, plus précisément, dans l'*épos* où il rapporte à l'heure présente les origines de sa personne. Ceci dans un langage qui permet à son discours d'être entendu par ses contemporains, et plus encore qui suppose le discours présent de ceux-ci. C'est ainsi que la récitation de l'*épos* peut inclure un discours d'autrefois dans sa langue archaïque, voire étrangère, voire se poursuivre au temps présent avec toute l'animation de l'acteur, mais c'est à la façon d'un discours indirect, isolé entre des guillemets dans le fil du récit et, s'il se joue, c'est sur une scène impliquant la présence non seulement du chœur, mais des spectateurs.

La remémoration hypnotique est sans doute reproduction du passé, mais surtout représentation parlée et comme telle impliquant toutes sortes de présences. Elle est à la remémoration vigile de ce qu'on appelle curieusement dans l'analyse « le matériel », ce que le drame produisant devant l'assemblée des citoyens les mythes originels de la Cité est à l'histoire qui sans doute est faite de matériaux, mais où une nation de nos jours apprend à lire les symboles d'une destinée en marche. On peut dire dans le langage heideggérien que l'une et l'autre constituent le sujet comme *gewesend*, c'est-à-dire comme étant celui qui a ainsi été. Mais dans l'unité interne de cette temporalisation, l'étant marque la convergence des ayant été. C'est-à-dire que d'autres rencontres étant supposées depuis l'un quelconque de ces moments ayant été, il en serait issu un autre étant qui le ferait avoir été tout autrement.

L'ambiguïté de la révélation hystérique du passé ne tient pas tant à la vacillation de son contenu entre l'imaginaire et le réel, car il se situe dans l'un et dans l'autre. Ce n'est pas non plus qu'elle soit mensongère. C'est qu'elle nous présente la naissance de la vérité dans la parole, et que par-là nous nous heurtons à la réalité de ce qui n'est ni vrai, ni faux. Du moins est-ce là le plus troublant de son problème.

Car la vérité de cette révélation, c'est la parole présente qui en témoigne dans la réalité actuelle et qui la fonde au nom de cette réalité. Or dans cette réalité, seule la parole témoigne de cette part des puissances du passé qui a été écartée à chaque carrefour où l'événement a choisi.

C'est pourquoi la condition de continuité dans l'anam-

nèse, où Freud mesure l'intégrité de la guérison, n'a rien à
faire avec le mythe bergsonien d'une restauration de la
durée où l'authenticité de chaque instant serait détruite de
ne pas résumer la modulation de tous les instants antécédents. C'est qu'il ne s'agit pour Freud ni de mémoire
biologique, ni de sa mystification intuitionniste, ni de la
paramnésie du symptôme, mais de remémoration, c'est-à-
dire d'histoire, faisant reposer sur le seul couteau des certitudes de date la balance où les conjectures sur le passé font
osciller les promesses du futur. Soyons catégorique, il ne
s'agit pas dans l'anamnèse psychanalytique de réalité, mais
de vérité, parce que c'est l'effet d'une parole pleine de
réordonner les contingences passées en leur donnant le sens
des nécessités à venir, telles que les constitue le peu de
liberté par où le sujet les fait présentes.

Les méandres de la recherche que Freud poursuit dans
l'exposé du cas de « l'homme aux loups » confirment ces
propos pour y prendre leur plein sens.

Freud exige une objectivation totale de la preuve tant
qu'il s'agit de dater la scène primitive, mais il suppose sans
plus toutes les resubjectivations de l'événement qui lui
paraissent nécessaires à expliquer ses effets à chaque tournant où le sujet se restructure, c'est-à-dire autant de res-
tructurations de l'événement qui s'opèrent, comme il
s'exprime : *nachträglich,* après coup [8]. Bien plus avec une
hardiesse qui touche à la désinvolture, il déclare tenir pour
légitime d'élider dans l'analyse des processus les intervalles
de temps où l'événement reste latent dans le sujet [9]. C'est-
à-dire qu'il annule les *temps pour comprendre* au profit
des *moments de conclure* qui précipitent la méditation
du sujet vers le sens à décider de l'événement originel.

Notons que *temps pour comprendre* et *moment de*

8. *G. W.,* XII, p. 71, *Cinq psychanalyses,* P. U. F., p. 356, traduction faible du terme.
9. *G. W.,* XII, p. 72 n. 1, dernières lignes. On retrouve soulignée
dans la note la notion de *Nachträglichkeit. Cinq psychanalyses,*
p. 356, n. 1.

conclure sont des fonctions que nous avons définies dans un théorème purement logique [10], et qui sont familières à nos élèves pour s'être démontrées très propices à l'analyse dialectique par où nous les guidons dans le procès d'une psychanalyse.

C'est bien cette assomption par le sujet de son histoire, en tant qu'elle est constituée par la parole adressée à l'autre, qui fait le fond de la nouvelle méthode à quoi Freud donne le nom de psychanalyse, non pas en 1904, comme l'enseignait naguère une autorité qui, pour avoir rejeté le manteau d'un silence prudent, apparut ce jour-là ne connaître de Freud que le titre de ses ouvrages, mais bien en 1895 [11].

Pas plus que Freud, nous ne nions, dans cette analyse du sens de sa méthode, la discontinuité psycho-physiologique que manifestent les états où se produit le symptôme hystérique, ni que celui-ci ne puisse être traité par des méthodes, — hypnose, voire narcose —, qui reproduisent la discontinuité de ces états. Simplement, et aussi expressément qu'il s'est interdit à partir d'un certain moment d'y recourir, nous désavouons tout appui pris dans ces états, tant pour expliquer le symptôme que pour le guérir.

Car si l'originalité de la méthode est faite des moyens dont elle se prive, c'est que les moyens qu'elle se réserve suffisent à constituer un domaine dont les limites définissent la relativité de ses opérations.

Ses moyens sont ceux de la parole en tant qu'elle confère aux fonctions de l'individu un sens ; son domaine est celui du discours concret en tant que champ de la réalité transindividuelle du sujet ; ses opérations sont celles de l'histoire

10. Cf. *Écrits,* p. 204 à 210.
11. Dans un article à la portée du lecteur français le moins exigeant, puisqu'il est paru dans la *Revue neurologique* dont la collection se trouve habituellement dans les bibliothèques de salles de garde. La bévue ici dénoncée illustre entre autres comment ladite autorité que nous saluons, p. 122, se mesura à son *leadership*.

en tant qu'elle constitue l'émergence de la vérité dans le réel.

Premièrement en effet, quand le sujet s'engage dans l'analyse, il accepte une position plus constituante en elle-même que toutes les consignes dont il se laisse plus ou moins leurrer ; celle de l'interlocution, et nous ne voyons pas d'inconvénient à ce que cette remarque laisse l'auditeur interloqué. Car ce nous sera l'occasion d'appuyer sur ce que l'allocution du sujet y comporte un allocutaire [12], autrement dit que le locuteur [13] s'y constitue comme inter-subjectivité.

Secondement, c'est sur le fondement de cette interlocution, en tant qu'elle inclut la réponse de l'interlocuteur, que le sens se délivre pour nous de ce que Freud exige comme restitution de la continuité dans les motivations du sujet. L'examen opérationnel de cet objectif nous montre en effet qu'il ne se satisfait que dans la continuité intersubjective du discours où se constitue l'histoire du sujet.

C'est ainsi que le sujet peut vaticiner sur son histoire sous l'effet d'une quelconque de ces drogues qui endorment la conscience et qui ont reçu de notre temps le nom de « sérums de vérité », où la sûreté dans le contresens trahit l'ironie propre du langage. Mais la retransmission même de son discours enregistré, fût-elle faite par la bouche de son médecin, ne peut, de lui parvenir sous cette forme aliénée, avoir les mêmes effets que l'interlocution psychanalytique.

Aussi c'est dans la position d'un troisième terme que la découverte freudienne de l'inconscient s'éclaire dans son

---

12. Même s'il parle « à la cantonade ». Il s'adresse à ce (grand) Autre dont nous avons affermi la théorie depuis et qui commande quelque *épochè* dans la reprise du terme auquel nous nous astreignons encore à cette date : d'intersubjectivité (1966).

13. Nous empruntons ces termes au regretté Edouard Pichon qui, tant dans les indications qu'il donna pour la venue au jour de notre discipline que pour celles qui le guidèrent dans les ténèbres des personnes, montra une divination que nous ne pouvons rapporter qu'à son exercice de la sémantique.

fondement véritable et peut être formulée de façon simple
en ces termes :

L'inconscient est cette partie du discours concret en tant
que transindividuel, qui fait défaut à la disposition du sujet
pour rétablir la continuité de son discours conscient.

Ainsi disparaît le paradoxe que présente la notion de
l'inconscient, si on la rapporte à une réalité individuelle.
Car la réduire à la tendance inconsciente n'est résoudre le
paradoxe, qu'en éludant l'expérience qui montre clairement
que l'inconscient participe des fonctions de l'idée, voire de
la pensée. Comme Freud y insiste en clair, quand, ne
pouvant éviter de la pensée inconsciente la conjonction de
termes contrariés, il lui donne le viatique de cette invocation : *sit venia verbo*. Aussi bien lui obéissons-nous en
rejetant en effet la faute sur le verbe, mais sur ce verbe
réalisé dans le discours qui court comme le furet de bouche
en bouche pour donner à l'acte du sujet qui en reçoit le
message, le sens qui fait de cet acte un acte de son histoire
et qui lui donne sa vérité.

Dès lors l'objection de contradiction *in terminis* qu'élève
contre la pensée inconsciente une psychologie mal fondée
dans sa logique, tombe avec la distinction même du
domaine psychanalytique en tant qu'il manifeste la réalité
du discours dans son autonomie, et l'*eppur si muove !* du
psychanalyste rejoint celui de Galilée dans son incidence,
qui n'est pas celle de l'expérience du fait, mais celle de
l'*experimentum mentis*.

L'inconscient est ce chapitre de mon histoire qui est
marqué par un blanc ou occupé par un mensonge : c'est le
chapitre censuré. Mais la vérité peut être retrouvée ; le plus
souvent déjà elle est écrite ailleurs. A savoir :

— dans les monuments : et ceci est mon corps, c'est-à-dire
le noyau hystérique de la névrose où le symptôme hystérique montre la structure d'un langage et se déchiffre
comme une inscription qui, une fois recueillie, peut sans
perte grave être détruite ;
— dans les documents d'archives aussi : et ce sont les

souvenirs de mon enfance, impénétrables aussi bien qu'eux, quand je n'en connais pas la provenance ;

— dans l'évolution sémantique : et ceci répond au stock et aux acceptions du vocabulaire qui m'est particulier, comme au style de ma vie et à mon caractère ;

— dans les traditions aussi, voire dans les légendes qui sous une forme héroïsée véhiculent mon histoire ;

— dans les traces, enfin, qu'en conservent inévitablement les distorsions, nécessitées par le raccord du chapitre adultéré dans les chapitres qui l'encadrent, et dont mon exégèse rétablira le sens.

L'étudiant qui aura l'idée, — assez rare, il est vrai, pour que notre enseignement s'emploie à la répandre, — que pour comprendre Freud, la lecture de Freud est préférable à celle de M. Fenichel, pourra se rendre compte à l'entreprendre, que ce que nous venons d'exprimer est si peu original, même dans sa verve, qu'il n'y apparaît pas une seule métaphore que l'œuvre de Freud ne répète avec la fréquence d'un motif où transparaît sa trame même.

Il pourra dès lors plus facilement toucher, à chaque instant de sa pratique, qu'à l'instar de la négation que son redoublement annule, ces métaphores perdent leur dimension métaphorique, et il reconnaîtra qu'il en est ainsi parce qu'il opère dans le domaine propre de la métaphore qui n'est que le synonyme du déplacement symbolique, mis en jeu dans le symptôme.

Il jugera mieux après cela du déplacement imaginaire qui motive l'œuvre de M. Fenichel, en mesurant la différence de consistance et d'efficacité technique, entre la référence aux stades prétendus organiques du développement individuel et la recherche des événements particuliers de l'histoire d'un sujet. Elle est exactement celle qui sépare la recherche historique authentique des prétendues lois de l'histoire dont on peut dire que chaque époque trouve son philosophe pour les répandre au gré des valeurs qui y prévalent.

Ce n'est pas dire qu'il n'y ait rien à retenir des différents sens découverts dans la marche générale de l'histoire au long de cette voie qui va de Bossuet (Jacques-Bénigne) à Toynbee (Arnold) et que ponctuent les édifices d'Auguste Comte et de Karl Marx. Chacun sait certes qu'elles valent aussi peu pour orienter la recherche sur un passé récent que pour présumer avec quelque raison des événements du lendemain. Au reste sont-elles assez modestes pour repousser à l'après-demain leurs certitudes, et pas trop prudes non plus pour admettre les retouches qui permettent de prévoir ce qui est arrivé hier.

Si leur rôle donc est assez mince pour le progrès scientifique, leur intérêt pourtant se situe ailleurs : il est dans leur rôle d'idéaux qui est considérable. Car il nous porte à distinguer ce qu'on peut appeler les fonctions primaire et secondaire de l'historisation.

Car affirmer de la psychanalyse comme de l'histoire qu'en tant que sciences elles sont des sciences du particulier, ne veut pas dire que les faits auxquels elles ont affaire soient purement accidentels, sinon factices, et que leur valeur ultime se réduise à l'aspect brut du trauma.

Les événements s'engendrent dans une historisation primaire, autrement dit l'histoire se fait déjà sur la scène où on la jouera une fois écrite, au for interne comme au for extérieur.

A telle époque, telle émeute dans le faubourg Saint-Antoine est vécue par ses acteurs comme victoire ou défaite du Parlement ou de la Cour ; à telle autre, comme victoire ou défaite du prolétariat ou de la bourgeoisie. Et bien que ce soit « les peuples » pour parler comme Retz, qui toujours en soldent les frais, ce n'est pas du tout le même événement historique, — nous voulons dire qu'elles ne laissent pas la même sorte de souvenir dans la mémoire des hommes.

A savoir qu'avec la disparition de la réalité du Parlement et de la Cour, le premier événement retournera à sa valeur traumatique susceptible d'un progressif et authentique effacement, si l'on ne ranime expressément son sens. Tandis que le souvenir du second restera fort vif même sous la censure, — de même que l'amnésie du refoulement est une des formes les plus vivantes de la mémoire —, tant qu'il y aura des hommes pour soumettre leur révolte à l'ordre de la lutte pour l'avènement politique du prolétariat, c'est-à-dire des hommes pour qui les mots clefs du matérialisme dialectique auront un sens.

Dès lors ce serait trop dire que nous allions reporter ces remarques sur le champ de la psychanalyse puisqu'elles y sont déjà, et que la désintrication qu'elles y produisent entre la technique de déchiffrage de l'inconscient et la théorie des instincts, voire des pulsions, va de soi.

Ce que nous apprenons au sujet à reconnaître comme son inconscient, c'est son histoire, — c'est-à-dire que nous l'aidons à parfaire l'historisation actuelle des faits qui ont déterminé déjà dans son existence un certain nombre de « tournants » historiques. Mais s'ils ont eu ce rôle, c'est déjà en tant que faits d'histoire, c'est-à-dire en tant que reconnus dans un certain sens ou censurés dans un certain ordre.

Ainsi toute fixation à un prétendu stade instinctuel est avant tout stigmate historique : page de honte qu'on oublie ou qu'on annule, ou page de gloire qui oblige. Mais l'oublié se rappelle dans les actes, et l'annulation s'oppose à ce qui se dit ailleurs, comme l'obligation perpétue dans le symbole le mirage même où le sujet s'est trouvé pris.

Pour dire bref, les stades instinctuels sont déjà quand ils sont vécus, organisés en subjectivité. Et pour dire clair, la subjectivité de l'enfant qui enregistre en victoires et en défaites le geste de l'éducation de ses sphincters, y jouissant de la sexualisation imaginaire de ses orifices cloacaux, faisant agression de ses expulsions excrémentielles, séduction de ses rétentions, et symboles de ses relâchements, cette subjectivité *n'est pas fondamentalement différente* de la subjectivité du psychanalyste qui s'essaie à restituer pour les comprendre les formes de l'amour qu'il appelle prégénital.

Autrement dit, le stade anal n'est pas moins purement historique quand il est vécu que quand il est repensé, ni moins purement fondé dans l'intersubjectivité. Par contre,

son homologation comme étape d'une prétendue maturation instinctuelle mène tout droit les meilleurs esprits à
s'égarer jusqu'à y voir la reproduction dans l'ontogénèse
d'un stade du phylum animal qu'il faut aller chercher aux
ascaris, voire aux méduses, spéculation qui, pour être ingé-
nieuse sous la plume d'un Balint, mène ailleurs aux rêve-
ries les plus inconsistantes, voire à la folie qui va chercher
dans le protiste le schème imaginaire de l'effraction corporelle dont la crainte commanderait la sexualité féminine.
Pourquoi dès lors ne pas chercher l'image du *moi* dans la
crevette sous le prétexte que l'un et l'autre retrouvent après
chaque mue leur carapace ?

Un nommé Jaworski, dans les années 1910-1920, avait
édifié un fort beau système où « le plan biologique » se
retrouvait jusqu'aux confins de la culture et qui précisément donnait à l'ordre des crustacés son conjoint historique, si mon souvenir est bon, dans quelque tardif Moyen
Age, sous le chef d'une commune floraison de l'armure,
— ne laissant veuve au reste de son répondant humain
nulle forme animale, et sans en excepter mollusques et
punaises.

L'analogie n'est pas la métaphore, et le recours qu'y ont
trouvé les philosophes de la nature, exige le génie d'un
Gœthe dont l'exemple même n'est pas encourageant. Aucun ne répugne plus à l'esprit de notre discipline, et c'est en
s'en éloignant expressément que Freud a ouvert la voie
propre à l'interprétation des rêves, et avec elle à la notion
du symbolisme analytique. Cette notion, nous le disons, va
strictement à l'encontre de la pensée analogique dont une
tradition douteuse fait que certains même parmi nous, la
tiennent encore pour solidaire.

C'est pourquoi les excès dans le ridicule doivent être
utilisés pour leur valeur dessillante, car, pour ouvrir les
yeux sur l'absurdité d'une théorie, ils les ramèneront sur
des dangers qui n'ont rien de théorique.

Cette mythologie de la maturation instinctuelle, bâtie
avec des morceaux choisis de l'œuvre de Freud, engendre
en effet des problèmes spirituels dont la vapeur condensée

en idéaux de nuées irrigue en retour de ses ondées le mythe originel. Les meilleures plumes distillent leur encre à poser des équations qui satisfassent aux exigences du mystérieux *genital love* (il y a des notions dont l'étrangeté s'accommode mieux de la parenthèse d'un terme emprunté, et elles paraphent leur tentative par un aveu de *non liquet*). Personne pourtant ne paraît ébranlé par le malaise qui en résulte, et l'on y voit plutôt matière à encourager tous les Münchhausen de la normalisation psychanalytique à se tirer par les cheveux dans l'espoir d'atteindre au ciel de la pleine réalisation de l'objet génital, voire de l'objet tout court.

Si nous, psychanalystes, sommes bien placés pour connaître le pouvoir des mots, ce n'est pas une raison pour le faire valoir dans le sens de l'insoluble, ni pour « lier des fardeaux pesants et insupportables pour en accabler les épaules des hommes », comme s'exprime la malédiction du Christ aux pharisiens dans le texte de saint Matthieu.

Ainsi la pauvreté des termes où nous tentons d'inclure un problème subjectif, peut-elle laisser à désirer à des esprits exigeants, pour peu qu'ils les comparent à ceux qui structuraient jusque dans leur confusion les querelles anciennes autour de la Nature et de la Grâce[14]. Ainsi peut-elle leur laisser à craindre quant à la qualité des effets psychologiques et sociologiques qu'on peut attendre de leur usage. Et l'on souhaitera qu'une meilleure appréciation des fonctions du *logos* dissipe les mystères de nos charismes fantastiques.

Pour nous en tenir à une tradition plus claire, peut-être entendrons-nous la maxime célèbre où La Rochefoucauld nous dit qu' « il y a des gens qui n'auraient jamais été amoureux, s'ils n'avaient jamais entendu parler de l'amour », non pas dans le sens romantique d'une « réalisa-

14. Cette référence à l'aporie du christianisme en annonçait une plus précise dans son culmen janséniste : soit à Pascal dont l'encore vierge pari nous a forcé à tout en reprendre pour en venir à ce qu'il cache d'inestimable pour l'analyste, — à cette date (juin 1966) encore en réserve.

tion » tout imaginaire de l'amour qui s'en ferait une objection amère, mais comme une reconnaissance authentique de ce que l'amour doit au symbole et de ce que la parole emporte d'amour.

Il n'est en tout cas que de se reporter à l'œuvre de Freud pour mesurer en quel rang secondaire et hypothétique il place la théorie des instincts. Elle ne saurait à ses yeux tenir un seul instant contre le moindre fait particulier d'une histoire, insiste-t-il, et le *narcissisme génital* qu'il invoque au moment de résumer le cas de l'homme aux loups, nous montre assez le mépris où il tient l'ordre constitué des stades libidinaux. Bien plus, il n'y évoque le conflit instinctuel que pour s'en écarter aussitôt, et pour reconnaître dans l'isolation symbolique du « je ne suis pas châtré », où s'affirme le sujet, la forme compulsionnelle où reste rivé son choix hétérosexuel, contre l'effet de capture homosexualisante qu'a subi le *moi* ramené à la matrice imaginaire de la scène primitive. Tel est en vérité le conflit subjectif, où il ne s'agit que des péripéties de la subjectivité, tant et si bien que le « je » gagne et perd contre le « moi » au gré de la catéchisation religieuse ou de l'*Aufklärung* endoctrinante, conflit dont Freud a fait réaliser les effets au sujet par ses offices avant de nous les expliquer dans la dialectique du complexe d'Œdipe.

C'est à l'analyse d'un tel cas qu'on voit bien que la réalisation de l'amour parfait n'est pas un fruit de la nature mais de la grâce, c'est-à-dire d'un accord intersubjectif imposant son harmonie à la nature déchirée qui le supporte.

Mais qu'est-ce donc que ce sujet dont vous nous rebattez l'entendement ? s'exclame enfin un auditeur impatienté. N'avons-nous pas déjà reçu de M. de La Palice la leçon que tout ce qui est éprouvé par l'individu est subjectif ?

— Bouche naïve dont l'éloge occupera mes derniers jours, ouvrez-vous encore pour m'entendre. Nul besoin de fermer les yeux. Le sujet va bien au-delà de ce que l'individu éprouve « subjectivement », aussi loin exactement que la vérité qu'il peut atteindre, et qui peut-être sortira de cette

bouche que vous venez de refermer déjà. Oui, cette vérité
de son histoire n'est pas toute dans son rollet, et pourtant la
place s'y marque, aux heurts douloureux qu'il éprouve de
ne connaître que ses répliques, voire en des pages dont le
désordre ne lui donne guère de soulagement.

Que l'inconscient du sujet soit le discours de l'autre, c'est
ce qui apparaît plus clairement encore que partout dans les
études que Freud a consacrées à ce qu'il appelle la télépa-
thie, en tant qu'elle se manifeste dans le contexte d'une
expérience analytique. Coïncidence des propos du sujet
avec des faits dont il ne peut être informé, mais qui se
meuvent toujours dans les liaisons d'une autre expérience
où le psychanalyste est interlocuteur — coïncidence aussi
bien le plus souvent constituée par une convergence toute
verbale, voire homonymique, ou qui, si elle inclut un acte,
c'est d'un *acting out* d'un patient de l'analyste ou d'un
enfant en analyse de l'analysé qu'il s'agit. Cas de résonance
dans des réseaux communicants de discours, dont une étude
exhaustive éclaircirait les faits analogues que présente la vie
courante.

L'omniprésence du discours humain pourra peut-être un
jour être embrassée au ciel ouvert d'une omnicommunica-
tion de son texte. Ce n'est pas dire qu'il en sera plus
accordé. Mais c'est là le champ que notre expérience pola-
rise dans une relation qui n'est à deux qu'en apparence, car
toute position de sa structure en termes seulement duels, lui
est aussi inadéquate en théorie que ruineuse pour sa technique.

2. Symbole et langage comme structure et limite du champ psychanalytique

Pour reprendre le fil de notre propos, répétons que c'est par réduction de l'histoire du sujet particulier que l'analyse touche à des *Gestalten* relationnelles qu'elle extrapole en un développement régulier ; mais que ni la psychologie génétique, ni la psychologie différentielle qui peuvent en être éclairées, ne sont de son ressort, pour ce qu'elles exigent des conditions d'observation et d'expérience qui n'ont avec les siennes que des rapports d'homonymie.

Allons plus loin encore : ce qui se détache comme psychologie à l'état brut de l'expérience commune (qui ne se confond avec l'expérience sensible que pour le professionnel des idées), — à savoir dans quelque suspension du quotidien souci, l'étonnement surgi de ce qui apparie les êtres dans un disparate passant celui des grotesques d'un Léonard ou d'un Goya, — ou la surprise qu'oppose l'épaisseur propre d'une peau à la caresse d'une paume qu'anime la découverte sans que l'émousse encore le désir —, ceci, peut-on dire, est aboli dans une expérience, revêche à ces caprices, rétive à ces mystères.

Une psychanalyse va normalement à son terme sans nous livrer que peu de chose de ce que notre patient tient en propre de sa sensibilité aux coups et aux couleurs, de la promptitude de ses prises ou des points faibles de sa chair, de son pouvoir de retenir ou d'inventer, voire de la vivacité de ses goûts.

Ce paradoxe n'est qu'apparent et ne tient à nulle carence personnelle, et si l'on peut le motiver par les conditions négatives de notre expérience, il nous presse seulement un peu plus d'interroger celle-ci sur ce qu'elle a de positif.

Car il ne se résout pas dans les efforts de certains qui,
— semblables à ces philosophes que Platon raille de ce que
leur appétit du réel les menât à embrasser les arbres —,
vont à prendre tout épisode où pointe cette réalité qui se
dérobe, pour la réaction vécue dont ils se montrent si
friands. Car ce sont ceux-là mêmes qui, se donnant pour
objectif ce qui est au-delà du langage, réagissent à la
« défense de toucher » inscrite en notre règle par une sorte
d'obsession. Nul doute que, dans cette voie, se flairer réci-
proquement ne devienne le fin du fin de la réaction de
transfert. Nous n'exagérons rien : un jeune psychanalyste
en son travail de candidature peut de nos jours saluer dans
une telle subodoration de son sujet, obtenue après deux ou
trois ans de psychanalyse vaine, l'avènement attendu de la
relation d'objet, et en recueillir le *dignus est intrare* de nos
suffrages, garants de ses capacités.

Si la psychanalyse peut devenir une science, — car elle
ne l'est pas encore —, et si elle ne doit pas dégénérer dans
sa technique, — et peut-être est-ce déjà fait —, nous
devons retrouver le sens de son expérience.

Nous ne saurions mieux faire à cette fin que de revenir à
l'œuvre de Freud. Il ne suffit pas de se dire technicien
pour s'autoriser, de ce qu'on ne comprend pas un
Freud III, à le récuser au nom d'un Freud II que l'on croit
comprendre, et l'ignorance même où l'on est de Freud I,
n'excuse pas qu'on tienne les cinq grandes psychanalyses
pour une série de cas aussi mal choisis que mal exposés,
dût-on s'émerveiller que le grain de vérité qu'elles recé-
laient, en ait réchappé [15].

Qu'on reprenne donc l'œuvre de Freud à la *Traumdeutung* pour s'y rappeler que le rêve a la structure d'une
phrase, ou plutôt, à nous en tenir à sa lettre, d'un rébus,
c'est-à-dire d'une écriture, dont le rêve de l'enfant représen-
terait l'idéographie primordiale, et qui chez l'adulte repro-

---

15. Propos recueilli de la bouche d'un des psychanalystes les plus
intéressés en ce débat (1966).

duit l'emploi phonétique et symbolique à la fois des éléments signifiants, que l'on retrouve aussi bien dans les
hiéroglyphes de l'ancienne Egypte que dans les caractères
dont la Chine conserve l'usage.

Encore n'est-ce là que déchiffrage de l'instrument. C'est
à la version du texte que l'important commence, l'important dont Freud nous dit qu'il est donné dans l'élaboration
du rêve, c'est-à-dire dans sa rhétorique. Ellipse et pléonasme, hyperbate ou syllepse, régression, répétition, apposi-
tion, tels sont les déplacements syntaxiques, métaphore,
catachrèse, antonomase, allégorie, métonymie et synec-
doque, les condensations sémantiques, où Freud nous
apprend à lire les intentions ostentatoires ou démonstra-
tives, dissimulatrices ou persuasives, rétorsives ou séduc-
trices, dont le sujet module son discours onirique.

Sans doute a-t-il posé en règle qu'il y faut rechercher toujours l'expression d'un désir. Mais entendons-le bien. Si
Freud admet comme motif d'un rêve qui paraît aller à l'encontre de sa thèse, le désir même de le contredire chez le
sujet qu'il a tenté d'en convaincre[16], comment n'en vien-
drait-il pas à admettre le même motif pour lui-même dès
lors que, pour y être parvenu, c'est d'autrui que lui revien-
drait sa loi ?

Pour tout dire, nulle part n'apparaît plus clairement que
le désir de l'homme trouve son sens dans le désir de l'autre,
non pas tant parce que l'autre détient les clefs de l'objet
désiré, que parce que son premier objet est d'être reconnu
par l'autre.

Qui parmi nous au reste ne sait par expérience que dès
que l'analyse est engagée dans la voie du transfert, — et
c'est pour nous l'indice qu'elle l'est en effet, — chaque rêve
du patient s'interprète comme provocation, aveu larvé ou
diversion, par sa relation au discours analytique, et qu'à

16. Cf. Gegenwunschträume in *Traumdeutung, G. W.,* II.
p. 156-157 et p. 163-164. Trad. anglaise, Standard edition, IV, p. 151
et p. 157-158. Trad. franç., éd. Alcan, p. 140 et p. 146.

mesure du progrès de l'analyse, ils se réduisent toujours plus à la fonction d'éléments du dialogue qui s'y réalise ?

Pour la psychopathologie de la vie quotidienne, autre champ consacré par une autre œuvre de Freud, il est clair que tout acte manqué est un discours réussi, voire assez joliment tourné, et que dans le lapsus c'est le bâillon qui tourne sur la parole, et juste du quadrant qu'il faut pour qu'un bon entendeur y trouve son salut.

Mais allons droit où le livre débouche sur le hasard et les croyances qu'il engendre, et spécialement aux faits où il s'attache à démontrer l'efficacité subjective des associations sur des nombres laissés au sort d'un choix immotivé, voire d'un tirage de hasard. Nulle part ne se révèlent mieux qu'en un tel succès les structures dominantes du champ psychanalytique. Et l'appel fait au passage à des mécanismes intellectuels ignorés n'est plus ici que l'excuse de détresse de la confiance totale faite aux symboles et qui vacille d'être comblée au-delà de toute limite.

Car si pour admettre un symptôme dans la psychopathologie psychanalytique, qu'il soit névrotique ou non, Freud exige le minimum de surdétermination que constitue un double sens, symbole d'un conflit défunt par-delà sa fonction dans un conflit présent *non moins symbolique,* s'il nous a appris à suivre dans le texte des associations libres la ramification ascendante de cette lignée symbolique, pour y repérer aux points où les formes verbales s'en recroisent les nœuds de sa structure, — il est déjà tout à fait clair que le symptôme se résout tout entier dans une analyse de langage, parce qu'il est lui-même structuré comme un langage, qu'il est langage dont la parole doit être délivrée.

C'est à celui qui n'a pas approfondi la nature du langage, que l'expérience d'association sur les nombres pourra montrer d'emblée ce qu'il est essentiel ici de saisir, à savoir la puissance combinatoire qui en agence les équivoques, et pour y reconnaître le ressort propre de l'inconscient.

En effet si des nombres obtenus par coupure dans la suite des chiffres du nombre choisi, de leur mariage par toutes les opérations de l'arithmétique, voire de la division

répétée du nombre originel par l'un des nombres scissi-
pares, les nombres résultants [17] s'avèrent symbolisants entre
tous dans l'histoire propre du sujet, c'est qu'ils étaient déjà
latents au choix où ils ont pris leur départ, — et dès lors si
l'on réfute comme superstitieuse l'idée que ce sont là les
chiffres mêmes qui ont déterminé la destinée du sujet, force
est d'admettre que c'est dans l'ordre d'existence de leurs
combinaisons, c'est-à-dire dans le langage concret qu'ils
représentent que réside tout ce que l'analyse révèle au sujet
comme son inconscient.

Nous verrons que les philologues et les ethnographes
nous en révèlent assez sur la sûreté combinatoire qui
s'avère dans les systèmes complètement inconscients auxquels ils ont affaire, pour que la proposition ici avancée
n'ait pour eux rien de surprenant.

Mais si quelqu'un restait réticent à notre propos, nous en
appellerions, une fois de plus, au témoignage de celui qui,
ayant découvert l'inconscient, n'est pas sans titre à être cru
pour désigner sa place : il ne nous fera pas défaut.

Car si délaissée qu'elle soit de notre intérêt, — et pour
cause —, *le Mot d'esprit et l'Inconscient* reste l'œuvre la
plus incontestable parce que la plus transparente, où l'effet
de l'inconscient nous soit démontré jusqu'aux confins de sa
finesse ; et le visage qu'il nous révèle est celui même de
l'esprit dans l'ambiguïté que lui confère le langage, où
l'autre face de son pouvoir régalien est la « pointe » par
quoi son ordre entier s'anéantit en un instant, — pointe en
effet où son activité créatrice dévoile sa gratuité absolue,
où sa domination sur le réel s'exprime dans le défi du non-
sens, où l'humour, dans la grâce méchante de l'esprit libre,
symbolise une vérité qui ne dit pas son dernier mot.

Il faut suivre aux détours admirablement pressants des

---

17. Il faut, pour apprécier le fruit de ces procédés, se pénétrer des
notes promues par nous dès cette époque, qu'on trouve d'Emile
Borel dans son livre sur *le hasard* sur la trivialité de ce qu'on
obtient ainsi de « remarquable » à partir d'un nombre quelconque
(1966).

lignes de ce livre la promenade où Freud nous emmène dans ce jardin choisi du plus amer amour.

Ici tout est substance, tout est perle. L'esprit qui vit en exilé dans la création dont il est l'invisible soutien, sait qu'il est maître à tout instant de l'anéantir. Formes altières ou perfides, dandystes ou débonnaires de cette royauté cachée, il n'est pas jusqu'aux plus méprisées dont Freud ne sache faire briller l'éclat secret. Histoires du marieur courant les ghettos de Moravie, figure décriée d'Eros et comme lui fils de la pénurie et de la peine, guidant de son service discret l'avidité du goujat, et soudain le bafouant d'une réplique illuminante en son non-sens : « Celui qui laisse ainsi échapper la vérité, commente Freud, est en réalité heureux de jeter le masque. »

C'est la vérité en effet, qui dans sa bouche jette là le masque, mais c'est pour que l'esprit en prenne un plus trompeur, la sophistique qui n'est que stratagème, la logique qui n'est qu'un leurre, le comique même qui ne va là qu'à éblouir. L'esprit est toujours ailleurs. « L'esprit comporte en effet une telle conditionnalité subjective... : n'est esprit que ce que j'accepte comme tel », poursuit Freud qui sait de quoi il parle.

Nulle part l'intention de l'individu n'est en effet plus manifestement dépassée par la trouvaille du sujet, — nulle part la distinction que nous faisons de l'un à l'autre ne se fait mieux sentir — puisque non seulement il faut que quelque chose m'ait été étranger dans ma trouvaille pour que j'y aie mon plaisir, mais qu'il faut qu'il en reste ainsi pour qu'elle porte. Ceci prenant sa place de la nécessité, si bien marquée par Freud, du tiers auditeur toujours supposé, et du fait que le mot d'esprit ne perd pas son pouvoir dans sa transmission au style indirect. Bref pointant au lieu de l'Autre l'ambocepteur qu'éclaire l'artifice du mot fusant dans sa suprême alacrité.

Une seule raison de chute pour l'esprit : la platitude de la vérité qui s'explique.

Or ceci concerne directement notre problème. Le mépris actuel pour les recherches sur la langue des symboles qui se lit au seul vu des sommaires de nos publications d'avant et d'après les années 1920, ne répond à rien de moins pour notre discipline qu'à un changement d'objet, dont la tendance à s'aligner au plus plat niveau de la communication, pour s'accorder aux objectifs nouveaux proposés à la technique, a peut-être à répondre du bilan assez morose que les plus lucides dressent de ses résultats [18].

Comment la parole, en effet, épuiserait-elle le sens de la parole ou, pour mieux dire avec le logicisme positiviste d'Oxford, le sens du sens, — sinon dans l'acte qui l'engendre ? Ainsi le renversement gœthéen de sa présence aux origines : « Au commencement était l'action », se renverse à son tour : c'était bien le verbe qui était au commencement, et nous vivons dans sa création, mais c'est l'action de notre esprit qui continue cette création en la renouvelant toujours. Et nous ne pouvons nous retourner sur cette action qu'en nous laissant pousser toujours plus avant par elle.

Nous ne le tenterons nous-même qu'en sachant que c'est là sa voie...

Nul n'est censé ignorer la loi, cette formule transcrite de l'humour d'un Code de Justice exprime pourtant la vérité où notre expérience se fonde et qu'elle confirme. Nul homme ne l'ignore en effet, puisque la loi de l'homme est la loi du langage depuis que les premiers mots de reconnaissance ont présidé aux premiers dons, y ayant fallu les Danaëns détestables qui viennent et fuient par la mer pour que les hommes apprennent à craindre les mots trompeurs avec les dons sans foi. Jusque-là, pour les Argonautes pacifiques unissant par les nœuds d'un commerce symbolique les îlots de la communauté, ces dons, leur acte et leurs objets, leur érection en signes et leur fabrication même, sont si mêlés à la parole qu'on les désigne par son nom [19].

18. Cf. C. I. Oberndorf, « Unsatisfactory results of psychoanalytic therapy », *Psychoanalytic Quarterly*, 19, 393-407.
19. Cf. entre autres : *Do Kamo*, de Maurice Leenhardt, chap. IX et X.

Est-ce à ces dons ou bien aux mots de passe qui y accordent leur non-sens salutaire, que commence le langage avec la loi ? Car ces dons sont déjà symboles, en ceci que symbole veut dire pacte, et qu'ils sont d'abord signifiants du pacte qu'ils constituent comme signifié : comme il se voit bien à ceci que les objets de l'échange symbolique, vases faits pour être vides, boucliers trop lourds pour être portés, gerbes qui se dessécheront, piques qu'on enfonce au sol, sont sans usage par destination, sinon superflus par leur abondance.

Cette neutralisation du signifiant est-elle le tout de la nature du langage ? Pris à ce taux, on en trouverait l'amorce chez les hirondelles de mer, par exemple, pendant la parade, et matérialisée dans le poisson qu'elles se passent de bec en bec et où les éthologues, s'il faut bien y voir avec eux l'instrument d'une mise en branle du groupe qui serait un équivalent de la fête, seraient tout à fait justifiés à reconnaître un symbole.

On voit que nous ne reculons pas à chercher hors du domaine humain les origines du comportement symbolique. Mais ce n'est certainement pas par la voie d'une élaboration du signe, celle où s'engage après tant d'autres M. Jules H. Massermann [20], à laquelle nous nous arrêterons un instant, non seulement pour le ton déluré dont il y trace sa démarche, mais par l'accueil qu'elle a trouvé auprès des rédacteurs de notre journal officiel, qui conformément à une tradition empruntée aux bureaux de placements, ne négligent jamais rien de ce qui peut fournir à notre discipline de « bonnes références ».

Pensez-donc, un homme qui a reproduit le névrose expé-ri-men-ta-le-ment chez un chien ficelé sur une table et par quels moyens ingénieux : une sonnerie, le plat de viande qu'elle annonce, et le plat de pommes qui arrive à contretemps, je vous en passe. Ce n'est pas lui, du moins lui-même nous en assure, qui se laissera prendre aux

20. Jules H. Massermann, « Language, behavior and dynamic psy-chiatry », *Inter Journal of Psychan.*, 1944, 1 et 2, p. 1-8.

« amples ruminations », car c'est ainsi qu'il s'exprime, que les philosophes ont consacrées au problème du langage. Lui va vous le prendre à la gorge.

Figurez-vous que par un conditionnement judicieux de ses réflexes, on obtient d'un raton-laveur qu'il se dirige vers son garde-manger quand on lui présente la carte où peut se lire son menu. On ne nous dit pas si elle porte mention des prix, mais on ajoute ce trait convaincant que, pour peu que le service l'ait déçu, il reviendra déchirer la carte trop prometteuse, comme le ferait des lettres d'un infidèle une amante irritée *(sic)*.

Telle est l'une des arches où l'auteur fait passer la route qui conduit du signal au symbole. On y circule à double voie, et le sens du retour n'y montre pas de moindres ouvrages d'art.

Car si chez l'homme vous associez à la projection d'une vive lumière devant ses yeux le bruit d'une sonnette, puis le maniement de celle-ci à l'émission de l'ordre : contractez (en anglais : *contract*), vous arriverez à ce que le sujet, à moduler cet ordre lui-même, à le murmurer, bientôt seulement à le produire en sa pensée, obtienne la contraction de sa pupille, soit une réaction du système que l'on dit autonome, parce qu'ordinairement inaccessible aux effets intentionnels. Ainsi M. Hudgins, s'il faut en croire notre auteur, « a-t-il créé chez un groupe de sujets, une configuration hautement individualisée de réactions affines et viscérales du symbole idéique *(idea-symbol)* « contract », une réponse qui pourrait être ramenée à travers leurs expériences particulières à une source en apparence lointaine, mais en réalité basiquement physiologique : dans cet exemple, simplement la protection de la rétine contre une lumière excessive ». Et l'auteur conclut : « La signification de telles expériences pour la recherche psychosomatique et linguistique n'a même pas besoin de plus d'élaboration. »

Nous aurions pourtant, quant à nous, été curieux d'apprendre si les sujets ainsi éduqués réagissent aussi à l'énonciation du même vocable articulée dans les locutions : *marriage contract, bridge-contract, breach of contract,* voire progressivement réduite à l'émission de sa première syllabe : contract, contrac, contra, contr... La contre-épreuve, exigible en stricte méthode, s'offrant ici d'elle-même du murmure entre les dents de cette syllabe par le lecteur français qui n'aurait subi d'autre conditionnement que la vive lumière projetée sur le problème par M. Jules H. Massermann. Nous demanderions alors à celui-ci si les effets ainsi observés chez les sujets conditionnés lui paraîtraient toujours pouvoir se passer aussi aisément d'être élaborés. Car ou bien ils ne se produiraient plus, manifestant ainsi qu'ils ne dépendent pas même conditionnellement du sémantème, ou bien ils continueraient à se produire, posant la question des limites de celui-ci.

Autrement dit, ils feraient apparaître dans l'instrument même du mot, la distinction du signifiant et du signifié, si allégrement confondue par l'auteur dans le terme *ideasymbol.* Et sans avoir besoin d'interroger les réactions des sujets conditionnés à l'ordre *don't contract,* voire à la conjugaison entière du verbe *to contract,* nous pourrions faire observer à l'auteur que ce qui définit comme appartenant au langage un élément quelconque d'une langue, c'est qu'il se distingue comme tel pour tous les usagers de cette langue dans l'ensemble supposé constitué des éléments homologues.

Il en résulte que les effets particuliers de cet élément du langage sont liés à l'existence de cet ensemble, antérieurement à sa liaison possible à toute expérience particulière du sujet. Et que considérer cette dernière liaison hors de toute référence à la première, consiste simplement à nier dans cet élément la fonction propre du langage.

Rappel de principes qui éviterait peut-être à notre auteur de découvrir avec une naïveté sans égale la correspondance textuelle des catégories de la grammaire de son enfance dans les relations de la réalité.

Ce monument de naïveté, au reste d'une espèce assez commune en ces matières, ne mériterait pas tant de soins s'il n'était le fait d'un psychanalyste, ou plutôt de quelqu'un qui y raccorde comme par hasard tout ce qui se produit dans une certaine tendance de la psychanalyse, au titre de théorie de l'*ego* ou de technique d'analyse des défenses, de plus opposé à l'expérience freudienne, manifestant ainsi *a contrario* la cohérence d'une saine conception du langage avec le maintien de celle-ci. Car la découverte de Freud est celle du champ des incidences, en la nature de l'homme, de ses relations à l'ordre symbolique, et la remontée de leur sens jusqu'aux instances les plus radicales de la symbolisation dans l'être. Le méconnaître est condamner la découverte à l'oubli, l'expérience à la ruine.

Et nous posons comme une affirmation qui ne saurait être retranchée du sérieux de notre propos actuel que la présence du raton-laveur, plus haut évoqué, dans le fauteuil où la timidité de Freud, à en croire notre auteur, aurait confiné l'analyste en le plaçant derrière le divan, nous paraîtrait préférable à celle du savant qui tient sur le langage et la parole un pareil discours.

Car le raton-laveur au moins, par la grâce de Jacques Prévert (« une pierre, deux maisons, trois ruines, quatre fossoyeurs, un jardin, des fleurs, un raton-laveur »), est entré à jamais dans le bestiaire poétique et participe comme tel en son essence à la fonction éminente du symbole, mais l'être à notre ressemblance qui professe ainsi la méconnaissance systématique de cette fonction, se bannit à jamais de tout ce qui peut par elle être appelé à l'existence. Dès lors, la question de la place qui revient au dit semblable dans la classification naturelle nous paraîtrait ne relever que d'un humanisme hors de propos, si son discours, en se croisant avec une technique de la parole dont nous avons la garde, ne devait être trop fécond, même à y engendrer des monstres stériles. Qu'on sache donc, puisque aussi bien il se fait mérite de braver le reproche d'anthropomorphisme, que c'est le dernier terme dont nous userions pour dire qu'il fait de son être la mesure de toutes choses.

Revenons à notre objet symbolique qui est lui-même fort consistant dans sa matière, s'il a perdu le poids de son usage, mais dont le sens impondérable entraînera des déplacements de quelque poids. Est-ce donc là la loi et le langage ? Peut-être pas encore.

Car même apparût-il chez l'hirondelle quelque caïd de la colonie qui, en gobant le poisson symbolique au bec béant des autres hirondelles, inaugurât cette exploitation de l'hirondelle par l'hirondelle dont nous nous plûmes un jour à filer la fantaisie, ceci ne suffirait point à reproduire parmi elles cette fabuleuse histoire, image de la nôtre, dont l'épopée ailée nous tint captifs en l'île des pingouins, et il s'en faudrait de quelque chose pour faire un univers « hirundinisé ».

Ce « quelque chose » achève le symbole pour en faire le langage. Pour que l'objet symbolique libéré de son usage devienne le mot libéré de l'*hic et nunc,* la différence n'est pas de la qualité, sonore, de sa matière, mais de son être évanouissant où le symbole trouve la permanence du concept.

Par le mot qui est déjà une présence faite d'absence, l'absence même vient à se nommer en un moment original dont le génie de Freud a saisi dans le jeu de l'enfant la recréation perpétuelle. Et de ce couple modulé de la présence et de l'absence, qu'aussi bien suffit à constituer la trace sur le sable du trait simple et du trait rompu des *koua-* mantiques de la Chine, naît l'univers de sens d'une langue où l'univers des choses viendra à se ranger.

Par ce qui ne prend corps que d'être la trace d'un néant et dont le support dès lors ne peut s'altérer, le concept, sauvant la durée de ce qui passe, engendre la chose.

Car ce n'est pas encore assez dire que de dire que le concept est la chose même, ce qu'un enfant peut démontrer contre l'école. C'est le monde des mots qui crée le monde des choses, d'abord confondues dans l'*hic et nunc* du tout en devenir, en donnant son être concret à leur essence, et sa place partout à ce qui est de toujours : κτῆμα ἐς ἀεί.

L'homme parle donc, mais c'est parce que le symbole l'a fait homme. Si en effet des dons surabondants accueillent l'étranger qui s'est fait connaître, la vie des groupes naturels qui constituent la communauté est soumise aux règles de l'alliance, ordonnant le sens dans lequel s'opère l'échange des femmes, et aux prestations réciproques que l'alliance détermine : comme le dit le proverbe Sironga, un parent par alliance est une cuisse d'éléphant. A l'alliance préside un ordre préférentiel dont la loi impliquant les noms de parenté est pour le groupe, comme le langage, impérative en ses formes, mais inconsciente en sa structure. Or dans cette structure dont l'harmonie ou les impasses règlent l'échange restreint ou généralisé qu'y discerne l'ethnologue, le théoricien étonné retrouve toute la logique des combinaisons : ainsi les lois du nombre, c'est-à-dire du symbole le plus épuré, s'avèrent être immanentes au symbolisme originel. Du moins est-ce la richesse des formes où se développent les structures qu'on dit élémentaires de la parenté, qui les y rend lisibles. Et ceci donne à penser que c'est peut-être seulement notre inconscience de leur permanence, qui nous laisse croire à la liberté des choix dans les structures dites complexes de l'alliance sous la loi desquelles nous vivons. Si la statistique déjà laisse entrevoir que cette liberté ne s'exerce pas au hasard, c'est qu'une logique subjective l'orienterait en ses effets.

C'est bien en quoi le complexe d'Œdipe en tant que nous le reconnaissons toujours pour couvrir de sa signification le champ entier de notre expérience, sera dit, dans notre propos, marquer les limites que notre discipline assigne à la subjectivité : à savoir, ce que le sujet peut connaître de sa participation inconsciente au mouvement des structures complexes de l'alliance, en vérifiant les effets symboliques en son existence particulière du mouvement tangentiel vers l'inceste qui se manifeste depuis l'avènement d'une communauté universelle.

La Loi primordiale est donc celle qui en réglant l'alliance superpose le règne de la culture au règne de la nature livré à la loi de l'accouplement. L'interdit de l'inceste n'en est que le pivot subjectif, dénudé par la tendance moderne à réduire à la mère et à la sœur les objets interdits aux choix du sujet, toute licence au reste n'étant pas encore ouverte au-delà.

Cette loi se fait donc suffisamment connaître comme

identique à un ordre de langage. Car nul pouvoir sans les nominations de la parenté n'est à portée d'instituer l'ordre des préférences et des tabous qui nouent et tressent à travers les générations le fil des lignées. Et c'est bien la confusion des générations qui, dans la Bible comme dans toutes les lois traditionnelles, est maudite comme l'abomination du verbe et la désolation du pécheur.

Nous savons en effet quel ravage déjà allant jusqu'à la dissociation de la personnalité du sujet peut exercer une filiation falsifiée, quand la contrainte de l'entourage s'emploie à en soutenir le mensonge. Ils peuvent n'être pas moindres quand un homme épousant la mère de la femme dont il a eu un fils, celui-ci aura pour frère un enfant frère de sa mère. Mais s'il est ensuite, — et le cas n'est pas inventé —, adopté par le ménage compatissant d'une fille d'un mariage antérieur du père, il se trouvera encore une fois demi-frère de sa nouvelle mère, et l'on peut imaginer les sentiments complexes dans lesquels il attendra la naissance d'un enfant qui sera à la fois son frère et son neveu, dans cette situation répétée.

Aussi bien le simple décalage dans les générations qui se produit par un enfant tardif né d'un second mariage et dont la mère jeune se trouve contemporaine d'un frère aîné, peut produire des effets qui s'en rapprochent, et l'on sait que c'était là le cas de Freud.

Cette même fonction de l'identification symbolique par où le primitif se croit réincarner l'ancêtre homonyme et qui détermine même chez l'homme moderne une récurrence alternée des caractères, introduit donc chez les sujets soumis à ces discordances de la relation paternelle une dissociation de l'Œdipe où il faut voir le ressort constant de ses effets pathogènes. Même en effet représentée par une seule personne, la fonction paternelle concentre en elle des relations imaginaires et réelles, toujours plus ou moins inadéquates à la relation symbolique qui la constitue essentiellement.

C'est dans le *nom du père* qu'il nous faut reconnaître le support de la fonction symbolique qui, depuis l'orée des temps historiques, identifie sa personne à la figure de la loi. Cette conception nous permet de distinguer clairement dans l'analyse d'un cas les effets inconscients de cette fonction d'avec les relations narcissiques, voire d'avec les relations réelles que le sujet soutient avec l'image et l'action de la personne qui l'incarne, et il en résulte un mode de compréhension qui va à retentir dans la conduite même des interventions. La pratique nous en a confirmé la fécondité, à nous, comme aux élèves que nous avons induits à cette méthode. Et nous avons eu souvent l'occasion dans des contrôles ou dans des cas communiqués de souligner les confusions nuisibles qu'engendre sa méconnaissance.

Ainsi c'est la vertu du verbe qui perpétue le mouvement de la Grande Dette dont Rabelais, en une métaphore célèbre, élargit jusqu'aux astres l'économie. Et nous ne serons pas surpris que le chapitre où il nous présente avec l'inversion macaronique des noms de parenté une anticipation des découvertes ethnographiques, nous montre en lui la substantifique divination du mystère humain que nous tentons d'élucider ici.

Identifiée au *hau* sacré ou au *mana* omniprésent, la Dette inviolable est la garantie que le voyage où sont poussés femmes et biens ramène en un cycle sans manquement à leur point de départ d'autres femmes et d'autres biens, porteurs d'une entité identique : symbole zéro, dit Lévi-Strauss, réduisant à la forme d'un signe algébrique le pouvoir de la Parole.

Les symboles enveloppent en effet la vie de l'homme d'un réseau si total qu'ils conjoignent avant qu'il vienne au monde ceux qui vont l'engendrer « par l'os et par la chair », qu'ils apportent à sa naissance avec les dons des astres, sinon avec les dons des fées, le dessin de sa destinée, qu'ils donnent les mots qui le feront fidèle ou renégat, la loi des actes qui le suivront jusque-là même où il n'est pas encore et au-delà de sa mort même, et que par eux sa fin trouve son sens dans le jugement dernier où le verbe absout son être ou le condamne, — sauf à atteindre à la réalisation subjective de l'être-pour-la-mort.

Servitude et grandeur où s'anéantirait le vivant, si le désir ne préservait sa part dans les interférences et les battements que font converger sur lui les cycles du langage, quand la confusion des langues s'en mêle et que les ordres se contrarient dans les déchirements de l'œuvre universelle.

Mais ce désir lui-même, pour être satisfait dans l'homme, exige d'être reconnu, par l'accord de la parole ou par la lutte de prestige, dans le symbole ou dans l'imaginaire.

L'enjeu d'une psychanalyse est l'avènement dans le sujet du peu de réalité que ce désir y soutient au regard des conflits symboliques et des fixations imaginaires comme moyen de leur accord, et notre voie est l'expérience intersubjective où ce désir se fait reconnaître.

Dès lors on voit que le problème est celui des rapports dans le sujet de la parole et du langage.

Trois paradoxes dans ces rapports se présentent dans notre domaine.

Dans la folie, quelle qu'en soit la nature, il nous faut reconnaître, d'une part, la liberté négative d'une parole qui a renoncé à se faire reconnaître, soit ce que nous appelons obstacle au transfert, et, d'autre part, la formation singulière d'un délire qui, — fabulatoire, fantastique ou cosmologique —, interprétatif, revendicateur ou idéaliste —, objective le sujet dans un langage sans dialectique [21].

L'absence de la parole s'y manifeste par les stéréotypies d'un discours où le sujet, peut-on dire, est parlé plutôt qu'il ne parle : nous y reconnaissons les symboles de l'inconscient sous des formes pétrifiées qui, à côté des formes embaumées où se présentent les mythes en nos recueils, trouvent leur place dans une histoire naturelle de ces symboles. Mais c'est une erreur de dire que le sujet les assume : la résistance à leur reconnaissance n'étant pas

---

21. Aphorisme de Lichtenberg : « Un fou qui s'imagine être un prince ne diffère du prince qui l'est en fait, que parce que celui-là est un prince négatif, tandis que celui-ci est un fou négatif. Considérés sans leur signe, ils sont semblables. »

moindre que dans les névroses, quand le sujet y est induit par une tentative de cure.

Notons au passage qu'il vaudrait de repérer dans l'espace social les places que la culture a assignées à ces sujets, spécialement quant à leur affectation à des services sociaux afférents au langage, car il n'est pas invraisemblable que s'y démontre un des facteurs qui désignent ces sujets aux effets de rupture produite par les discordances symboliques, caractéristiques des structures complexes de la civilisation.

Le second cas est représenté par le champ privilégié de la découverte psychanalytique : à savoir les symptômes, l'inhibition et l'angoisse, dans l'économie constituante des différentes névroses.

La parole est ici chassée du discours concret qui ordonne la conscience, mais elle trouve son support ou bien dans les fonctions naturelles du sujet, pour peu qu'une épine organique y amorce cette béance de son être individuel à son essence, qui fait de la maladie l'introduction du vivant à l'existence du sujet [22], — ou bien dans les images qui organisent à la limite de l'*Umwelt* et de l'*Innenwelt* leur structuration relationnelle.

Le symptôme est ici le signifiant d'un signifié refoulé de la conscience du sujet. Symbole écrit sur le sable de la chair et sur le voile de Maïa, il participe du langage par l'ambiguïté sémantique que nous avons déjà soulignée dans sa constitution.

Mais c'est une parole de plein exercice, car elle inclut le discours de l'autre dans le secret de son chiffre.

C'est en déchiffrant cette parole que Freud a retrouvé la langue première des symboles [23], vivante encore dans la

22. Pour obtenir immédiatement la confirmation subjective de cette remarque de Hegel, il suffit d'avoir vu, dans l'épidémie récente, un lapin aveugle au milieu d'une route, érigeant vers le soleil couchant le vide de sa vision changée en regard : il est humain jusqu'au tragique.

23. Les lignes *supra* et *infra* montrent l'acception que nous donnons à ce terme.

souffrance de l'homme de la civilisation (*Das Unbehagen in der Kultur*).

Hiéroglyphes de l'hystérie, blasons de la phobie, labyrinthes de la *Zwangsneurose*, — charmes de l'impuissance, énigmes de l'inhibition, oracles de l'angoisse, — armes parlantes du caractère [24], sceaux de l'autopunition, déguisements de la perversion, — tels sont les hermétismes que notre exégèse résout, les équivoques que notre invocation dissout, les artifices que notre dialectique absout, dans une délivrance du sens emprisonné, qui va de la révélation du palimpseste au mot donné du mystère et au pardon de la parole.

Le troisième paradoxe de la relation du langage à la parole est celui du sujet qui perd son sens dans les objectivations du discours. Si métaphysique qu'en paraisse la définition, nous n'en pouvons méconnaître la présence au premier plan de notre expérience. Car c'est là l'aliénation la plus profonde du sujet de la civilisation scientifique et c'est elle que nous rencontrons d'abord quand le sujet commence à nous parler de lui : aussi bien, pour la résoudre entièrement, l'analyse devrait-elle être menée jusqu'au terme de la sagesse.

Pour en donner une formulation exemplaire, nous en saurions trouver terrain plus pertinent que l'usage du discours courant en faisant remarquer que le « ce suis-je » du temps de Villon s'est renversé dans le « c'est moi » de l'homme moderne.

Le moi de l'homme moderne a pris sa forme, nous l'avons indiqué ailleurs, dans l'impasse dialectique de la belle âme qui ne reconnaît pas la raison même de son être dans le désordre qu'elle dénonce dans le monde.

Mais une issue s'offre au sujet pour la résolution de cette impasse où délire son discours. La communication peut s'établir pour lui valablement dans l'œuvre commune de la science et dans les emplois qu'elle commande dans la

---

24. L'erreur de Reich, sur laquelle nous reviendrons, lui a fait prendre des armoiries pour une armure.

civilisation universelle ; cette communication sera effective à l'intérieur de l'énorme objectivation constituée par cette science et elle lui permettra d'oublier sa subjectivité. Il collaborera efficacement à l'œuvre commune dans son travail quotidien et meublera ses loisirs de tous les agréments d'une culture profuse qui, du roman policier aux mémoires historiques, des conférences éducatives à l'orthopédie des relations de groupe, lui donnera matière à oublier son existence et sa mort, en même temps qu'à méconnaître dans une fausse communication le sens particulier de sa vie.

Si le sujet ne retrouvait dans une régression, souvent poussée jusqu'au stade du miroir, l'enceinte d'un stade où son *moi* contient ses exploits imaginaires, il n'y aurait guère de limites assignables à la crédulité à laquelle il doit succomber dans cette situation. Et c'est ce qui fait notre responsabilité redoutable quand nous lui apportons, avec les manipulations mythiques de notre doctrine, une occasion supplémentaire de s'aliéner, dans la trinité décomposée de l'*ego,* du *superego* et de l'*id*, par exemple.

Ici c'est un mur de langage qui s'oppose à la parole, et les précautions contre le verbalisme qui sont un thème du discours de l'homme « normal » de notre culture, ne font qu'en renforcer l'épaisseur.

Il ne serait pas vain de mesurer celle-ci à la somme statistiquement déterminée des kilogrammes de papier imprimé, des kilomètres de sillons discographiques, et des heures d'émission radiophonique, que ladite culture produit par tête d'habitant dans les zones A, B et C de son aire. Ce serait un bel objet de recherches pour nos organismes culturels, et l'on y verrait que la question du langage ne tient pas toute dans l'aire des circonvolutions où son usage se réfléchit dans l'individu.

> *We are the hollow men*
> *We are the stuffed men*
> *Leaning together*
> *Headpiece filled with straw. Alas !*
>
> et la suite.

La ressemblance de cette situation avec l'aliénation de la folie pour autant que la forme donnée plus haut est authentique, à savoir que le sujet y est parlé plutôt qu'il ne parle, ressortit évidemment à l'exigence, supposée par la psychanalyse, d'une parole vraie. Si cette conséquence, qui porte à leur limite les paradoxes constituants de notre actuel propos, devait être retournée contre le bon sens même de la perspective psychanalytique, nous accorderions à cette objection toute sa pertinence, mais pour nous en trouver confirmé : et ce par un retour dialectique où nous ne manquerions pas de parrains autorisés, à commencer par la dénonciation hégélienne de la « philosophie du crâne » et à seulement nous arrêter à l'avertissement de Pascal résonnant, de l'orée de l'ère historique du « moi », en ces termes : « les hommes sont si nécessairement fous, que ce serait être fou par un autre tour de folie, de n'être pas fou. »

Ce n'est pas dire pourtant que notre culture se poursuive dans des ténèbres extérieures à la subjectivité créatrice. Celle-ci, au contraire, n'a pas cessé d'y militer pour renouveler la puissance jamais tarie des symboles dans l'échange humain qui les met au jour.

Faire état du petit nombre des sujets qui supportent cette création serait céder à une perspective romantique en confrontant ce qui n'est pas équivalent. Le fait est que cette subjectivité, dans quelque domaine qu'elle apparaisse, mathématique, politique, religieuse, voire publicitaire, continue d'animer dans son ensemble le mouvement humain. Et une prise de vue non moins illusoire sans doute nous ferait accentuer ce trait opposé : que son caractère symbolique n'a jamais été plus manifeste. C'est l'ironie des révolutions qu'elles engendrent un pouvoir d'autant plus absolu en son exercice, non pas, comme on le dit, de ce qu'il soit plus anonyme, mais de ce qu'il est plus réduit aux mots qui le signifient. Et plus que jamais, d'autre part, la force des églises réside dans le langage qu'elles ont su maintenir : instance, il faut le dire, que Freud a laissée dans l'ombre dans l'article où il nous dessine ce que nous appellerons les subjectivités collectives de l'Eglise et de l'Armée.

La psychanalyse a joué un rôle dans la direction de la subjectivité moderne et elle ne saurait le soutenir sans l'ordonner au mouvement qui dans la science l'élucide.

C'est là le problème des fondements qui doivent assurer à notre discipline sa place dans les sciences : problème de formalisation, à la vérité fort mal engagé.

Car il semble que, ressaisis par un travers même de l'esprit médical à l'encontre duquel la psychanalyse a dû se constituer, ce soit à son exemple avec un retard d'un demi-siècle sur le mouvement des sciences que nous cherchions à nous y rattacher.

Objectivation abstraite de notre expérience sur des principes fictifs, voire simulés de la méthode expérimentale : nous trouvons là l'effet de préjugés dont il faudrait nettoyer d'abord notre champ si nous voulons le cultiver selon son authentique structure.

Praticiens de la fonction symbolique, il est étonnant que nous nous détournions de l'approfondir, au point de méconnaître que c'est elle qui nous situe au cœur du mouvement qui instaure un nouvel ordre des sciences, avec une remise en question de l'anthropologie.

Ce nouvel ordre ne signifie rien d'autre qu'un retour à une notion de la science véritable qui a déjà ses titres inscrits dans une tradition qui part du *Théétète*. Cette notion s'est dégradée, on le sait, dans le renversement positiviste qui, en plaçant les sciences de l'homme au couronnement de l'édifice des sciences expérimentales, les y subordonne en réalité. Cette notion provient d'une vue erronée de l'histoire de la science, fondée sur le prestige d'un développement spécialisé de l'expérience.

Mais aujourd'hui les sciences conjecturales retrouvant la notion de la science de toujours, nous obligent à réviser la classification des sciences que nous tenons du XIXe siècle, dans un sens que les esprits les plus lucides dénotent clairement.

Il n'est que de suivre l'évolution concrète des disciplines pour s'en apercevoir.

La linguistique peut ici nous servir de guide, puisque c'est là le rôle quelle tient en flèche de l'anthropologie contemporaine, et nous ne saurions y rester indifférent.

La forme de mathématisation où s'inscrit la découverte du *phonème* comme fonction des couples d'opposition formés par les plus petits éléments discriminatifs saisissables de la sémantique, nous mène aux fondements mêmes où la dernière doctrine de Freud désigne, dans une connotation vocalique de la présence et de l'absence, les sources subjectives de la fonction symbolique.

Et la réduction de toute langue au groupe d'un tout petit nombre de ces oppositions phonémiques amorçant une aussi rigoureuse formalisation de ses morphèmes les plus élevés, met à notre portée un abord strict de notre champ.

A nous de nous en appareiller pour y trouver nos incidences, comme fait déjà, d'être en une ligne parallèle, l'ethnographie en déchiffrant les mythes selon la synchronie des mythèmes.

N'est-il pas sensible qu'un Lévi-Strauss en suggérant l'implication des structures du langage et de cette part des lois sociales qui règle l'alliance et la parenté conquiert déjà le terrain même où Freud assoit l'inconscient [25] ?

Dès lors, il est impossible de ne pas axer sur une théorie générale du symbole une nouvelle classification de sciences où les sciences de l'homme reprennent leur place centrale en tant que sciences de la subjectivité. Indiquons-en le principe, qui ne laisse pas d'appeler l'élaboration.

La fonction symbolique se présente comme un double mouvement dans le sujet : l'homme fait un objet de son

---

25. Cf. Claude Lévi-Strauss, « Language and the analysis of social laws », *American anthropologist,* vol. 53, n° 2, april-june 1951, p. 155-163.

action, mais pour rendre à celle-ci en temps voulu sa place fondatrice. Dans cette équivoque, opérante à tout instant, gît tout le progrès d'une fonction où alternent action et connaissance [26].

Exemples empruntés l'un aux bancs de l'école, l'autre au plus vif de notre époque :

— le premier mathématique : premier temps, l'homme objective en deux nombres cardinaux deux collections qu'il a comptées,

— deuxième temps, il réalise avec ces nombres l'acte de les additionner (cf. l'exemple cité par Kant dans l'introduction à l'esthétique transcendantale, § IV dans la 2e édition de la *Critique de la raison pure*) ;

— le second historique : premier temps, l'homme qui travaille à la production dans notre société, se compte au rang des prolétaires, — deuxième temps, au nom de cette appartenance, il fait la grève générale.

Si ces deux exemples se lèvent, pour nous, des champs les plus contrastés dans le concret : jeu toujours plus loisible de la loi mathématique, front d'airain de l'exploitation capitaliste, c'est que, pour nous paraître partir de loin, leurs effets viennent à constituer notre subsistance, et justement de s'y croiser en un double renversement : la science la plus subjective ayant forgé une réalité nouvelle, la ténèbre du partage social s'armant d'un symbole agissant.

Ici n'apparaît plus recevable l'opposition qu'on tracerait des sciences exactes à celles pour lesquelles il n'y a pas lieu de décliner l'appellation de conjecturales : faute de fondement pour cette opposition [27].

Car l'exactitude se distingue de la vérité, et la conjecture n'exclut pas la rigueur. Et si la science expérimentale tient des mathématiques son exactitude, son rapport à la nature n'en reste pas moins problématique.

Si notre lien à la nature, en effet, nous incite à nous

26. Ces quatre derniers paragraphes ont été récrits (1966).
27. Ces deux derniers paragraphes ont été récrits (1966).

demander poétiquement si ce n'est pas son propre mouvement que nous retrouvons dans notre science, en

> *... cette voix*
> *Qui se connaît quand elle sonne*
> *N'être plus la voix de personne*
> *Tant que des ondes et des bois,*

il est clair que notre physique n'est qu'une fabrication
mentale, dont le symbole mathématique est l'instrument.

Car la science expérimentale n'est pas tant définie par la
quantité à quoi elle s'applique en effet, que par la mesure
qu'elle introduit dans le réel.

Comme il se voit pour la mesure du temps sans laquelle
elle serait impossible. L'horloge de Huyghens qui seule lui
donne sa précision, n'est que l'organe réalisant l'hypothèse
de Galilée sur l'équigravité des corps, soit sur l'accélération
uniforme qui donne sa loi, d'être la même, à toute chute.

Or il est plaisant de relever que l'appareil a été achevé
avant que l'hypothèse ait pu être vérifiée par l'observation,
et que de ce fait il la rendait inutile du même temps qu'il
lui offrait l'instrument de sa rigueur [28].

Mais la mathématique peut symboliser un autre temps,
notamment le temps intersubjectif qui structure l'action
humaine, dont la théorie des jeux, dite encore stratégie,
qu'il vaudrait mieux appeler *stochastique,* commence à
nous livrer les formules.

L'auteur de ces lignes a tenté de démontrer en la logique
d'un sophisme les ressorts de temps par où l'action
humaine, en tant qu'elle s'ordonne à l'action de l'autre,
trouve dans la scansion de ses hésitations l'avènement de sa
certitude, et dans la décision qui la conclut donne à l'action
de l'autre qu'elle inclut désormais, avec sa sanction quant
au passé, son sens à venir.

---

28. Cf. sur l'hypothèse galiléenne et sur l'horloge de Huyghens :
« An experiment in measurement » par Alexandre Koyré, *Procee-
dings of American philosophical Society,* vol. 97, avril 1953.
    Nos deux derniers paragraphes ont été récrits (1966).

On y démontre que c'est la certitude anticipée par le sujet dans le *temps pour comprendre* qui, par la hâte précipitant le *moment de conclure,* détermine chez l'autre la décision qui fait du propre mouvement du sujet erreur ou vérité.

On voit par cet exemple comment la formalisation mathématique qui a inspiré la logique de Boole, voire la théorie des ensembles, peut apporter à la science de l'action humaine cette structure du temps intersubjectif, dont la conjecture psychanalytique a besoin pour s'assurer dans sa rigueur.

Si, d'autre part, l'histoire de la technique historienne montre que son progrès se définit dans l'idéal d'une identification de la subjectivité de l'historien à la subjectivité constituante de l'historisation primaire où s'humanise l'événement, il est clair que la psychanalyse y trouve sa portée exacte : soit dans la connaissance, comme réalisant cet idéal, et dans l'efficacité, comme y trouvant sa raison. L'exemple de l'histoire dissipe aussi comme un mirage ce recours à la réaction vécue qui obsède notre technique comme notre théorie, car l'historicité fondamentale de l'événement que nous retenons suffit pour concevoir la possibilité d'une reproduction subjective du passé dans le présent.

Plus encore, cet exemple nous fait saisir comment la régression psychanalytique implique cette dimension progressive de l'histoire du sujet dont Freud nous souligne qu'il fait défaut au concept jungien de la régression névrotique, et nous comprenons comment l'expérience elle-même renouvelle cette progression en assurant sa relève.

La référence enfin à la linguistique nous introduira à la méthode qui, en distinguant les structurations synchroniques des structurations diachroniques dans le langage, peut nous permettre de mieux comprendre la valeur différente que prend notre langage dans l'interprétation des résistances et du transfert, ou encore de différencier les effets propres du refoulement et de la structure du mythe individuel dans la névrose obsessionnelle.

On sait la liste des disciplines que Freud désignait comme devant constituer les sciences annexes d'une idéale Faculté de psychanalyse. On y trouve, auprès de la psychiatrie et de la sexologie, « l'histoire de la civilisation, la mythologie, la psychologie des religions, l'histoire et la critique littéraires ».

L'ensemble de ces matières déterminant le *cursus* d'un enseignement technique, s'inscrit normalement dans le triangle épistémologique que nous avons décrit et qui donnerait sa méthode à un haut enseignement de sa théorie et de sa technique.

Nous y ajouterons volontiers, quant à nous : la rhétorique, la dialectique au sens technique que prend ce terme dans les *Topiques* d'Aristote, la grammaire, et, pointe suprême de l'esthétique du langage : la poétique, qui inclurait la technique, laissée dans l'ombre, du mot d'esprit.

Et si ces rubriques évoquaient pour certains des résonances un peu désuètes, nous ne répugnerions pas à les endosser comme d'un retour à nos sources.

Car la psychanalyse dans son premier développement, lié à la découverte et à l'étude des symboles, allait à participer de la structure de ce qu'au Moyen Age on appelait « arts libéraux ». Privée comme eux d'une formalisation véritable, elle s'organisait comme eux en un corps de problèmes privilégiés, chacun promu de quelque heureuse relation de l'homme à sa propre mesure, et prenant de cette particularité un charme et une humanité qui peuvent compenser à nos yeux l'aspect un peu récréatif de leur présentation. Ne dédaignons pas cet aspect dans les premiers développements de la psychanalyse ; il n'exprime rien de moins, en effet, que la recréation du sens humain aux temps arides du scientisme.

Dédaignons-les d'autant moins que la psychanalyse n'a pas haussé le niveau en s'engageant dans les fausses voies d'une théorisation contraire à sa structure dialectique.

Elle ne donnera des fondements scientifiques à sa théorie comme à sa technique qu'en formalisant de façon adéquate ces dimensions essentielles de son expérience qui sont, avec la théorie historique du symbole : la logique intersubjective et la temporalité du sujet.

3. *Les résonances de l'interprétation et le temps du sujet dans la technique psychanalytique*

> Entre l'homme et l'amour,
>   Il y a la femme.
> Entre l'homme et la femme,
>   Il y a un monde.
> Entre l'homme et le monde,
>   Il y a un mur.
>
> (Antoine TUDAL,
> in *Paris en l'an* 2000.)

> Nam Sibyllam quidem Cumis ego ipse oculis meis vidi in ampulla pendere, et cum illi pueri dicerent : Σιβύλλα τι θέλεις respondebat illa : ἀποθανεῖν θέλω
>
> (*Satyricon*, XLVIII.)

Ramener l'expérience psychanalytique à la parole et au langage comme à ses fondements, intéresse sa technique. Si elle ne s'insère pas dans l'ineffable, on découvre le glissement qui s'y est opéré, toujours à sens unique pour éloigner l'interprétation de son principe. On est dès lors fondé à soupçonner que cette déviation de la pratique motive les nouveaux buts à quoi s'ouvre la théorie.

A y regarder de plus près, les problèmes de l'interprétation symbolique ont commencé par intimider notre petit monde avant d'y devenir embarrassants. Les succès obtenus par Freud y étonnent maintenant par le sans-gêne de l'endoctrination dont ils paraissent procéder, et l'étalage qui s'en remarque dans les cas de Dora, de l'homme aux rats et de l'homme aux loups, ne va pas pour nous sans scandale. Il est vrai que nos habiles ne reculent pas à mettre en doute que ce fût là une bonne technique.

Cette désaffection relève en vérité, dans le mouvement psychanalytique, d'une confusion des langues dont, dans un propos familier d'une époque récente, la personnalité la plus représentative de son actuelle hiérarchie ne faisait pas mystère avec nous.

Il est assez remarquable que cette confusion s'accroisse avec la prétention où chacun se croit délégué de découvrir dans notre expérience les conditions d'une objectivation achevée, et avec la ferveur qui semble accueillir ces essais théoriques à mesure même qu'ils s'avèrent plus déréels.

Il est certain que les principes, tout bien fondés qu'ils soient, de l'analyse des résistances, ont été dans la pratique l'occasion d'une méconnaissance toujours plus grande du sujet, faute d'être compris dans leur relation à l'intersubjectivité de la parole.

A suivre, en effet, le procès des sept premières séances qui nous sont intégralement rapportées du cas de l'homme aux rats, il paraît peu probable que Freud n'ait pas reconnu les résistances en leur lieu, soit là même où nos modernes techniciens nous font leçon qu'il en ait laissé passer l'occurrence, puisque c'est son texte même qui leur permet de les pointer, — manifestant une fois de plus cette exhaustion du sujet qui, dans les textes freudiens, nous émerveille sans qu'aucune interprétation en ait encore épuisé les ressources.

Nous voulons dire qu'il ne s'est pas seulement laissé prendre à encourager son sujet à passer outre à ses premières réticences, mais qu'il a parfaitement compris la portée séductrice de ce jeu dans l'imaginaire. Il suffit pour s'en convaincre de se reporter à la description qu'il nous donne de l'expression de son patient pendant le pénible récit du supplice représenté qui donne thème à son obsession, celui du rat forcé dans l'anus du supplicié : « Son visage, nous dit-il, reflétait l'horreur d'une jouissance ignorée. » L'effet actuel de la répétition de ce récit ne lui échappe pas ni dès lors l'identification du psychanalyste au « capitaine cruel » qui a fait entrer de force ce récit dans la mémoire du sujet, et non plus donc la portée des éclaircissements théoriques dont le sujet requiert le gage pour poursuivre son discours.

Loin pourtant d'interpréter ici la résistance, Freud nous étonne en accédant à sa requête, et si loin qu'il paraît entrer dans le jeu du sujet.

Mais le caractère extrêmement approximatif, au point de nous paraître vulgaire, des explications dont il le gratifie, nous instruit suffisamment : il ne s'agit point tant ici de doctrine, ni même d'endoctrination, que d'un don symbolique de la parole, gros d'un pacte secret, dans le contexte de la participation imaginaire qui l'inclut, et dont la portée se révélera plus tard à l'équivalence symbolique que le sujet institue dans sa pensée, des rats et des florins dont il rétribue l'analyste.

Nous voyons donc que Freud, loin de méconnaître la résistance, en use comme d'une disposition propice à la mise en branle des résonances de la parole, et il se conforme, autant qu'il se peut, à la définition première qu'il a donnée de la résistance, en s'en servant pour impliquer le sujet dans son message. Aussi bien rompra-t-il brusquement les chiens, dès qu'il verra qu'à être ménagée, la résistance tourne à maintenir le dialogue au niveau d'une conversation où le sujet dès lors perpétuerait sa séduction avec sa dérobade.

Mais nous apprenons que l'analyse consiste à jouer sur les multiples portées de la partition que la parole constitue dans les registres du langage : dont relève la surdétermination qui n'a de sens que dans cet ordre.

Et nous tenons du même coup le ressort du succès de Freud. Pour que le message de l'analyste réponde à l'interrogation profonde du sujet, il faut en effet que le sujet l'entende comme la réponse qui lui est particulière, et le privilège qu'avaient les patients de Freud d'en recevoir la bonne parole de la bouche même de celui qui en était l'annonciateur, satisfaisait en eux cette exigence.

Notons au passage qu'ici le sujet en avait eu un avant-goût à entrouvrir la *Psychopathologie de la vie quotidienne*, ouvrage alors dans la fraîcheur de sa parution.

Ce n'est pas dire que ce livre soit beaucoup plus connu maintenant même des analystes, mais la vulgarisation des notions freudiennes dans la conscience commune, leur rentrée dans ce que nous appelons le mur du langage, amortirait l'effet de notre parole, si nous lui donnions le style des propos tenus par Freud à l'homme aux rats.

Mais il n'est pas question ici de l'imiter. Pour retrouver l'effet de la parole de Freud, ce n'est pas à ses termes que nous recourrons, mais aux principes qui la gouvernent.

Ces principes ne sont rien d'autre que la dialectique de la conscience de soi, telle qu'elle se réalise de Socrate à Hegel, à partir de la supposition ironique que tout ce qui est rationnel est réel pour se précipiter dans le jugement scientifique que tout ce qui est réel est rationnel. Mais la découverte freudienne a été de démontrer que ce procès vérifiant n'atteint authentiquement le sujet qu'à le décentrer de la conscience de soi, dans l'axe de laquelle la maintenait la reconstruction hégélienne de la phénoménologie de l'esprit : c'est dire qu'elle rend encore plus caduque toute recherche de « prise de conscience » qui au-delà de son phénomène psychologique, ne s'inscrirait pas dans la conjoncture du moment particulier qui seul donne corps à l'universel et faute de quoi il se dissipe en généralité.

Ces remarques définissent les limites dans lesquelles il est impossible à notre technique de méconnaître les moments structurants de la phénoménologie hégélienne : au premier chef la dialectique du Maître et de l'Esclave, ou celle de la belle âme et de la loi du cœur, et généralement tout ce qui nous permet de comprendre comment la constitution de l'objet se subordonne à la réalisation du sujet.

Mais s'il restait quelque chose de prophétique dans l'exigence, où se mesure le génie de Hegel, de l'identité foncière du particulier à l'universel, c'est bien la psychanalyse qui lui apporte son paradigme en livrant la structure où cette identité se réalise comme disjoignante du sujet et sans en appeler à demain.

Disons seulement que c'est là ce qui objecte pour nous à toute référence à la totalité dans l'individu, puisque le sujet y introduit la division, aussi bien que dans le collectif qui en est l'équivalent. La psychanalyse est proprement ce qui renvoie l'un et l'autre à leur position de mirage.

Ceci semblerait ne plus pouvoir être oublié, si précisément ce n'était l'enseignement de la psychanalyse que ce soit oubliable, — dont il se trouve, par un retour plus légitime qu'on ne croit, que la confirmation nous vient des psychanalystes eux-mêmes, de ce que leurs « nouvelles tendances » représentent cet oubli.

Que si Hegel vient d'autre part fort à point pour donner un sens qui ne soit pas de stupeur à notre dite neutralité, ce n'est pas que nous n'ayons rien à prendre de l'élasticité de la maïeutique de Socrate, voire du procédé fascinant de la technique où Platon nous la présente, — ne serait-ce qu'à éprouver en Socrate et son désir, l'énigme intacte du psychanalyste, et à situer par rapport à la scopie platonicienne notre rapport à la vérité : dans ce cas d'une façon qui respecte la distance qu'il y a de la réminiscence que Platon est amené à supposer à tout avènement de l'idée, à l'exhaustion de l'être qui se consomme dans la répétition de Kierkegaard [29].

Mais il est aussi une différence historique qu'il n'est pas vain de mesurer de l'interlocuteur de Socrate au nôtre. Quand Socrate prend appui sur une raison artisane qu'il peut extraire aussi bien du discours de l'esclave, c'est pour faire accéder d'authentiques maîtres à la nécessité d'un ordre qui fasse justice de leur puissance et vérité des maîtres-mots de la cité. Mais nous avons affaire à des esclaves qui se croient être des maîtres et qui trouvent dans un langage de mission universelle le soutien de leur servitude avec les liens de son ambiguïté. Si bien qu'on pourrait dire avec humour que notre but est de restituer en eux la liberté souveraine dont fait preuve Humpty Dumpty quand il rappelle à Alice qu'après tout il est le maître du signifiant, s'il ne l'est pas du signifié où son être a pris sa forme.

Nous retrouvons donc toujours notre double référence à

29. Indications par nous remplies aux temps venus (1966). Quatre paragraphes récrits.

la parole et au langage. Pour libérer la parole du sujet, nous l'introduisons au langage de son désir, c'est-à-dire au *langage premier* dans lequel, au-delà de ce qu'il nous dit de lui, déjà il nous parle à son insu, et dans les symboles du symptôme tout d'abord.

C'est bien d'un langage qu'il s'agit, en effet, dans le symbolisme mis au jour dans l'analyse. Ce langage, répondant au vœu ludique qu'on peut trouver dans un aphorisme de Lichtenberg, a le caractère universel d'une langue qui se ferait entendre dans toutes les autres langues, mais en même temps, pour être le langage qui saisit le désir au point même où il s'humanise en se faisant reconnaître, il est absolument particulier au sujet.

Langage premier, disons-nous aussi, en quoi nous ne voulons pas dire langue primitive, puisque Freud, qu'on peut comparer à Champollion pour le mérite d'en avoir fait la totale découverte, l'a déchiffré tout entier dans les rêves de nos contemporains. Aussi bien le champ essentiel en est-il défini avec quelque autorité par l'un des préparateurs associés le plus tôt à ce travail, et l'un des rares qui y ait apporté du neuf, j'ai nommé Ernest Jones, le dernier survivant de ceux à qui furent donnés les sept anneaux du maître et qui atteste par sa présence aux postes d'honneur d'une association internationale qu'ils ne sont pas seulement réservés aux porteurs de reliques.

Dans un article fondamental sur le symbolisme [30], le Dr Jones, vers la page 15, fait cette remarque que, bien qu'il y ait des milliers de symboles au sens où l'entend l'analyse, tous se rapportent au corps propre, aux relations de parenté, à la naissance, à la vie et à la mort.

Cette vérité, ici reconnue de fait, nous permet de comprendre que, bien que le symbole psychanalytiquement parlant soit refoulé dans l'inconscient, il ne porte en lui-même nul indice de régression, voire d'immaturation. Il suffit donc, pour qu'il porte ses effets dans le sujet, qu'il se fasse

---

30. « Sur la théorie du symbolisme », *British Journal of Psychology*, IX. 2. Repris in *Papers on psycho-analysis*. Cf. *Écrits*, p. 695 s.

entendre, car ces effets s'opèrent à son insu, comme nous l'admettons dans notre expérience quotidienne, en expliquant maintes réactions des sujets normaux autant que névrosés, par leur réponse au sens symbolique d'un acte, d'une relation ou d'un objet.

Nul doute donc que l'analyste ne puisse jouer du pouvoir du symbole en l'évoquant d'une façon calculée dans les résonances sémantiques de ses propos.

Ce serait la voie d'un retour à l'usage des effets symboliques, dans une technique renouvelée de l'interprétation.

Nous y pourrions prendre référence de ce que la tradition hindoue enseigne du *dhvani*[31], en ce qu'elle y distingue cette propriété de la parole de faire entendre ce qu'elle ne dit pas. C'est ainsi qu'elle l'illustre d'une historiette dont la naïveté, qui paraît de règle en ces exemples, montre assez d'humour pour nous induire à pénétrer la vérité qu'elle recèle.

Une jeune fille, dit-on, attend son amant sur le bord d'une rivière, quand elle voit un brahme y engager ses pas. Elle va à lui et s'écrie du ton du plus aimable accueil : « Quel bonheur aujourd'hui ! Le chien qui sur cette rive vous effrayait de ses aboiements n'y sera plus, car il vient d'être dévoré par un lion qui fréquente les alentours... »

L'absence du lion peut donc avoir autant d'effets que le bond qu'à être présent, il ne fait qu'une fois, au dire du proverbe apprécié de Freud.

Le caractère *premier* des symboles les rapproche, en effet, de ces nombres dont tous les autres sont composés, et s'ils sont donc, sous-jacents à tous les sémantèmes de la langue, nous pourrons par une recherche discrète de leurs interférences, au fil d'une métaphore dont le déplacement symbolique neutralisera les sens seconds des termes qu'elle associe, restituer à la parole sa pleine valeur d'évocation.

Cette technique exigerait pour s'enseigner comme pour s'apprendre une assimilation profonde des ressources d'une

---

31. Il s'agit de l'enseignement d'Abhinavagupta, au Xe siècle. Cf. l'ouvrage du Dr Kanti Chandra Pandey : « Indian esthetics », *Chowkamba Sanskrit series*, Studies, vol. II, Bénarès, 1950.

langue, et spécialement de celles qui sont réalisées concrètement dans ses textes poétiques. On sait que c'était le cas de Freud quant aux lettres allemandes, y étant inclus le théâtre de Shakespeare par la vertu d'une traduction sans égale. Toute son œuvre en témoigne, en même temps que du recours qu'il y trouve sans cesse, et non moins dans sa technique que dans sa découverte. Sans préjudice de l'appui d'une connaissance classique des Anciens, d'une initiation moderne au folklore, et d'une participation intéressée aux conquêtes de l'humanisme contemporain dans le domaine ethnographique.

On pourrait demander au technicien de l'analyse de ne pas tenir pour vain tout essai de le suivre dans cette voie.

Mais il y a un courant à remonter. On peut le mesurer à l'attention condescendante qu'on porte, comme à une nouveauté, au *wording* ; la morphologie anglaise donne ici un support assez subtil à une notion encore difficile à définir, pour qu'on en fasse cas.

Ce qu'elle recouvre n'est pourtant guère encourageant quand un auteur [32] s'émerveille d'avoir obtenu un succès bien différent dans l'interprétation d'une seule et même résistance par l'emploi « sans préméditation consciente », nous souligne-t-il, du terme de *need for love* au lieu et place de celui de *demand for love* qu'il avait d'abord, sans y voir plus loin (c'est lui qui le précise), avancé. Si l'anecdote doit confirmer cette référence de l'interprétation à l'*ego psychology* qui est au titre de l'article, c'est semble-t-il plutôt à l'*ego psychology* de l'analyste, en tant qu'elle s'accommode d'un si modique usage de l'anglais qu'il peut pousser sa pratique aux limites du bafouillage [33].

Car *need* et *demand* pour le sujet ont un sens diamétralement opposé, et tenir que leur emploi puisse même un instant être confondu revient à méconnaître radicalement l'*intimation* de la parole.

32. Ernst Kris, « Ego psychology and interpretation », *Psychoanalytic Quarterly*, XX, n° 1, January 1951, p. 15-29, cf. le passage cité p. 27-28.
33. Paragraphe récrit (1966).

Car dans sa fonction symbolisante, elle ne va à rien de moins qu'à transformer le sujet à qui elle s'adresse par le lien qu'elle établit avec celui qui l'émet, soit : d'introduire un effet de signifiant.

C'est pourquoi il nous faut revenir, une fois encore, sur la structure de la communication dans le langage et dissiper définitivement le malentendu du langage-signe, source en ce domaine des confusions du discours comme des malfaçons de la parole.

Si la communication du langage est en effet conçue comme un signal par quoi l'émetteur informe le récepteur de quelque chose par le moyen d'un certain code, il n'y a aucune raison pour que nous n'accordions pas autant de créance et plus encore à tout autre signe quand le « quelque chose » dont il s'agit est de l'individu : il y a même toute raison pour que nous donnions la préférence à tout mode d'expression qui se rapproche du signe naturel.

C'est ainsi que le discrédit est venu chez nous sur la technique de la parole et qu'on nous voit en quête d'un geste, d'une grimace, d'une attitude, d'une mimique, d'un mouvement, d'un frémissement, que dis-je, d'un arrêt du mouvement habituel, car nous sommes fins et rien n'arrêtera plus dans ses foulées notre lancer de limiers.

Nous allons montrer l'insuffisance de la notion du langage-signe par la manifestation même qui l'illustre le mieux dans le règne animal, et dont il semble que, si elle n'y avait récemment fait l'objet d'une découverte authentique, il aurait fallu l'inventer à cette fin.

Chacun admet maintenant que l'abeille revenue de son butinage à la ruche, transmet à ses compagnes par deux sortes de danses l'indication de l'existence d'un butin proche ou bien lointain. La seconde est la plus remarquable, car le plan où elle décrit la courbe en 8 qui lui a fait donner le nom de *wagging dance* et la fréquence des trajets que l'abeille y accomplit dans un temps donné, désigne exactement la direction déterminée en fonction de l'inclinaison solaire (où les abeilles peuvent se repérer par

.tous temps, grâce à leur sensibilité à la lumière polarisée) d'une part, et d'autre part la distance jusqu'à plusieurs kilomètres où se trouve le butin. Et les autres abeilles répondent à ce message en se dirigeant immédiatement vers le lieu ainsi désigné.

Une dizaine d'années d'observation patiente a suffi à Karl von Frisch pour décoder ce mode de message, car il s'agit bien d'un code, ou d'un système de signalisation que seul son caractère générique nous interdit de qualifier de conventionnel.

Est-ce pour autant un langage ? Nous pouvons dire qu'il s'en distingue précisément par la corrélation fixe de ses signes à la réalité qu'ils signifient. Car dans un langage les signes prennent leur valeur de leur relation les uns aux autres, dans le partage lexical des sémantèmes autant que dans l'usage positionnel, voire flexionnel des morphèmes, contrastant avec la fixité du codage ici mis en jeu. Et la diversité des langues humaines prend, sous cet éclairage, sa pleine valeur.

En outre, si le message du mode ici décrit détermine l'action du *socius,* il n'est jamais retransmis par lui. Et ceci veut dire qu'il reste fixé à sa fonction de relais de l'action, dont aucun sujet ne le détache en tant que symbole de la communication elle-même [34].

La forme sous laquelle le langage s'exprime, définit par elle-même la subjectivité. Il dit : « Tu iras par ici, et quand tu verras ceci, tu prendras par là. » Autrement dit, il se réfère au discours de l'autre. Il est enveloppé comme tel dans la plus haute fonction de la parole, pour autant qu'elle engage son auteur en investissant son destinaire d'une réalité nouvelle, par exemple quand d'un : « Tu es

34. Ceci à l'usage de qui peut l'entendre encore, après avoir été chercher dans le Littré la justification d'une théorie qui fait de la parole une « action à côté », par la traduction qu'il donne en effet du grec *parabolê* (mais pourquoi pas « action vers » ?) sans y avoir du même coup remarqué que si ce mot toutefois désigne ce qu'il veut dire, c'est en raison de l'usage sermonnaire qui réserve le mot verbe, depuis le Xe siècle, au Logos incarné.

ma femme », un sujet se scelle d'être l'homme du
conjungo.

Telle est en effet la forme essentielle dont toute parole
humaine dérive plutôt qu'elle n'y arrive.

D'où le paradoxe dont un de nos auditeurs les plus aigus
a cru pouvoir nous opposer la remarque, lorsque nous
avons commencé à faire connaître nos vues sur l'analyse en
tant que dialectique, et qu'il a formulé ainsi : le langage
humain constituerait donc une communication où l'émetteur reçoit du récepteur son propre message sous une forme
inversée, formule que nous n'avons eu qu'à reprendre de la
bouche de l'objecteur pour y reconnaître la frappe de notre
propre pensée, à savoir que la parole inclut toujours subjectivement sa réponse, que le « Tu ne me chercherais pas
si tu ne m'avais trouvé » ne fait qu'homologuer cette vérité,
et que c'est la raison pourquoi dans le refus paranoïaque
de la reconnaissance, c'est sous la forme d'une verbalisation
négative que l'inavouable sentiment vient à surgir dans
l' « interprétation » persécutive.

Aussi bien quand vous vous applaudissez d'avoir rencontré quelqu'un qui parle le même langage que vous, ne
voulez-vous pas dire que vous vous rencontrez avec lui
dans le discours de tous, mais que vous lui êtes uni par une
parole particulière.

On voit donc l'antinomie immanente aux relations de la
parole et du langage. A mesure que le langage devient plus
fonctionnel, il est rendu impropre à la parole, et à nous
devenir trop particulier il perd sa fonction de langage.

On sait l'usage qui est fait dans les traditions primitives,
des noms secrets où le sujet identifie sa personne ou ses
dieux jusqu'à ce point que les révéler, c'est se perdre ou les
trahir, et les confidences de nos sujets, sinon nos propres
souvenirs, nous apprennent qu'il n'est pas rare que l'enfant
retrouve spontanément la vertu de cet usage.

Finalement c'est à l'intersubjectivité du « nous » qu'il
assume, que se mesure en un langage sa valeur de
parole.

Par une antinomie inverse, on observe que plus l'office

du langage se neutralise en se rapprochant de l'information,
plus on lui impute de *redondances*. Cette notion de redondances a pris son départ de recherches d'autant plus pré-
cises qu'elles étaient plus intéressées, ayant reçu leur impulsion d'un problème d'économie portant sur les communications à longue distance et, notamment, sur la possibilité de
faire voyager plusieurs conversations sur un seul fil télé-
phonique ; on peut y constater qu'une part importante du
médium phonétique est superflue pour que soit réalisée la
communication effectivement cherchée.

Ceci est pour nous hautement instructif [35], car ce qui est
redondance pour l'information, c'est précisément ce qui,
dans la parole, fait office de résonance.

Car la fonction du langage n'y est pas d'informer, mais
d'évoquer.

Ce que je cherche dans la parole, c'est la réponse de
l'autre. Ce qui me constitue comme sujet, c'est ma question. Pour me faire reconnaître de l'autre, je ne profère ce
qui fut qu'en vue de ce qui sera. Pour le trouver, je
l'appelle d'un nom qu'il doit assumer ou refuser pour me
répondre.

Je m'identifie dans le langage, mais seulement à m'y
perdre comme un objet. Ce qui se réalise dans mon histoire, n'est pas le passé défini de ce qui fut puisqu'il n'est
plus, ni même le parfait de ce qui a été dans ce que je suis,
mais le futur antérieur de ce que j'aurai été pour ce que je
suis en train de devenir.

---

35. A chaque langage, sa forme de transmission, et la légitimité
de telles recherches étant fondée sur leur réussite, il n'est pas interdit
d'en faire un usage moralisant. Considérons, par exemple, la sentence que nous avons épinglée en épigraphe à notre préface. Son
style, d'être embarrassé de redondances vous paraîtra peut-être plat.
Mais que vous l'en allégiez, et sa hardiesse s'offrira à l'enthousiasme
qu'elle mérite. Oyez : « Parfaupe ouclaspa nannanbryle anaphi ologi
psysoscline ixispad anlana — égnia kune n'rbiol' ô blijouter têtu-
maine ennouconç... » Voici dégagée enfin la pureté de son message.
Le sens y relève la tête, l'aveu de l'être s'y dessine et notre esprit
vainqueur lègue au futur son empreinte immortelle.

Si maintenant je me place en face de l'autre pour l'interroger, nul appareil cybernétique, si riche que vous puissiez l'imaginer, ne peut faire une réaction de ce qui est la réponse. Sa définition comme second terme du circuit stimulus-réponse, n'est qu'une métaphore qui se soutient de la subjectivité imputée à l'animal pour l'élider ensuite dans le schéma physique où elle la réduit. C'est ce que nous avons appelé mettre le lapin dans le chapeau pour ensuite l'en faire sortir. Mais une réaction n'est pas une réponse.

Si je presse sur un bouton électrique et que la lumière se fasse, il n'y a de réponse que pour *mon* désir. Si pour obtenir le même résultat je dois essayer tout un système de relais dont je ne connais pas la position, il n'y a de question que pour mon attente, et il n'y en aura plus quand j'aurai obtenu du système une connaissance suffisante pour le manœuvrer à coup sûr.

Mais si j'appelle celui à qui je parle, par le nom quel qu'il soit que je lui donne, je lui intime la fonction subjective qu'il reprendra pour me répondre, même si c'est pour la répudier.

Dès lors, apparaît la fonction décisive de ma propre réponse et qui n'est pas seulement comme on le dit d'être reçue par le sujet comme approbation ou rejet de son discours, mais vraiment de le reconnaître ou de l'abolir comme sujet. Telle est la *responsabilité* de l'analyste chaque fois qu'il intervient par la parole.

Aussi bien le problème des effets thérapeutiques de l'interprétation inexacte qu'a posé M. Edward Glover [36] dans un article remarquable, l'a-t-il mené à des conclusions où la question de l'exactitude passe au second plan. C'est à savoir que non seulement toute intervention parlée est reçue par le sujet en fonction de sa structure, mais qu'elle y prend une fonction structurante en raison de sa forme, et que c'est précisément la portée des psychothérapies non

36. Edward Glover, « The therapeutic effect of inexact interpretation ; a contribution to the theory of suggestion », *Int. J. Psa.*, XII, p. 4.

analytiques, voire des plus communes « ordonnances » médicales, d'être des interventions qu'on peut qualifier de systèmes obsessionnels de suggestion, de suggestions hystériques d'ordre phobique, voire de soutiens persécutifs, chacune prenant son caractère de la sanction qu'elle donne à la méconnaissance par le sujet de sa propre réalité.

La parole en effet est un don de langage, et la langage n'est pas immatériel. Il est corps subtil, mais il est corps. Les mots sont pris dans toutes les images corporelles qui captivent le sujet ; ils peuvent engrosser l'hystérique, s'identifier à l'objet du *penis-neid,* représenter le flot d'urine de l'ambition urétrale, ou l'excrément retenu de la jouissance avaricieuse.

Bien plus les mots peuvent eux-mêmes subir les lésions symboliques, accomplir les actes imaginaires dont le patient est le sujet. On se souvient de la *Wespe* (guêpe) castrée de son W initial pour devenir le S. P. des initiales de l'homme aux loups, au moment où il réalise la punition symbolique dont il a été l'objet de la part de Grouscha, la guêpe.

On se souvient aussi de l'S qui constitue le résidu de la formule hermétique où se sont condensées les invocations conjuratoires de l'homme aux rats après que Freud eut extrait de son chiffre l'anagramme du nom de sa bien-aimée, et qui, conjoint à l'amen terminal de sa jaculation, inonde éternellement le nom de la dame de l'éjet symbolique de son désir impuissant.

De même, un article de Robert Fliess[37], inspiré des remarques inaugurales d'Abraham, nous démontre que le discours dans son ensemble peut devenir l'objet d'une érotisation suivant les déplacements de l'érogénéité dans l'image corporelle, momentanément déterminés par la relation analytique.

Le discours prend alors une fonction phallique-urétrale, érotique-anale, voire sadique-orale. Il est d'ailleurs remarquable que l'auteur en saisisse surtout l'effet dans les

37. Robert Fliess, « Silence and verbalization. A supplement to the theory of the 'analytic rule' », *Int. J. Psa.,* **XXX,** p. 1.

silences qui marquent l'inhibition de la satisfaction qu'en éprouve le sujet.

Ainsi la parole peut devenir objet imaginaire, voire réel, dans le sujet et, comme tel, ravaler sous plus d'un aspect la fonction du langage. Nous la mettrons alors dans la parenthèse de la résistance qu'elle manifeste.

Mais ce ne sera pas pour la mettre à l'index de la relation analytique, car celle-ci y perdrait jusqu'à sa raison d'être.

L'analyse ne peut avoir pour but que l'avènement d'une parole vraie et la réalisation par le sujet de son histoire dans sa relation à un futur.

Le maintien de cette dialectique s'oppose à toute orientation objectivante de l'analyse, et la mise en relief de cette nécessité est capitale pour pénétrer l'aberration des nouvelles tendances manifestées dans l'analyse.

C'est par un retour à Freud que nous illustrerons encore ici notre propos, et aussi bien par l'observation de l'homme aux rats puisque nous avons commencé de nous en servir.

Freud va jusqu'à en prendre à son aise avec l'exactitude des faits, quand il s'agit d'atteindre à la vérité du sujet. A un moment, il aperçoit le rôle déterminant qu'a joué la proposition de mariage apportée au sujet par sa mère à l'origine de la phase actuelle de sa névrose. Il en a eu d'ailleurs l'éclair, nous l'avons montré dans notre séminaire, en raison de son expérience personnelle. Néanmoins, il n'hésite pas à en interpréter au sujet l'effet, comme d'une interdiction portée par son père défunt contre sa liaison avec la dame de ses pensées.

Ceci n'est pas seulement matériellement inexact. Ce l'est aussi psychologiquement, car l'action castratrice du père, que Freud affirme ici avec une insistance qu'on pourrait croire systématique, n'a dans ce cas joué qu'un rôle de second plan. Mais l'aperception du rapport dialectique est si juste que l'interprétation de Freud portée à ce moment déclenche la levée décisive des symboles mortifères qui lient narcissiquement le sujet à la fois à son père mort et à la dame idéalisée, leurs deux images se soutenant, dans une équivalence caractéristique de l'obsessionnel, l'une de l'agressivité fantasmatique qui la perpétue, l'autre du culte mortifiant qui la transforme en idole.

De même, est-ce reconnaissant la subjectivation forcée de la dette [38] obsessionnelle dont son patient joue la pression jusqu'au délire, dans le scénario, trop parfait à en exprimer les termes imaginaires pour que le sujet tente même de le réaliser, de la restitution vaine, que Freud arrive à son but : soit à lui faire retrouver dans l'histoire de l'indélicatesse de son père, de son mariage avec sa mère, de la fille « pauvre, mais jolie », de ses amours blessées, de la mémoire ingrate à l'ami salutaire, — avec la constellation fatidique, qui présida à sa naissance même, la béance impossible à combler de la dette symbolique dont sa névrose est le protêt.

Nulle trace ici d'un recours au spectre ignoble de je ne sais quelle « peur » originelle, ni même à un masochisme pourtant facile à agiter, moins encore à ce contre-forçage obsessionnel que certains propagent sous le nom d'analyse des défenses. Les résistances elles-mêmes, je l'ai montré ailleurs, sont utilisées aussi longtemps qu'on le peut dans le sens du progrès du discours. Et quand il faut y mettre un terme, c'est à leur céder qu'on y vient.

Car c'est ainsi que l'homme aux rats arrive à introduire dans sa subjectivité sa médiation véritable sous la forme transférentielle de la fille imaginaire qu'il donne à Freud pour en recevoir de lui l'alliance, et qui dans un rêve clef lui dévoile son vrai visage : celui de la mort qui le regarde de ses yeux de bitume.

Aussi bien si c'est avec ce pacte symbolique que sont tombées chez le sujet les ruses de sa servitude, la réalité ne lui aura pas fait défaut pour combler ces épousailles, et la note en guise d'épitaphe qu'en 1923 Freud dédie à ce jeune homme qui, dans le risque de la guerre, a trouvé « la fin de

---

38. Equivalent pour nous ici du terme *Zwangsbefürchtung* qu'il faut décomposer sans rien perdre des ressources sémantiques de la langue allemande.

tant de jeunes gens de valeur sur lesquels on pouvait fonder tant d'espoirs », concluant le cas avec la rigueur du destin, l'élève à la beauté de la tragédie.

Pour savoir comment répondre au sujet dans l'analyse, la méthode est de reconnaître d'abord la place où est son *ego,* cet *ego* que Freud lui-même a défini comme *ego* formé d'un nucleus verbal, autrement dit de savoir par qui et pour qui le sujet pose *sa question.* Tant qu'on ne le saura pas, on risquera le contresens sur le désir qui y est à reconnaître et sur l'objet à qui s'adresse ce désir.

L'hystérique captive cet objet dans une intrigue raffinée et son *ego* est dans le tiers par le médium de qui le sujet jouit de cet objet où sa question s'incarne. L'obsessionnel entraîne dans la cage de son narcissisme les objets où sa question se répercute dans l'alibi multiplié de figures mortelles et, domptant leur haute voltige, en adresse l'hommage ambigu vers la loge où lui-même a sa place, celle du maître qui ne peut se voir.

Trahit sua quemque voluptas; l'un s'identifie au spectacle, et l'autre donne à voir.

Pour le premier sujet, vous avez à lui faire reconnaître où se situe son action, pour qui le terme d'*acting out* prend son sens littéral puisqu'il agit hors de lui-même. Pour l'autre, vous avez à vous faire reconnaître dans le spectateur, invisible de la scène, à qui l'unit la médiation de la mort.

C'est donc toujours dans le rapport du *moi* du sujet au *je* de son discours, qu'il vous faut comprendre le sens du discours pour désaliéner le sujet.

Mais vous ne sauriez y parvenir si vous vous en tenez à l'idée que le *moi* du sujet est identique à la présence qui vous parle.

Cette erreur est favorisée par la terminologie de la topique qui ne tente que trop la pensée objectivante, en lui permettant de glisser du *moi* défini comme le système perception-conscience, c'est-à-dire comme le système des objectivations du sujet, au *moi* conçu comme corrélatif d'une réalité absolue, et ainsi d'y retrouver, en un singulier

retour du refoulé de la pensée psychologiste, la « fonction
du réel » à quoi un Pierre Janet ordonne ses conceptions.

Un tel glissement ne s'est opéré que faute de reconnaître
que dans l'œuvre de Freud la topique de l'*ego*, de l'*id* et du
superego est subordonnée à la métapsychologie dont il
promeut les termes à la même époque et sans laquelle elle
perd son sens. Ainsi s'est-on engagé dans une orthopédie
psychologique qui n'a pas fini de porter ses fruits.

Michaël Balint a analysé d'une façon tout à fait péné-
trante les effets intriqués de la théorie et de la technique
dans la genèse d'une nouvelle conception de l'analyse, et il
ne trouve pas mieux pour en indiquer l'issue que le mot
d'ordre qu'il emprunte à Rickman, de l'avènement d'une
Two-boby psychology.

On ne saurait mieux dire en effet. L'analyse devient la
relation de deux corps entre lesquels s'établit une communication fantasmatique où l'analyste apprend au sujet à se
saisir comme objet ; la subjectivité n'y est admise que dans
la parenthèse de l'illusion et la parole y est mise à l'index
d'une recherche du vécu qui en devient le but suprême,
mais le résultat dialectiquement nécessaire en apparaît dans
le fait que la subjectivité du psychanalyste étant délivrée de
tout frein, laisse le sujet livré à toutes les intimations de sa
parole.

La topique intra-subjective une fois entifiée se réalise en
effet dans la division du travail entre les sujets en présence.
Et cet usage détourné de la formule de Freud que tout ce
qui est de l'*id* doit devenir de l'*ego*, apparaît sous une
forme démystifiée ; le sujet transformé en un *cela* a à se
conformer à un *ego* où l'analyste n'aura pas de peine à
reconnaître son allié, puisque c'est de son propre *ego* qu'en
vérité il s'agit.

C'est bien ce processus qui s'exprime dans mainte formulation théorique du *splitting* de l'*ego* dans l'analyse. La
moitié de l'*ego* du sujet passe de l'autre côté du mur qui
sépare l'analysé de l'analyste, puis la moitié de la moitié, et
ainsi de suite, en une procession asymptotique qui ne par-
viendra pourtant pas à annuler, si loin qu'elle soit poussée

dans l'opinion où le sujet sera venu de lui-même, toute marge d'où il puisse revenir sur l'aberration de l'analyse.

Mais comment le sujet d'une analyse axée sur le principe que toutes ses formulations sont des systèmes de défense, pourrait-il être défendu contre la désorientation totale où ce principe laisse la dialectique de l'analyste ?

L'interprétation de Freud, dont le procédé dialectique apparaît si bien dans l'observation de Dora, ne présente pas ces dangers, car, lorsque les préjugés de l'analyste (c'est-à-dire son contre-transfert, terme dont l'emploi correct à notre gré ne saurait être étendu au-delà des raisons dialectiques de l'erreur) l'ont fourvoyé dans son intervention, il le paie aussitôt de son prix par un transfert négatif. Car celui-ci se manifeste avec une force d'autant plus grande qu'une telle analyse a déjà engagé plus loin le sujet dans une reconnaissance authentique, et il s'ensuit habituellement la rupture.

C'est bien ce qui est arrivé dans le cas de Dora, en raison de l'acharnement de Freud à vouloir lui faire reconnaître l'objet caché de son désir en cette personne de M. K. où les préjugés constituants de son contre-transfert l'entraînaient à voir la promesse de son bonheur.

Sans doute Dora était-elle elle-même feintée en cette relation, mais elle n'en a pas moins vivement ressenti que Freud le fût avec elle. Mais quand elle revient le voir, après le délai de quinze mois où s'inscrit le chiffre fatidique de son « temps pour comprendre », on la sent entrer dans la voie d'une feinte d'avoir feint, et la convergence de cette feinte au second degré, avec l'intention agressive que Freud lui impute non sans exactitude certes, mais sans en reconnaître le véritable ressort, nous présente l'ébauche de la complicité intersubjective qu'une « analyse des résistances » forte de ses droits, eût pu entre eux perpétuer. Nul doute qu'avec les moyens qui nous sont maintenant offerts par notre progrès technique, l'erreur humaine eût pu se proroger au-delà des limites où elle devient diabolique.

Tout ceci n'est pas de notre cru, car Freud lui-même a reconnu après coup la source préjudicielle de son échec dans la méconnaissance où il était alors lui-même de la position homosexuelle de l'objet visé par le désir de l'hystérique.

Sans doute tout le procès qui a abouti à cette tendance actuelle de la psychanalyse remonte-t-il, et d'abord, à la mauvaise conscience que l'analyste a prise du miracle opéré par sa parole. Il interprète le symbole, et voici que le symptôme, qui l'inscrit en lettres de souffrance dans la chair du sujet, s'efface. Cette thaumaturgie est malséante à nos coutumes. Car enfin nous sommes des savants et la magie n'est pas une pratique défendable. On s'en décharge en imputant au patient une pensée magique. Bientôt nous allons prêcher à nos malades l'Evangile selon Lévy-Bruhl. En attendant, nous voici redevenus des penseurs, et voici aussi rétablies ces justes distances qu'il faut savoir garder avec les malades et dont on avait sans doute un peu vite abandonné la tradition si noblement exprimée dans ces lignes de Pierre Janet sur les petites capacités de l'hystérique comparées à nos hauteurs. « Elle ne comprend rien à la science, nous confie-t-il parlant de la pauvrette, et ne s'imagine pas qu'on puisse s'y intéresser... Si l'on songe à l'absence de contrôle qui caractérise leur pensée, au lieu de se scandaliser de leurs mensonges, qui sont d'ailleurs très naïfs, on s'étonnera plutôt qu'il y en ait encore tant d'honnêtes, etc. »

Ces lignes, pour représenter le sentiment auquel sont revenus maints de ces analystes de nos jours qui condescendent à parler au malade « son langage », peuvent nous servir à comprendre ce qui s'est passé entre-temps. Car si Freud avait été capable de les signer, comment aurait-il pu entendre comme il l'a fait la vérité incluse aux historiettes de ses premiers malades, voire déchiffrer un sombre délire comme celui de Schreber jusqu'à l'élargir à la mesure de l'homme éternellement enchaîné à ses symboles ?

Notre raison est-elle si faible que de ne pas se reconnaître égale dans la méditation du discours savant et dans l'échange premier de l'objet symbolique, et de n'y pas retrouver la mesure identique de sa ruse originelle ?

Va-t-il falloir rappeler ce que vaut l'aune de la « pensée », aux praticiens d'une expérience qui en rapproche l'occupation plutôt d'un érotisme intestin que d'un équivalent de l'action ?

Faut-il que celui qui vous parle vous témoigne qu'il n'a pas, quant à lui, besoin de recourir à la pensée, pour comprendre que s'il vous parle en ce moment de la parole, c'est en tant que nous avons en commun une technique de la parole qui vous rend aptes à l'entendre quand il vous en parle, et qui le dispose à s'adresser à travers vous à ceux qui n'y entendent rien ?

Sans doute avons-nous à tendre l'oreille au non-dit qui gîte dans les trous du discours, mais ceci n'est pas à entendre comme des coups qu'on frapperait derrière le mur.

Car pour ne plus nous occuper dès lors, comme l'on s'en targue, que de ces bruits, il faut convenir que nous ne nous sommes pas mis dans les conditions les plus propices à en déchiffrer le sens : comment, sans mettre bille-en-tête de le comprendre, traduire ce qui n'est pas de soi langage ? Ainsi menés à en faire appel au sujet, puisque après tout c'est à son actif que nous avons à faire virer ce comprendre, nous le mettrons avec nous dans le pari, lequel est bien que nous le comprenons, et attendons qu'un retour nous fasse gagnants tous les deux. Moyennant quoi, à poursuivre ce train de navette, il apprendra fort simplement à battre lui-même la mesure, forme de suggestion qui en vaut bien une autre, c'est-à-dire que comme en toute autre on ne sait qui donne la marque. Le procédé est reconnu pour assez sûr quand il s'agit d'aller au trou [39].

A mi-chemin de cet extrême, la question est posée : la psychanalyse reste-t-elle une relation dialectique où le non-agir de l'analyste guide le discours du sujet vers la réalisation de sa vérité, ou se réduira-t-elle à une relation fantasmatique où « deux abîmes se frôlent » sans se toucher jusqu'à épuisement de la gamme des régressions imaginai-

---

39. Deux paragraphes récrits (1966).

res, — à une sorte de *bundling*[40], poussé à ses limites suprêmes en fait d'épreuve psychologique ?

En fait, cette illusion qui nous pousse à chercher la réalité du sujet au-delà du mur du langage est la même par laquelle le sujet croit que sa vérité est en nous déjà donnée, que nous la connaissons à l'avance, et c'est aussi bien par là qu'il est béant à notre intervention objectivante.

Sans doute n'a-t-il pas, quant à lui, à répondre de cette erreur subjective qui, avouée ou non dans son discours, est immanente au fait qu'il est entré dans l'analyse, et qu'il en a conclu le pacte principiel. Et l'on saurait d'autant moins négliger la subjectivité de ce moment que nous y trouvons la raison de ce qu'on peut appeler les effets constituants du transfert en tant qu'ils se distinguent par un indice de réalité des effets constitués qui leur succèdent[41].

Freud, rappelons-le, touchant les sentiments qu'on rapporte au transfert, insistait sur la nécessité d'y distinguer un facteur de réalité, et ce serait, concluait-il, abuser de la docilité du sujet que de vouloir le persuader en tous les cas que ces sentiments sont une simple répétition transférentielle de la névrose. Dès lors, comme ces sentiments réels se manifestent comme primaires et que le charme propre de nos personnes reste un facteur aléatoire, il peut sembler qu'il y ait là quelque mystère.

---

40. On désigne, sous ce terme, la coutume d'origine celtique et encore en usage dans certaines sectes bibliques en Amérique, qui permet aux fiancés, et même à l'hôte de passage conjoint à la jeune fille de la maison, de coucher ensemble dans le même lit, à la condition qu'ils gardent leurs vêtements. Le mot tire son sens de ce que la jeune fille est ordinairement empaquetée dans des draps. (Quincey en parle. Cf. aussi le livre d'Aurand le Jeune sur cette pratique dans la secte des Amish.) Ainsi le mythe de Tristan et Yseut, voire le complexe qu'il représente, parrainerait désormais le psychanalyste dans sa quête de l'âme promise à des épousailles mystifiantes par la voie de l'exténuation de ses fantasmes instinctuels.

41. On trouve donc là défini ce que nous avons désigné dans la suite comme le support du transfert : nommément le sujet-supposé-savoir (1966).

Mais ce mystère s'éclaircit à l'envisager dans la phéno-ménologie du sujet, en tant que le sujet se constitue dans la recherche de la vérité. Il n'est que de recourir aux données traditionnelles que les bouddhistes nous fourniront, s'ils ne sont pas les seuls, pour reconnaître dans cette forme du transfert l'erreur propre de l'existence, et sous trois chefs dont ils font le compte ainsi : l'amour, la haine et l'igno-rance. C'est donc comme contre-effet du mouvement analy-tique que nous comprendrons leur équivalence dans ce qu'on appelle un transfert positif à l'origine, — chacun trouvant à s'éclairer des deux autres sous cet aspect exis-tentiel, si l'on n'excepte pas le troisième généralement omis pour sa proximité du sujet.

Nous évoquons ici l'invective par où nous prenait à témoin du manque de retenue dont faisait preuve un cer-tain travail (déjà trop cité par nous) dans son objectivation insensée du jeu des instincts dans l'analyse, quelqu'un, dont on reconnaîtra la dette à notre endroit par l'usage conforme qu'il y faisait du terme de *réel*. C'est en ces mots en effet qu'il « libérait », comme on dit, « son cœur » : « Il est grand temps que finisse cette escroquerie qui tend à faire croire qu'il se passe dans le traitement quoi que ce soit de réel. » Laissons de côté ce qu'il en est advenu, car hélas ! si l'analyse n'a pas guéri le vice oral du chien dont parle l'Écriture, son état est pire qu'avant : c'est le vomissement des autres qu'il ravale.

Car cette boutade n'était pas mal orientée, cherchant en effet la distinction, jamais produite encore dans l'analyse, de ces registres élémentaites dont nous avons depuis posé le fondement dans les termes : du symbolique, de l'imaginaire et du réel.

La réalité en effet dans l'expérience analytique reste souvent voilée sous des formes négatives, mais il n'est pas trop malaisé de la situer.

Elle se rencontre, par exemple, dans ce que nous réprou-vons habituellement comme interventions actives ; mais ce serait une erreur que d'en définir par là la limite.

Car il est clair, d'autre part, que l'abstention de l'analyste, son refus de répondre, est un élément de la réalité dans l'analyse. Plus exactement, c'est dans cette négativité en tant qu'elle est pure, c'est-à-dire détachée de tout motif particulier, que réside la jointure entre le symbolique et le réel. Ce qui se comprend en ceci que ce non-agir est fondé sur notre savoir affirmé du principe que tout ce qui est réel est rationnel, et sur le motif qui s'ensuit que c'est au sujet qu'il appartient de retrouver sa mesure.

Il reste que cette abstention n'est pas soutenue indéfiniment ; quand la question du sujet a pris forme de vraie parole, nous la sanctionnons de notre réponse, mais aussi avons-nous montré qu'une vraie parole contient déjà sa réponse et que seulement nous doublons de notre lai son antienne. Qu'est-ce à dire ? Sinon que nous ne faisons rien que donner à la parole du sujet sa ponctuation dialectique.

On voit dès lors l'autre moment où le symbolique et le réel se conjoignent, et nous l'avions déjà marqué théoriquement : dans la fonction du temps, et ceci vaut que nous nous arrêtions un moment sur les effets techniques du temps.

Le temps joue son rôle dans la technique sous plusieurs incidences.

Il se présente dans la durée totale de l'analyse d'abord, et implique le sens à donner au terme de l'analyse, qui est la question préalable à celle des signes de sa fin. Nous toucherons au problème de la fixation de son terme. Mais d'ores et déjà, il est clair que cette durée ne peut être anticipée pour le sujet que comme indéfinie.

Ceci pour deux raisons, qu'on ne peut distinguer que dans la perspective dialectique :

— l'une qui tient aux limites de notre champ et qui confirme notre propos sur la définition de ses confins : nous ne pouvons prévoir du sujet quel sera son *temps pour comprendre,* en tant qu'il inclut un facteur psychologique qui nous échappe comme tel ;

— l'autre qui est proprement du sujet et par où la fixation d'un terme équivaut à une projection spatialisante, où il se trouve d'ores et déjà aliéné à lui-même : du moment que l'échéance de sa vérité peut être prévue, quoi qu'il puisse en advenir dans l'intersubjectivité intervallaire, c'est que la vérité est déjà là, c'est-à-dire que nous rétablissons dans le sujet son mirage originel en tant qu'il place en nous sa vérité et qu'en le sanctionnant de notre autorité, nous installons son analyse en une aberration, qui sera impossible à corriger dans ses résultats.

C'est bien ce qui s'est passé dans le cas célèbre de l'homme aux loups, dont l'importance exemplaire a été si bien comprise par Freud qu'il y reprend appui dans son article sur l'analyse finie ou indéfinie [42].

La fixation anticipée d'un terme, première forme d'intervention active, inaugurée (*proh pudor !*) par Freud lui-même, quelle que soit la sûreté divinatoire (au sens propre du terme) [43], dont puisse faire preuve l'analyste à suivre son exemple, laissera toujours le sujet dans l'aliénation de sa vérité.

Aussi bien en trouvons-nous la confirmation en deux faits du cas de Freud :

Premièrement, l'homme aux loups, — malgré tout le faisceau de preuves démontrant l'historicité de la scène primitive, malgré la conviction qu'il manifeste à son endroit, imperturbable aux mises en doute méthodiques

---

42. Car c'est là la traduction correcte des deux termes qu'on a traduits, avec cette infaillibilité dans le contresens que nous avons déjà signalée, par « analyse terminée et analyse interminable ».

43. Cf. Aulu-Gelle, *Nuits attiques,* II, 4 : « Dans un procès, quand il s'agit de qui sera chargé de l'accusation, et que deux ou plusieurs personnes demandent à se faire inscrire pour ce ministère, le jugement par lequel le tribunal nomme l'accusateur s'appelle divination... Ce mot vient de ce que l'accusateur et l'accusé étant deux choses corrélatives, et qui ne peuvent subsister l'un sans l'autre, et l'espèce de jugement dont il s'agit ici présentant un accusé sans accusateur, il faut recourir à la divination pour trouver ce que la cause ne donne pas, ce qu'elle laisse encore inconnu, c'est-à-dire l'accusateur. »

dont Freud lui impose l'épreuve —, jamais n'arrive pourtant à en intégrer sa remémoration dans son histoire.

Deuxièmement, l'homme aux loups démontre ultérieurement son aliénation de la façon la plus catégorique, sous une forme paranoïde.

Il est vrai qu'ici se mêle un autre facteur, par où la réalité intervient dans l'analyse, à savoir le don d'argent dont nous nous réservons de traiter ailleurs la valeur symbolique, mais dont la portée déjà s'indique dans ce que nous avons évoqué du lien de la parole au don constituant de l'échange primitif. Or ici le don d'argent est renversé par une initiative de Freud où nous pouvons reconnaître, autant qu'à son insistance à revenir sur ce cas, la subjectivation non résolue en lui des problèmes que ce cas laisse en suspens. Et personne ne doute que ç'ait été là un facteur déclenchant de la psychose, au reste sans savoir dire trop bien pourquoi.

Ne comprend-on pas pourtant qu'admettre un sujet à être nourri aux frais du prytanée de la psychanalyse (car c'est d'une collecte du groupe qu'il tenait sa pension) au titre du service à la science rendu par lui en tant que cas, c'est aussi l'instituer décisivement dans l'aliénation de sa vérité ?

Les matériaux du supplément d'analyse où le malade est confié à Ruth Mac Brunswick illustrent la responsabilité du traitement antérieur, en démontrant nos propos sur les places respectives de la parole et du langage dans la médiation psychanalytique.

Bien plus c'est dans leur perspective qu'on peut saisir comment Ruth Mac Brunswick ne s'est en somme pas du tout mal repérée dans sa position délicate à l'endroit du transfert. (On se souviendra du mur même de notre métaphore en tant qu'il figure dans l'un des rêves, les loups du rêve-clef s'y montrant avides de le tourner...) Notre séminaire sait tout cela et les autres pourront s'y exercer [44].

---

44. Deux paragraphes récrits (1966).

Nous voulons en effet toucher un autre aspect particulièrement brûlant dans l'actualité, de la fonction du temps dans la technique. Nous voulons parler de la durée de la séance.

Ici il s'agit encore d'un élément qui appartient manifestement à la réalité, puisqu'il représente notre temps de travail, et sous cet angle, il tombe sous le chef d'une réglementation professionnelle qui peut être tenue pour prévalente.

Mais ses incidences subjectives ne sont pas moins importantes. Et d'abord pour l'analyste. Le caractère tabou sous lequel on l'a produit dans de récents débats prouve assez que la subjectivité du groupe est fort peu libérée à son égard, et le caractère scrupuleux, pour ne pas dire obsessionnel, que prend pour certains sinon pour la plupart, l'observation d'un standard dont les variations historiques et géographiques ne semblent au reste inquiéter personne, est bien le signe de l'existence d'un problème qu'on est d'autant moins disposé à aborder qu'on sent qu'il entraînerait fort loin dans la mise en question de la fonction de l'analyste.

Pour le sujet en analyse, d'autre part, on n'en saurait méconnaître l'importance. L'inconscient, profère-t-on sur un ton d'autant plus entendu qu'on est moins capable de justifier ce qu'on veut dire, l'inconscient demande du temps pour se révéler. Nous en sommes bien d'accord. Mais nous demandons quelle est sa mesure ? Est-ce celle de l'univers de la précision, pour employer l'expression de M. Alexandre Koyré ? Sans doute nous vivons dans cet univers, mais son avènement pour l'homme est de date récente, puisqu'il remonte exactement à l'horloge de Huyghens, soit à l'an 1659, et le malaise de l'homme moderne n'indique pas précisément que cette précision soit pour lui un facteur de libération. Ce temps de la chute des graves est-il sacré comme répondant au temps des astres en tant que posé dans l'éternel par Dieu qui, comme Lichtenberg nous l'a dit, remonte nos cadrans solaires ? Peut-être en prendrons-nous quelque meilleure idée en comparant le temps de la création d'un objet symbolique et le moment d'inattention où nous le laissons choir ?

Quoi qu'il en soit, si le travail de notre fonction durant ce temps reste problématique, nous croyons avoir assez mis en évidence la fonction du travail dans ce qu'y réalise le patient.

Mais la réalité, quelle qu'elle soit, de ce temps en prend dès lors une valeur locale, celle d'une réception du produit de ce travail.

Nous jouons un rôle d'enregistrement, en assumant la fonction fondamentale en tout échange symbolique, de recueillir ce que *do kamo*, l'homme dans son authenticité, appelle la parole qui dure.

Témoin pris à partie de la sincérité du sujet, dépositaire du procès-verbal de son discours, référence de son exactitude, garant de sa droiture, gardien de son testament, tabellion de ses codicilles, l'analyste participe du scribe.

Mais il reste le maître de la vérité dont ce discours est le progrès. C'est lui, avant tout, qui en ponctue, avons-nous dit, la dialectique. Et ici, il est appréhendé comme juge du prix de ce discours. Ceci comporte deux conséquences.

La suspension de la séance ne peut pas ne pas être éprouvée par le sujet comme une ponctuation dans son progrès. Nous savons comment il en calcule l'échéance pour l'articuler à ses propres délais, voire à ses échappatoires, comment il l'anticipe en le soupesant à la façon d'une arme, en la guettant comme un abri.

C'est un fait qu'on constate bien dans la pratique des textes des écritures symboliques, qu'il s'agisse de la Bible ou des canoniques chinois : l'absence de ponctuation y est une source d'ambiguïté, la ponctuation posée fixe le sens, son changement le renouvelle ou le bouleverse, et, fautive, elle équivaut à l'altérer.

L'indifférence avec laquelle la coupure du *timing* interrompt les moments de hâte dans le sujet, peut être fatale à la conclusion vers quoi se précipitait son discours, voire y fixer un malentendu, sinon donner prétexte à une ruse rétorsive.

Les débutants semblent plus frappés des effets, de cette incidence, ce qui des autres fait penser qu'ils en subissent la routine.

Certes la neutralité que nous manifestons à appliquer strictement cette règle maintient la voie de notre non-agir.

Mais ce non-agir a sa limite, ou bien il n'y aurait pas d'intervention : et pourquoi la rendre impossible en ce point, ainsi privilégié ?

Le danger que ce point prenne valeur obsessionnelle chez l'analyste, est simplement qu'il prête à la connivence du sujet : non pas seulement ouverte à l'obsessionnel, mais chez lui prenant vigueur spéciale, justement de son sentiment du travail. On sait la note de travail forcé qui chez ce sujet enveloppe jusqu'à ses loisirs.

Ce sens est soutenu par sa relation subjective au maître en tant que c'est sa mort qu'il attend.

L'obsessionnel manifeste en effet une des attitudes que Hegel n'a pas développées dans sa dialectique du maître et de l'esclave. L'esclave s'est dérobé devant le risque de la mort, où l'occasion de la maîtrise lui était offerte dans une lutte de pur prestige. Mais puisqu'il sait qu'il est mortel, il sait aussi que le maître peut mourir. Dès lors, il peut accepter de travailler pour le maître et de renoncer à la jouissance entre-temps : et, dans l'incertitude du moment où arrivera la mort du maître, il attend.

Telle est la raison intersubjective tant du doute que de la procrastination qui sont des traits de caractère chez l'obsessionnel.

Cependant tout son travail s'opère sous le chef de cette intention, et devient de ce chef doublement aliénant. Car non seulement l'œuvre du sujet lui est dérobée par un autre, ce qui est la relation constituante de tout travail, mais la reconnaissance par le sujet de sa propre essence dans son œuvre où ce travail trouve sa raison, ne lui échappe pas moins, car lui-même « n'y est pas », il est dans le moment anticipé de la mort du maître, à partir de quoi il vivra, mais en attendant quoi il s'identifie à lui comme mort, et ce moyennant quoi il est lui-même déjà mort.

Néanmoins il s'efforce à tromper le maître par la démonstration des bonnes intentions manifestées dans son travail. C'est ce que les bons enfants du catéchisme analytique expriment dans leur rude langage en disant que l'*ego* du sujet cherche à séduire son *super-ego*.

Cette formulation intra-subjective se démystifie immédiatement à la comprendre dans la relation analytique, où le *working through* du sujet est en effet utilisé pour la séduction de l'analyste.

Ce n'est pas par hasard non plus que, dès que le progrès dialectique approche de la mise en cause des intentions de l'*ego* chez nos sujets, le fantasme de la mort de l'analyste, souvent ressenti sous la forme d'une crainte, voire d'une angoisse, ne manque jamais de se produire.

Et le sujet de repartir dans une élaboration encore plus démonstrative de sa « bonne volonté ».

Comment douter, dès lors, de l'effet de quelque dédain marqué par le maître pour le produit d'un tel travail ? La résistance du sujet peut s'en trouver absolument déconcertée.

De ce moment, son alibi jusqu'alors inconscient commence à se découvrir pour lui, et on le voit rechercher passionnément la raison de tant d'efforts.

Nous n'en dirions pas tant si nous n'étions pas convaincu qu'à expérimenter en un moment, venu à sa conclusion, de notre expérience, ce qu'on a appelé nos séances courtes, nous avons pu faire venir au jour chez tel sujet mâle, des fantasmes de grossesse anale avec le rêve de sa résolution par césarienne, dans un délai où autrement nous en aurions encore été à écouter ses spéculations sur l'art de Dostoïewski.

Au reste nous ne sommes pas là pour défendre ce procédé, mais pour montrer qu'il a un sens dialectique précis dans son application technique [45].

---

45. Pierre de rebut ou pierre d'angle, notre fort est de n'avoir pas cédé sur ce point (1966).

Et nous ne sommes pas seul à avoir fait la remarque qu'il rejoint à la limite la technique qu'on désigne sous le nom de *zen,* et qui est appliquée comme moyen de révélation du sujet dans l'ascèse traditionnelle de certaines écoles extrême-orientales.

Sans aller jusqu'aux extrêmes où se porte cette technique, puisqu'ils seraient contraires à certaines des limitations que la nôtre s'impose, une application discrète de son principe dans l'analyse nous paraît beaucoup plus admissible que certains modes dits d'analyse des résistances, pour autant qu'elle ne comporte en elle-même aucun danger d'aliénation du sujet.

Car elle ne brise le discours que pour accoucher la parole.

Nous voici donc au pied du mur, au pied du mur du langage. Nous y sommes à notre place, c'est-à-dire du même côté que le patient, et c'est sur ce mur, qui est le même pour lui et pour nous, que nous allons tenter de répondre à l'écho de sa parole.

Au-delà de ce mur, il n'y a rien qui ne soit pour nous ténèbres extérieures. Est-ce à dire que nous soyons entièrement maîtres de la situation ? Certainement pas, et Freud là-dessus nous a légué son testament sur la réaction thérapeutique négative.

La clef de ce mystère, dit-on, est dans l'instance d'un masochisme primordial, soit dans une manifestation à l'état pur de cet instinct de mort dont Freud nous a proposé l'énigme à l'apogée de son expérience.

Nous ne pouvons en faire fi, pas plus que nous ne pourrons ici ajourner son examen.

Car nous remarquerons que se conjoignent dans un même refus de cet achèvement de la doctrine, ceux qui mènent l'analyse autour d'une conception de l'*ego* dont nous avons dénoncé l'erreur, et ceux qui, comme Reich, vont si loin dans le principe d'aller chercher au-delà de la parole l'ineffable expression organique, que pour, comme lui, la délivrer de son armure, ils pourraient comme lui symboliser dans la superposition des deux formes vermiculaires dont on peut voir son livre de *l'analyse du caractère* le stupéfiant schéma, l'induction orgasmique qu'ils attendent comme lui de l'analyse.

Conjonction qui nous laissera sans doute augurer favorablement de la rigueur des formations de l'esprit, quand nous aurons montré le rapport profond qui unit la notion de l'instinct de mort aux problèmes de la parole.

La notion de l'instinct de mort, pour si peu qu'on la considère, se propose comme ironique, son sens devant être cherché dans la conjonction de deux termes contraires : l'instinct en effet dans son acception la plus compréhensive est la loi qui règle dans sa succession un cycle de comportement pour l'accomplissement d'une fonction vitale, et la mort apparaît d'abord comme la destruction de la vie.

Pourtant la définition que Bichat, à l'orée de la bologie, a donnée de la vie comme de l'ensemble des forces qui résistent à la mort, non moins que la conception la plus moderne que nous en trouvons chez un Cannon dans la notion de l'homéostase, comme fonction d'un système entretenant son propre équilibre, — sont là pour nous rappeler que vie et mort se composent en une relation polaire au sein même de phénomènes qu'on rapporte à la vie.

Dès lors la congruence des termes contrastés de l'instinct de mort aux phénomènes de répétition auxquels l'explication de Freud les rapporte en effet sous la qualification de l'automatisme, ne devrait pas faire de difficultés, s'il s'agissait là d'une notion biologique.

Chacun sent bien qu'il n'en est rien, et c'est là ce qui fait buter maints d'entre nous sur son problème. Le fait que beaucoup s'arrêtent à l'incompatibilité apparente de ces termes peut même retenir notre attention en ce qu'il manifeste une innocence dialectique que déconcerterait sans doute le problème classiquement posé à la sémantique dans l'énoncé déterminatif : un hameau sur le Gange, par quoi l'esthétique hindoue illustre la deuxième forme des résonances du langage [46].

46. C'est la forme appelée Laksanalaksana.

Il faut aborder en effet cette notion par ses résonances dans ce que nous appellerons la poétique de l'œuvre freudienne, première voie d'accès pour en pénétrer le sens, et dimension essentielle à en comprendre la répercussion dialectique des origines de l'œuvre à l'apogée qu'elle y marque. Il faut se souvenir, par exemple, que Freud nous témoigne avoir trouvé sa vocation médicale dans l'appel entendu d'une lecture publique du fameux *Hymne à la nature* de Gœthe, soit dans ce texte retrouvé par un ami où le poète au déclin de sa vie a accepté de reconnaître un enfant putatif des plus jeunes effusions de sa plume.

A l'autre extrême de la vie de Freud, nous trouvons dans l'article sur l'analyse en tant que finie et indéfinie, la référence expresse de sa nouvelle conception au conflit des deux principes auxquels Empédocle d'Agrigente, au Vᵉ siècle avant Jésus-Christ, soit dans l'indistinction présocratique de la nature et de l'esprit, soumettait les alternances de la vie universelle.

Ces deux faits nous sont une suffisante indication qu'il s'agit là d'un mythe de la dyade dont la promotion dans Platon est au reste évoquée dans l'*Au-delà du principe du plaisir*, mythe qui ne peut se comprendre dans la subjectivité de l'homme moderne qu'en l'élevant à la négativité du jugement où il s'inscrit.

C'est-à-dire que de même que l'automatisme de répétition qu'on méconnaît tout autant à vouloir en diviser les termes, ne vise rien d'autre que la temporalité historisante de l'expérience du transfert, de même l'instinct de mort exprime essentiellement la limite de la fonction historique du sujet. Cette limite est la mort, non pas comme échéance éventuelle de la vie de l'individu, ni comme certitude empirique du sujet, mais selon la formule qu'en donne Heidegger, comme « possibilité absolument propre, inconditionnelle, indépassable, certaine et comme telle indéterminée du sujet », entendons-le du sujet défini par son historicité.

En effet cette limite est à chaque instant présente en ce que cette histoire a d'achevé. Elle représente le passé sous sa forme réelle, c'est-à-dire non pas le passé physique dont l'existence est abolie, ni le passé épique tel qu'il s'est parfait dans l'œuvre de mémoire, ni le passé historique où l'homme trouve le garant de son avenir, mais le passé qui se manifeste renversé dans la répétition [47].

Tel est le mort dont la subjectivité fait son partenaire dans la triade que sa médiation institue dans le conflit universel de *Philia*, l'amour, et de *Neikos*, la discorde.

Il n'est plus besoin dès lors de recourir à la notion périmée du masochisme primordial pour comprendre la raison des jeux répétitifs où la subjectivité fomente tout ensemble la maîtrise de sa déréliction et la naissance du symbole.

Ce sont ces jeux d'occultation que Freud, en une intuition géniale, a produits à notre regard pour que nous y reconnaissions que le moment où le désir s'humanise est aussi celui où l'enfant naît au langage.

Nous pouvons maintenant y saisir que le sujet n'y maîtrise pas seulement sa privation en l'assumant, mais qu'il y élève son désir à une puissance seconde. Car son action détruit l'objet qu'elle fait apparaître et disparaître dans la *provocation* anticipante de son absence et de sa présence. Elle négative ainsi le champ de forces du désir pour devenir à elle-même son propre objet. Et cet objet prenant aussitôt corps dans le couple symbolique de deux jaculations élémentaires, annonce dans le sujet l'intégration diachronique de la dichotomie des phonèmes, dont le langage existant offre la structure synchronique à son assimilation ; aussi bien l'enfant commence-t-il à s'engager dans le système du discours concret de l'ambiance, en reproduisant plus ou moins approximativement dans son *Fort !* et dans son *Da !* les vocables qu'il en reçoit.

Fort ! Da ! C'est bien déjà dans sa solitude que le désir

---

47. Ces quatre mots où s'inscrit notre dernière formulation de la répétition (1966) sont substitués à un recours impropre à l' « éternel retour », qui était tout ce que nous pouvions faire entendre alors.

du petit d'homme est devenu le désir d'un autre, d'un *alter
ego* qui le domine et dont l'objet de désir est désormais sa
propre peine.

Que l'enfant s'adresse maintenant à un partenaire imaginaire ou réel, il le verra obéir également à la négativité de
son discours, et son appel ayant pour effet de le faire se
dérober, il cherchera dans une intimation bannissante la
provocation du retour qui le ramène à son désir.

Ainsi le symbole se manifeste d'abord comme meurtre de
la chose, et cette mort constitue dans le sujet l'éternisation
de son désir.

Le premier symbole où nous reconnaissions l'humanité
dans ses vestiges, est la sépulture, et le truchement de la
mort se reconnaît en toute relation où l'homme vient à la
vie de son histoire.

Seule vie qui perdure et qui soit véritable, puisqu'elle se
transmet sans se perdre dans la tradition perpétuée de sujet
à sujet. Comment ne pas voir de quelle hauteur elle transcende cette vie héritée par l'animal et où l'individu s'éva-
nouit dans l'espèce, puisque aucun mémorial ne distingue
son éphémère apparition de celle qui la reproduira dans
l'invariabilité du type. Mises à part en effet ces mutations
hypothétiques du *phylum* que doit intégrer une subjectivité
que l'homme n'approche encore que du dehors, — rien,
sinon les expériences où l'homme l'associe, ne distingue un
rat du rat, un cheval du cheval, rien sinon ce passage
inconsistant de la vie à la mort —, tandis qu'Empédocle se
précipitant dans l'Etna, laisse à jamais présent dans la
mémoire des hommes cet acte symbolique de son être-pour-
la-mort.

La liberté de l'homme s'inscrit toute dans le triangle
constituant de la renonciation qu'il impose au désir de
l'autre par la menace de la mort pour la jouissance des
fruits de son servage, — du sacrifice consenti de sa vie
pour les raisons qui donnent à la vie humaine sa mesure —, et du renoncement suicide du vaincu frustrant de sa
victoire le maître qu'il abandonne à son inhumaine solitude.

De ces figures de la mort, la troisième est le suprême détour par où la particularité immédiate du désir, reconquérant sa forme ineffable, retrouve dans la dénégation un triomphe dernier. Et il nous faut en reconnaître le sens, car nous avons affaire à elle. Elle n'est pas en effet une perversion de l'instinct, mais cette affirmation désespérée de la vie qui est la forme la plus pure où nous reconnaissions l'instinct de mort.

Le sujet dit : « Non ! » à ce jeu de furet de l'intersubjectivité où le désir ne se fait reconnaître un moment que pour se perdre dans un vouloir qui est vouloir de l'autre. Patiemment, il soustrait sa vie précaire aux moutonnantes agrégations de l'Eros du symbole pour l'affirmer enfin dans une malédiction sans parole.

Aussi quand nous voulons atteindre dans le sujet ce qui était avant les jeux sériels de la parole, et ce qui est primordial à la naissance des symboles, nous le trouvons dans la mort, d'où son existence prend tout ce qu'elle a de sens. C'est comme désir de mort en effet qu'il s'affirme pour les autres ; s'il s'identifie à l'autre, c'est en le figeant en la métamorphose de son image essentielle, et tout être par lui n'est jamais évoqué que parmi les ombres de la mort.

Dire que ce sens mortel révèle dans la parole un centre extérieur au langage, est plus qu'une métaphore et manifeste une structure. Cette structure est différente de la spatialisation de la circonférence ou de la sphère où l'on se plaît à schématiser les limites du vivant et de son milieu : elle répond plutôt à ce groupe relationnel que la logique symbolique désigne topologiquement comme un anneau.

A vouloir en donner une représentation intuitive, il semble que plutôt qu'à la superficialité d'une zone, c'est à la forme tridimensionnelle d'un tore qu'il faudrait recourir, pour autant que son extériorité périphérique et son extériorité centrale ne constituent qu'une seule région [48].

---

48. Prémisses de la topologie que nous mettons en exercice depuis cinq ans (1966).

Ce schéma satisfait à la circularité sans fin du processus dialectique qui se produit quand le sujet réalise sa solitude, soit dans l'ambiguïté vitale du désir immédiat, soit dans la pleine assomption de son être-pour-la-mort.

Mais l'on y peut saisir du même coup que la dialectique n'est pas individuelle, et que la question de la terminaison de l'analyse est celle du moment où la satisfaction du sujet trouve à se réaliser dans la satisfaction de chacun, c'est-à-dire de tous ceux qu'elle s'associe dans une œuvre humaine. De toutes celles qui se proposent dans le siècle, l'œuvre du psychanalyste est peut-être la plus haute parce qu'elle y opère comme médiatrice entre l'homme du souci et le sujet du savoir absolu. C'est aussi pourquoi elle exige une longue ascèse subjective, et qui ne sera jamais interrompue, la fin de l'analyse didactique elle-même n'étant pas séparable de l'engagement du sujet dans sa pratique.

Qu'y renonce donc plutôt celui qui ne peut rejoindre à son horizon la subjectivité de son époque. Car comment pourrait-il faire de son être l'axe de tant de vies, celui qui ne saurait rien de la dialectique qui l'engage avec ces vies dans un mouvement symbolique. Qu'il connaisse bien la spire où son époque l'entraîne dans l'œuvre continuée de Babel, et qu'il sache sa fonction d'interprète dans la discorde des langages. Pour les ténèbres du *mundus* autour de quoi s'enroule la tour immense, qu'il laisse à la vision mystique le soin d'y voir s'élever sur un bois éternel le serpent pourrissant de la vie.

Qu'on nous laisse rire si l'on impute à ces propos de détourner le sens de l'œuvre de Freud des assises biologiques qu'il lui eût souhaitées vers les références culturelles dont elle est parcourue. Nous ne voulons ici vous prêcher la doctrine ni du facteur *b,* par quoi l'on désignerait les unes, ni du facteur *c,* où l'on reconnaîtrait les autres. Nous avons voulu seulement vous rappeler l'*a, b, c,* méconnu de la structure du langage, et vous faire épeler à nouveau le *b-a, ba,* oublié, de la parole.

Car, quelle recette vous guiderait-elle dans une technique

qui se compose de l'une et tire ses effets de l'autre, si vous ne reconnaissiez de l'un et l'autre le champ et la fonction.

L'expérience psychanalytique a retrouvé dans l'homme l'impératif du verbe comme la loi qui l'a formé à son image. Elle manie la fonction poétique du langage pour donner à son désir sa médiation symbolique. Qu'elle vous fasse comprendre enfin que c'est dans le don de la parole [49] que réside toute la réalité de ses effets ; car c'est par la voie de ce don que toute réalité est venue à l'homme et par son acte continué qu'il la maintient.

Si le domaine que définit ce don de la parole doit suffire à votre action comme à votre savoir, il suffira aussi à votre dévouement. Car il lui offre un champ privilégié.

Quand les Dévas, les hommes et les Asuras, lisons-nous au premier Brâhmana de la cinquième leçon du Bhradâranyaka Upanishad, terminaient leur noviciat avec Prajapâti, ils lui firent cette prière : « Parle-nous. »

« *Da*, dit Prajapâti, le dieu du tonnerre. M'avez-vous entendu ? » Et les Dévas répondirent : « Tu nous as dit : *Damyata*, domptez-vous », — le texte sacré voulant dire que les puissances d'en haut se soumettent à la loi de la parole.

« *Da*, dit Prajapâti, le dieu du tonnerre. M'avez-vous entendu ? » Et les hommes répondirent : « Tu nous as dit : *Datta*, donnez », — le texte sacré voulant dire que les hommes se reconnaissent par le don de la parole.

« *Da*, dit Prajapâti, le dieu du tonnerre. M'avez-vous entendu ? » Et les Asuras répondirent : « Tu nous as dit : *Dayadhvam*, faites grâce », — le texte sacré voulant dire que les puissances d'en bas résonnent à l'invocation de la parole [50].

---

49. On entend bien qu'il ne s'agit pas ici de ces « dons » qui sont toujours censés faire défaut aux novices, mais d'un ton qui leur manque en effet plus souvent qu'à leur tour.

50. Ponge écrit cela : *réson* (1966).

C'est là, reprend le texte, ce que la voix divine fait entendre dans le tonnerre : Soumission, don, grâce. *Da da da.*

Car Prajapâti à tous répond : « Vous m'avez entendu. »

La chose freudienne
ou *Sens du retour à Freud en psychanalyse*

Amplification d'une conférence prononcée
à la clinique neuro-psychiatrique de Vienne
le 7 novembre 1955[1].

A Sylvia.

Situation de temps et de lieu de cet exercice.

En ces jours où Vienne, pour se faire entendre à nouveau par la voix de l'Opéra, reprend en une variante
pathétique ce qui fut sa mission de toujours en un point de
convergence culturelle dont elle sut faire le concert, — je
ne crois pas venir hors de saison y évoquer l'élection par
quoi elle restera, cette fois à jamais, liée à une révolution
de la connaissance à la mesure du nom de Copernic :
entendez, le lieu éternel de la découverte de Freud, si l'on
peut dire que par elle le centre véritable de l'être humain
n'est désormais plus au même endroit que lui assignait
toute une tradition humaniste.

Sans doute même pour les prophètes à qui leur pays ne
fut pas tout à fait sourd, le moment doit-il venir où s'y
observe leur éclipse, ceci fût-il après leur mort. La réserve
convient à l'étranger quant aux forces qui mettent en jeu
un tel effet de phase.

Aussi bien le retour à Freud dont je me fais ici l'annonciateur se situe-t-il ailleurs : là où l'appelle suffisamment le
scandale symbolique que le Dr Alfred Winterstein, ici présent, a su, comme président de la Société psychanalytique
de Vienne, relever quand il se consommait, soit à l'inaugu-

1. Parue dans *l'Evolution psychiatrique*, 1956, n° 1.

ration de la plaque mémoriale qui désigne la maison où Freud élabora son œuvre héroïque, et qui n'est pas que ce monument n'ait pas été dédié à Freud par ses concitoyens, mais qu'il ne soit pas dû à l'association internationale de ceux qui vivent de son parrainage.

Défaillance symptomatique, car elle trahit un reniement qui ne vient pas de cette terre où Freud de par sa tradition ne fut qu'un hôte de passage, mais du champ même dont il nous a légué le soin et de ceux à qui il en a confié la garde, je dis du mouvement de la psychanalyse où les choses en sont venues au point que le mot d'ordre d'un retour à Freud signifie un renversement.

Bien des contingences sont nouées dans cette histoire, depuis que le premier son du message freudien a retenti avec ses résonances dans la cloche viennoise pour étendre au loin ses ondes. Celles-ci parurent s'étouffer dans les sourds effondrements du premier conflit mondial. Leur propagation reprit avec l'immense déchirement humain où se fomenta le second, et qui fut leur plus puissant véhicule. Tocsin de la haine et tumulte de la discorde, souffle panique de la guerre, c'est sur leurs battements que nous parvint la voix de Freud, pendant que nous voyions passer la diaspora de ceux qui en étaient les porteurs et que la persécution ne visait pas par hasard. Ce train ne devait plus s'arrêter qu'aux confins de notre monde, pour s'y répercuter là où il n'est pas juste de dire que l'histoire perd son sens puisqu'elle y trouve sa limite, — où l'on se tromperait même à croire l'histoire absente, puisque, déjà nouée sur plusieurs siècles, elle n'y est que plus pesante du gouffre que dessine son horizon trop court —, mais où elle est niée en une volonté catégorique qui donne leur style aux entreprises : anhistorisme de culture, propre aux Etats-Unis de l'Amérique du Nord.

C'est cet anhistorisme qui définit l'assimilation requise pour qu'on y soit reconnu, dans la société constituée par cette culture. C'est à sa sommation qu'avait à répondre un groupe d'émigrants qui, pour se faire reconnaître, ne pouvaient faire valoir que leur différence, mais dont la fonction supposait l'histoire à son principe, leur discipline étant celle qui avait rétabli le pont unissant l'homme moderne aux mythes antiques. La conjoncture était trop forte, l'occasion trop séduisante pour qu'on n'y cédât pas à la tentation offerte : d'abandonner le principe pour faire reposer la fonction sur la différence. Entendons bien la nature de cette tentation. Elle n'est pas celle de la facilité ni du profit. Il est certes plus facile d'effacer les principes d'une doctrine que les stigmates d'une provenance, plus profitable d'asservir sa fonction à la demande ; mais ici, réduire sa fonction à sa différence, c'est céder à un mirage interne à la fonction même, celui qui la fonde sur cette différence. C'est y faire retour au principe réactionnaire qui recouvre la dualité de celui qui souffre et de celui qui guérit, de l'opposition de celui qui sait à celui qui l'ignore. Comment ne pas s'excuser de tenir cette opposition pour vraie quand elle est réelle, comment ne pas de là glisser à devenir les managers des âmes dans un contexte social qui en requiert l'office ? Le plus corrupteur des conforts est le confort intellectuel, comme la pire corruption est celle du meilleur.

C'est ainsi que le mot de Freud à Jung de la bouche de qui je le tiens, quand invités tous deux de la Clark University, ils arrivèrent en vue du port de New York et de la célèbre statue éclairant l'univers : « Ils ne savent pas que nous leur apportons la peste », lui est renvoyé pour sanction d'une hybris dont l'antiphrase et sa noirceur n'éteignent pas le trouble éclat. La Némésis n'a eu pour prendre au piège son auteur, qu'à le prendre au mot de son mot. Nous pourrions craindre qu'elle n'y ait joint un billet de retour de première classe.

A la vérité, s'il s'est passé quelque chose de tel, nous n'avons à nous en prendre qu'à nous. Car l'Europe paraît plutôt s'être effacée du souci comme du style, sinon de la mémoire, de ceux qui en sont sortis, avec le refoulement de leurs mauvais souvenirs.

Nous ne vous plaindrons pas de cet oubli, s'il nous laisse plus libre de vous présenter le dessein d'un retour à Freud, tel que certains se le proposent dans l'enseignement de la

Société française de psychanalyse. Ce n'est pas d'un retour
du refoulé qu'il s'agit pour nous, mais de prendre appui
dans l'antithèse que constitue la phase parcourue depuis la
mort de Freud dans le mouvement psychanalytique, pour
démontrer ce que la psychanalyse n'est pas, et de chercher
avec vous le moyen de remettre en vigueur ce qui n'a cessé
de la soutenir dans sa déviation même, à savoir le sens
premier que Freud y préservait par sa seule présence et
qu'il s'agit ici d'expliciter.

Comment ce sens pourrait-il nous manquer quand il
nous est attesté dans l'œuvre la plus claire et la plus
organique qui soit ? Et comment pourrait-il nous laisser
hésitants quand l'étude de cette œuvre nous montre que ses
étapes et ses virages sont commandés par le souci,
inflexiblement efficace chez Freud, de le maintenir dans sa
rigueur première ?

Textes qui se montrent comparables à ceux-là mêmes que
la vénération humaine a revêtus en d'autres temps des plus
hauts attributs, en ce qu'ils supportent l'épreuve de cette
discipline du commentaire, dont on retrouve la vertu à s'en
servir selon la tradition, non pas seulement pour replacer
une parole dans le contexte de son temps, mais pour
mesurer si la réponse qu'elle apporte aux questions qu'elle
pose, est ou non dépassée par la réponse qu'on y trouve
aux questions de l'actuel.

Vous apprendrai-je quelque chose, à vous dire que ces
textes auxquels je consacre depuis quatre ans un séminaire
de deux heures tous les mercredis de novembre à juillet,
sans en avoir encore mis en œuvre plus du quart, si tant
est que mon commentaire suppose leur ensemble, — nous
ont donné à moi comme à ceux qui m'y suivent, la surprise
de véritables découvertes ? Elles vont de concepts restés
inexploités à des détails cliniques laissés à la trouvaille de
notre exploration, et qui témoignent de combien le champ
dont Freud a fait l'expérience dépassait les avenues qu'il
s'est chargé de nous y ménager, et à quel point son observation qui donne parfois l'impression d'être exhaustive,
était peu asservie à ce qu'il avait à démontrer. Qui n'a pas

été ému parmi les techniciens de disciplines étrangères à l'analyse que j'ai conduits à lire ces textes, de cette recherche en action : que ce soit celle qu'il nous fait suivre dans la *Traumdeutung,* dans l'observation de l'*Homme aux loups* ou dans l'*Au-delà du principe du plaisir ?* Quel exercice à former des esprits, et quel message à y prêter sa voix ! Quel contrôle aussi de la valeur méthodique de cette formation et de l'effet de vérité de ce message, quand les élèves à qui vous les transmettez vous apportent le témoignage d'une transformation, survenue parfois du jour au lendemain, de leur pratique, devenue plus simple et plus efficace avant même qu'elle leur devienne plus transparente. Je ne saurais vous rendre un compte extensif de ce travail dans la causerie que je dois à l'amabilité de M. le Professeur Hoff de vous faire en ce lieu de haute mémoire, à l'accord de mes vues avec celle du Dr Dozent Arnold d'avoir eu l'idée de la produire maintenant devant vous, à mes relations excellentes et déjà datées avec M. Igor Caruso de savoir quel accueil elle rencontrerait à Vienne.

Mais je ne puis oublier aussi les auditeurs que je dois à la complaisance de M. Susini, directeur de notre Institut français à Vienne. Et c'est pourquoi au moment d'en venir au sens de ce retour à Freud dont je fais profession ici, il me faut me demander, si pour moins préparés qu'ils soient que les spécialistes à m'entendre, je ne risque pas de les décevoir.

L'adversaire.

Je suis sûr ici de ma réponse : — Absolument pas, si ce que je vais dire est bien comme il doit être. Le sens d'un retour à Freud, c'est un retour au sens de Freud. Et le sens de ce qu'a dit Freud peut être communiqué à quiconque parce que, même adressé à tous, chacun y sera intéressé : un mot suffira pour le faire sentir, la découverte de Freud met en question la vérité, et il n'est personne qui ne soit personnellement concerné par la vérité.

Avouez que voilà un propos bien étrange que de vous

jeter à la tête ce mot qui passe presque pour mal famé, d'être proscrit des bonnes compagnies. Je demande pourtant s'il n'est pas inscrit au cœur même de la pratique analytique, puisque aussi bien celle-ci toujours refait la découverte du pouvoir de la vérité en nous et jusqu'en notre chair.

En quoi l'inconscient serait-il en effet plus digne d'être reconnu que les défenses qui s'y opposent dans le sujet avec un succès qui les fait apparaître non moins réelles ? Je ne relève pas ici le commerce de la pacotille nietzschéenne du mensonge de la vie, ni ne m'émerveille qu'on croie croire, ni n'accepte qu'il suffise qu'on le veuille bien pour vouloir. Mais je demande d'où provient cette paix qui s'établit à reconnaître la tendance inconsciente, si elle n'est pas plus vraie que ce qui la contraignait dans le conflit ? Aussi bien n'est-ce pas que cette paix depuis quelque temps ne s'avère vite être une paix manquée, puisque non contents d'avoir reconnu comme inconscientes les défenses à attribuer au moi, les psychanalystes en identifient de plus en plus les mécanismes — déplacement quant à l'objet, renversement contre le sujet, régression de la forme, — à la dynamique même que Freud avait analysée dans la tendance, laquelle ainsi semble s'y continuer à un changement de signe près. Le comble n'est-il pas atteint quand on admet que la pulsion elle-même puisse être amenée par la défense à la conscience pour éviter que le sujet s'y reconnaisse ?

Encore me sers-je, pour traduire l'exposé de ces mystères en un discours cohérent, de mots qui malgré moi y rétablissent la dualité qui les soutient. Mais ce n'est pas que les arbres du cheminement technique cachent la forêt de la théorie que je déplore, c'est qu'il s'en faille de si peu qu'on ne se croie dans la forêt de Bondy, exactement de ceci qui s'esquive derrière chaque arbre, qu'il doit y avoir des arbres plus vrais que les autres, ou, si vous voulez, que tous les arbres ne sont pas des bandits. Faute de quoi l'on demanderait où sont les bandits qui ne sont pas des arbres. Ce peu donc dont il va de tout en l'occasion, peut-être mérite-t-il qu'on s'en explique ? Cette vérité sans quoi il n'y a plus moyen de discerner le visage du masque, et hors laquelle il apparaît n'y avoir pas d'autre monstre que le labyrinthe lui-même, quelle est-elle ? Autrement dit, en quoi se distinguent-ils entre eux en vérité, s'ils sont tous d'une égale réalité ?

Ici les gros sabots s'avancent pour chausser les pattes de colombe sur lesquelles, on le sait, la vérité se porte, et engloutir à l'occasion l'oiseau avec : notre critère, s'écrie-t-on, est simplement économique, idéologue que vous êtes. Tous les arrangements de la réalité ne sont pas également économiques. Mais au point où la vérité s'est déjà portée, l'oiseau s'échappe et sort indemne avec notre question :
— Economiques pour qui ?

Cette fois l'affaire va trop loin. L'adversaire ricane : « On voit ce que c'est. Monsieur donne dans la philosophie. Dans un moment, entrée de Platon et de Hegel. Ces signatures nous suffisent. Ce qu'elles avalisent est à mettre au panier, et quand même, comme vous l'avez dit, cela concernerait-il tout le monde, cela n'intéresse pas les spécialistes que nous sommes. Ça ne trouve même pas à se classer dans notre documentation. »

Vous pensez que je raille en ce discours. Nullement, j'y souscris.

Si Freud n'a pas apporté autre chose à la connaissance de l'homme que cette vérité qu'il y a du véritable, il n'y a pas de découverte freudienne. Freud prend place alors dans la lignée des moralistes en qui s'incarne une tradition d'analyse humaniste, voie lactée au ciel de la culture européenne où Balthazar Gracian et La Rochefoucauld font figure d'étoiles de première grandeur et Nietzsche d'une nova aussi fulgurante que vite rentrée dans les ténèbres. Dernier venu d'entre eux et comme eux stimulé sans doute par un souci proprement chrétien de l'authenticité du mouvement de l'âme, Freud a su précipiter toute une casuistique en une carte du Tendre où l'on n'a que faire d'une orientation pour les offices auxquels on la destine. Son objectivité est en effet strictement liée à la situation analytique, laquelle entre les quatre murs qui limitent son champ, se passe fort bien qu'on sache où est le nord puisqu'on l'y confond avec l'axe long du divan, tenu pour dirigé vers la personne de l'analyste. La psychanalyse est la science des mirages qui s'établissent dans ce champ. Expérience unique, au demeurant assez abjecte, mais qui ne saurait être trop recommandée à ceux qui veulent s'introduire au principe des folies de l'homme, car, pour se montrer parente de toute une gamme d'aliénations, elle les éclaire.

Ce langage est modéré, ce n'est pas moi qui l'invente. On a pu entendre un zélote d'une psychanalyse prétendue classique définir celle-ci comme une expérience dont le privilège est strictement lié aux formes qui règlent sa pratique et qu'on ne saurait changer d'une ligne, parce qu'obtenues par un miracle du hasard, elles détiennent l'accès à une réalité transcendante aux aspects de l'histoire, et où le goût de l'ordre et l'amour du beau par exemple ont leur fondement permanent : à savoir les objets de la relation préœdipienne, merde et cornes au cul.

Cette position ne saurait être réfutée puisque les règles s'y justifient par leurs issues, lesquelles sont tenues pour probantes du bien-fondé des règles. Pourtant nos questions se reprennent à pulluler. Comment ce prodigieux hasard s'est-il produit ? D'où vient cette contradiction entre le micmac préœdipien où se réduit la relation analytique pour nos modernes, et le fait que Freud ne s'en trouvait satisfait qu'il ne l'eût ramenée à la position de l'Œdipe ? Comment la sorte d'osculation en serre chaude où confine ce new-look de l'expérience, peut-elle être le dernier terme d'un progrès qui paraissait au départ ouvrir des voies multipliées entre tous les champs de la création, — ou la même question posée à l'envers ? Si les objets décelés en cette fermentation élective ont été ainsi découverts par une autre voie que la psychologie expérimentale, celle-ci est-elle habilitée à les retrouver par ces procédés ?

Les réponses que nous obtiendrons des intéressés ne laissent pas de doute. Le moteur de l'expérience, même motivé en leurs termes, ne saurait être seulement cette vérité de mirage qui se réduit au mirage de la vérité. Tout est parti d'une vérité particulière, d'un dévoilement qui a fait que la réalité n'est plus pour nous telle qu'elle était avant, et c'est là ce qui continue à accrocher au vif des choses humaines la cacophonie insensée de la théorie, comme à empêcher la pratique de se dégrader au niveau des malheureux qui n'arrivent pas à s'en sortir (entendez que j'emploie ce terme pour en exclure les cyniques).

Une vérité, s'il faut dire, n'est pas facile à reconnaître, après qu'elle a été une fois reçue. Non qu'il n'y ait des vérités établies, mais elles se confondent alors si facilement avec la réalité qui les entoure, que pour les en distinguer on n'a longtemps trouvé d'autre artifice que de les marquer du signe de l'esprit, et pour leur rendre hommage, de les tenir pour venues d'un autre monde. Ce n'est pas tout de mettre au compte d'une sorte d'aveuglement de l'homme, le fait que la vérité ne soit jamais pour lui si belle fille qu'au moment où la lumière élevée par son bras dans l'emblème proverbial, la surprend nue. Et il faut faire un peu la bête pour feindre de ne rien savoir de ce qu'il en advient après. Mais la stupidité demeure d'une franchise taurine à se demander où l'on pouvait bien la chercher avant, l'emblème n'y aidant guère à indiquer le puits, lieu malséant voire malodorant, plutôt que l'écrin où toute forme précieuse doit se conserver intacte.

La chose parle d'elle-même.

Mais voici que la vérité dans la bouche de Freud prend ladite bête aux cornes : « Je suis donc pour vous l'énigme de celle qui se dérobe aussitôt qu'apparue, hommes qui tant vous entendez à me dissimuler sous les oripeaux de vos convenances. Je n'en admets pas moins que votre embarras soit sincère, car même quand vous vous faites mes hérauts, vous ne valez pas plus à porter mes couleurs que ces habits qui sont les vôtres et pareils à vous-mêmes, fantômes que vous êtes. Où vais-je donc passée en vous, où étais-je avant ce passage ? Peut-être un jour vous le dirai-je ? Mais pour que vous me trouviez où je suis, je vais vous apprendre à quel signe me reconnaître. Hommes, écoutez, je vous en donne le secret. Moi la vérité, je parle.

« Faut-il vous faire remarquer que vous ne le saviez pas encore ? Quelques-uns certes parmi vous, qui s'autorisaient d'être mes amants, sans doute en raison du principe qu'en ces sortes de vantardises on n'est jamais si bien servi que par soi-même, avaient posé de façon ambiguë et non sans que la maladresse n'apparût de l'amour-propre qui les y intéressait, que les erreurs de la philosophie, entendez les leurs, ne pouvaient subsister que de mes subsides. A force d'étreindre pourtant ces filles de leur pensée, ils finirent par les trouver aussi fades qu'elles étaient vaines, et se remirent à frayer avec les opinions vulgaires selon les mœurs des anciens sages qui savaient mettre ces dernières à leur rang, conteuses ou plaideuses, artificieuses, voire menteuses, mais aussi les chercher à leur place, au foyer et au forum, à la forge ou à la foire. Ils s'aperçurent alors qu'à n'être pas mes parasites, celles-ci semblaient me servir bien plus, qui sait même ? être ma milice, les agents secrets de ma puissance. Plusieurs cas observés au jeu de pigeon-vole, de mues soudaines d'erreurs en vérité, qui ne semblaient rien devoir qu'à l'effet de la persévérance, les mirent sur la voie de cette découverte. Le discours de l'erreur, son articulation en acte, pouvait témoigner de la vérité contre l'évidence elle-même. C'est alors que l'un d'eux tenta de faire passer au rang des objets dignes d'étude la ruse de la raison. Il était malheureusement professeur, et vous fûtes trop heureux de retourner contre ses propos les oreilles d'âne dont on vous coiffait à l'école et qui depuis font usage de cornets à ceux des vôtres dont la feuille est un peu dure. Restez-en donc à votre vague sens de l'histoire et laissez les habiles fonder sur la garantie de ma firme à venir le marché mondial du mensonge, le commerce de la guerre totale et la nouvelle loi de l'autocritique. Si la raison est si rusée que Hegel l'a dit, elle fera bien sans vous son ouvrage.

« Mais vous n'avez pas pour autant rendues désuètes ni sans terme vos échéances à mon endroit. C'est d'après hier et d'avant demain qu'elles sont datées. Et il importe peu que vous vous ruiez en avant pour leur faire honneur ou pour vous y soustraire, car c'est par-derrière qu'elles vous saisiront dans les deux cas. Que vous me fuyiez dans la tromperie ou pensiez me rattraper dans l'erreur, je vous rejoins dans la méprise contre laquelle vous êtes sans refuge. Là où la parole la plus caute montre un léger trébuchement, c'est à sa perfidie qu'elle manque, je le publie maintenant, et ce sera dès lors un peu plus coton de faire comme si de rien n'était, dans la société bonne ou mauvaise. Mais nul besoin de vous fatiguer à mieux vous surveiller. Quand même les juridictions conjointes de la politesse et de la politique décréteraient non recevable tout ce qui se réclamerait de moi à se présenter de façon si illicite, vous n'en seriez pas quittes pour si peu, car l'intention la plus innocente se déconcerte à ne pouvoir plus taire que ses actes manqués sont les plus réussis et que son échec récompense son vœu le plus secret. Au reste n'est-ce pas assez pour juger de votre défaite, de me voir m'évader d'abord du donjon de la forteresse où vous croyez le plus sûrement me retenir en me situant non pas en vous, mais dans l'être lui-même ? Je vagabonde dans ce que vous tenez pour être le moins vrai par essence : dans le rêve, dans le défi au sens de la pointe la plus gongorique et le *nonsense* du calembour le plus grotesque, dans le hasard, et non pas dans sa loi, mais dans sa contingence, et je ne procède jamais plus sûrement à changer la face du monde qu'à lui donner le profil du nez de Cléopâtre.

« Vous pouvez donc réduire le trafic sur les voies que vous vous épuisâtes à faire rayonner de la conscience, et qui faisaient l'orgueil du *moi,* couronné par Fichte des insignes de sa transcendance. Le commerce au long cours de la vérité ne passe plus par la pensée : chose étrange, il semble que ce soit désormais par les choses : *rébus,* c'est par vous que je communique, comme Freud le formule à la fin du premier paragraphe du sixième chapitre, consacré au travail du rêve, de son travail sur le rêve et sur ce que le rêve veut dire.

« Mais vous allez là prendre garde : la peine qu'a eue celui-ci à devenir professeur, lui épargnera peut-être votre négligence, sinon votre égarement, continue la prosopopée. Entendez bien ce qu'il a dit, et, comme il l'a dit de moi, la vérité qui parle, le mieux pour le bien saisir est de le prendre au pied de la lettre. Sans doute ici les choses sont mes signes, mais je vous le redis, signes de ma parole. Le nez de Cléopâtre, s'il a changé le cours du monde, c'est d'être entré dans son discours, car pour le changer long ou court, il a suffi mais il fallait qu'il fût un nez parlant.

« Mais c'est du vôtre maintenant qu'il va falloir vous servir, bien qu'à des fins plus naturelles. Qu'un flair plus sûr que toutes vos catégories vous guide dans la course où je vous provoque : car si la ruse de la raison, si dédaigneuse qu'elle fût de vous, restait ouverte à votre foi, je serai, moi la vérité, contre vous la grande trompeuse, puisque ce n'est pas seulement par la fausseté que passent mes voies, mais par la faille trop étroite à trouver au défaut de la feinte et par la nuée sans accès du rêve, par la fascination sans motif du médiocre et l'impasse séduisante de l'absurdité. Cherchez, chiens que vous devenez à m'entendre, limiers que Sophocle a préféré lancer sur les traces hermétiques du voleur d'Apollon qu'aux trousses sanglantes d'Œdipe, sûr qu'il était de trouver avec lui au rendez-vous sinistre de Colone l'heure de la vérité. Entrez en lice à mon appel et hurlez à ma voix. Déjà vous voilà perdus, je me démens, je vous défie, je me défile : vous dites que je me défends. »

Parade.

Le retour aux ténèbres que nous tenons pour attendu à ce moment, donne le signal d'une *murder party* engagée par l'interdiction à quiconque de sortir, puisque chacun dès lors peut cacher la vérité sous sa robe, voire, comme en la fiction galante des « bijoux indiscrets », dans son ventre.

La question générale est : qui parle ? et elle n'est pas sans pertinence. Malheureusement les réponses sont un peu précipitées. La libido est d'abord accusée, ce qui nous porte dans la direction des bijoux, mais il faut bien s'apercevoir que le moi lui-même, s'il apporte des entraves à la libido en mal de se satisfaire, est parfois l'objet de ses entreprises. On sent là-dessus qu'il va s'effondrer d'une minute à l'autre, quand un fracas de débris de verre apprend à tous que c'est à la grande glace du salon que l'accident vient d'arriver, le golem du narcissisme, évoqué en toute hâte pour lui porter assistance, ayant fait par là son entrée. Le *moi* dès lors est généralement tenu pour l'assassin, à moins que ce ne soit pour la victime, moyennant quoi les rayons divins du bon président Schreber commencent à déployer leur filet sur le monde, et le sabbat des instincts se complique sérieusement.

La comédie que je suspends ici au début de son second acte est plus bienveillante qu'on ne croit, puisque, faisant porter sur un drame de la connaissance la bouffonnerie qui n'appartient qu'à ceux qui jouent ce drame sans le comprendre, elle restitue à ces derniers l'authenticité d'où ils déchurent toujours plus.

Mais si une métaphore plus grave convient au protagoniste, c'est celle qui nous montrerait en Freud un Actéon perpétuellement lâché par des chiens dès l'abord dépistés, et qu'il s'acharne à relancer à sa poursuite, sans pouvoir ralentir la course où seule sa passion pour la déesse le mène. Le mène si loin qu'il ne peut s'arrêter qu'aux grottes où la Diane chtonienne dans l'ombre humide qui les confond avec le gîte emblématique de la vérité, offre à sa soif, avec la nappe égale de la mort, la limite quasi mystique du discours le plus rationnel qui ait été au monde, pour que nous y reconnaissions le lieu où le symbole se substitue à la mort pour s'emparer de la première boursouflure de la vie.

Cette limite et ce lieu, on le sait, sont loin encore d'être atteints pour ses disciples, si tant est qu'ils ne refusent pas de l'y suivre, et l'Actéon donc qui ici est dépecé, n'est pas

Freud, mais bien chaque analyste à la mesure de la passion qui l'enflamma et qui a fait, selon la signification qu'un Giordano Bruno dans ses *Fureurs héroïques* sut tirer de ce mythe, de lui la proie des chiens de ses pensées.

Pour mesurer ce déchirement, il faut entendre les clameurs irrépressibles qui s'élèvent des meilleurs comme des pires, à tenter de les ramener au départ de la chasse, avec les mots que la vérité nous y donna pour viatique : « Je parle », pour enchaîner : « Il n'est parole que de langage. » Leur tumulte couvre la suite.

« Logomachie ! telle est la strophe d'un côté. Que faites-vous du préverbal, du geste et de la mimique, du ton, de l'air de la chanson, de l'humeur et du con-tact af-fec-tif ? » A quoi d'autres non moins animés donnent l'antistrophe : « Tout est langage : langage que mon cœur qui bat plus fort quand la venette me saisit, et si ma patiente défaille au vrombissement d'un avion à son zénith, c'est pour *dire* le souvenir qu'elle a gardé du dernier bombardement. » — Oui, aigle de la pensée, et quand la forme de l'avion découpe ta semblance dans le pinceau perçant la nuit du projecteur, c'est la réponse du ciel.

On ne contestait pourtant, à s'essayer à ces prémisses, l'usage d'aucune forme de communication à quoi quiconque pût recourir en ses exploits, ni les signaux, ni les images, et fonds ni forme, aucun non plus qu'aucune, ce fonds fût-il un fonds de sympathie, et la vertu n'étant pas discutée d'aucune bonne forme.

On se prenait seulement à répéter après Freud le mot de sa découverte : ça parle, et là sans doute où l'on s'y attendait le moins, là où ça souffre. S'il fut un temps où il suffisait pour y répondre d'écouter ce que ça disait, (car à l'entendre la réponse y est déjà), tenons donc que les grands des origines, les géants du fauteuil furent frappés de la malédiction promise aux audaces titanesques, ou que leurs sièges cessèrent d'être conducteurs de la bonne parole dont ils se trouvaient investis à s'y asseoir ci-devant. Quoi qu'il en soit, depuis, entre le psychanalyste et la psychanalyse, on multiplie les rencontres dans l'espoir que l'Athénien s'atteigne avec l'Athéna sortie couverte de ses armes du cerveau de Freud. Dirai-je le sort jaloux, toujours pareil, qui contraria ces rendez-vous : sous le masque où chacun devait rencontrer sa promise, hélas ! trois fois hélas ! et cri d'horreur à y penser, une autre ayant pris la place d'elle, celui qui était là, non plus n'était pas lui.

Revenons donc posément à épeler avec la vérité ce qu'elle a dit d'elle-même. La vérité a dit : « Je parle. » Pour que nous reconnaissions ce « je » à ce qu'il parle, peut-être n'était-ce pas sur le « je » qu'il fallait nous jeter, mais aux arêtes du parler que nous devions nous arrêter. « Il n'est parole que de langage » nous rappelle que le langage est un ordre que des lois constituent, desquelles nous pourrions apprendre au moins ce qu'elles excluent. Par exemple que le langage, c'est différent de l'expression naturelle et que ce n'est pas non plus un code ; que ça ne se confond pas avec l'information, collez-vous-y pour le savoir à la cybernétique ; et que c'est si peu réductible à une superstructure qu'on vit le matérialisme lui-même s'alarmer de cette hérésie, bulle de Staline à voir ici.

Si vous voulez en savoir plus, lisez Saussure, et comme un clocher peut cacher même le soleil, je précise qu'il ne s'agit pas de la signature qu'on rencontre en psychanalyse, mais de Ferdinand, qu'on peut dire le fondateur de la linguistique moderne.

Ordre de la chose.

Un psychanalyste doit aisément s'y introduire à la distinction fondamentale du signifiant et du signifié, et commencer à s'exercer avec les deux réseaux qu'ils organisent de relations qui ne se recouvrent pas.

Le premier réseau, du signifiant, est la structure synchronique du matériel du langage en tant que chaque élément y prend son emploi exact d'être différent des autres ; tel est le principe de répartition qui règle seul la fonction des éléments de la langue à ses différents niveaux, depuis le couple d'opposition phonématique jusqu'aux locutions composées dont c'est la tâche de la plus moderne recherche que de dégager les formes stables.

Le second réseau, du signifié, est l'ensemble diachronique des discours concrètement prononcés, lequel réagit historiquement sur le premier, de même que la structure de celui-ci commande les voies du second. Ici ce qui domine, c'est l'unité de signification, laquelle s'avère ne jamais se résoudre en une pure indication du réel, mais toujours renvoyer à une autre signification. C'est-à-dire que la signification ne se réalise qu'à partir d'une prise des choses qui est d'ensemble.

Son ressort ne peut être saisi au niveau où elle s'assure ordinairement de la redondance qui lui est propre, car elle s'avère toujours en excès sur les choses qu'elle laisse en elle flottantes.

Le signifiant seul garantit la cohérence théorique de l'ensemble comme ensemble. Cette suffisance se confirme du développement dernier de la science, comme à la réflexion on la trouve implicite à l'expérience linguistique primaire.

Telles sont les bases qui distinguent le langage du signe. A partir d'elles la dialectique prend un nouveau tranchant.

Car la remarque sur laquelle Hegel fonde sa critique de la belle âme et selon quoi elle est dite vivre (en tous les sens, fût-il économique, du : de quoi vivre) précisément du désordre qu'elle dénonce, n'échappe à la tautologie qu'à maintenir la tauto-ontique de la belle âme comme médiation, d'elle-même non reconnue, de ce désordre comme premier dans l'être.

Quelque dialectique qu'elle soit, cette remarque ne saurait ébranler le délire de la présomption auquel Hegel l'appliquait, restant prise dans le piège offert par le mirage de la conscience au *je* infatué de son sentiment, qu'il érige en loi du cœur.

Sans doute ce « je » dans Hegel est défini comme un être légal, en quoi il est plus concret que l'être réel dont on pensait précédemment pouvoir l'abstraire : comme il appert à ce qu'il comporte un état-civil et un état-comptable.

Mais il était à Freud réservé de rendre cet être légal responsable du désordre manifeste au champ le plus fermé de l'être réel, nommément dans la pseudo-totalité de l'organisme.

Nous en expliquons la possibilité par la béance congénitale que présente l'être réel de l'homme dans ses relations naturelles, et par la reprise à un usage parfois idéographique, mais aussi bien phonétique voire grammatical, des éléments imaginaires qui apparaissent morcelés dans cette béance.

Mais nul besoin de cette genèse pour que la structure signifiante du symptôme soit démontrée. Déchiffrée, elle est patente et montre imprimée sur la chair, l'omniprésence pour l'être humain de la fonction symbolique.

Ce qui distingue une société qui se fonde dans le langage d'une société animale, voire ce que permet d'en apercevoir le recul ethnologique : à savoir que l'échange qui caractérise une telle société a d'autres fondements que les besoins même à y satisfaire, ce qu'on a appelé le don « comme fait social total », — tout cela dès lors est reporté bien plus loin, jusqu'à faire objection à définir cette société comme une collection d'individus, quand l'immixtion des sujets y fait un groupe d'une bien autre structure.

C'est faire rentrer d'un tout autre accès l'incidence de la vérité comme cause et imposer une révision du procès de la causalité. Dont la première étape semblerait de reconnaître ce que l'hétérogénéité de cette incidence y aurait d'inhérent[2]. Il est étrange que la pensée matérialiste semble oublier que c'est de ce recours à l'hétérogène qu'elle a pris son élan. Et l'on s'intéresserait plus alors à un trait bien plus frappant que la résistance opposée à Freud par les pédants, c'est la connivence qu'elle a rencontrée dans la conscience commune.

---

2. Ce paragraphe refait antidate une ligne de pensée que nous avons ouverte depuis (1966).

Si toute causalité vient à témoigner d'une implication du sujet, nul doute que tout conflit d'ordre ne soit remis à sa charge.

Les termes dont nous posons ici le problème de l'intervention psychanalytique, font, pensons-nous, assez sentir que l'éthique n'en est pas individualiste.

Mais sa pratique dans la sphère américaine s'est ravalée si sommairement à un moyen d'obtenir le « success » et à un mode d'exigence de la « happiness », qu'il convient de préciser que c'est là le reniement de la psychanalyse, celui qui résulte chez trop de ses tenants du fait pur et radical qu'ils n'ont jamais rien voulu savoir de la découverte freudienne et qu'ils n'en sauront jamais rien, même au sens du refoulement : car il s'agit en cet effet du mécanisme de la méconnaissance systématique en ce qu'il simule le délire, même dans ses formes de groupe.

Une référence plus rigoureuse de l'expérience analytique à la structure générale de la sémantique où elle a ses racines, eût pourtant permis de les convaincre avant d'avoir à les vaincre.

Car ce sujet dont nous parlions à l'instant comme du légataire de la vérité reconnue, n'est justement pas le *moi* perceptible dans les données plus ou moins immédiates de la jouissance consciente ou de l'aliénation laborieuse. Cette distinction de fait est la même qui se retrouve de l' α de l'inconscient freudien en tant qu'il est séparé par un abîme des fonctions préconscientes, à l'ω du testament de Freud en la 31e de ses *Neue Vorlesungen* : « Wo Es war' soll Ich werden. »

Formule où la structuration signifiante montre assez sa prévalence.

Analysons-la. Contrairement à la forme que ne peut éviter la traduction anglaise : « Where the id was, there the ego shall be », Freud n'a pas dit : *das Es,* ni : *das Ich,* comme il le fait habituellement pour désigner ces instances où il a ordonné alors depuis dix ans sa nouvelle topique, et ceci, vu la rigueur inflexible de son style, donne à leur emploi dans cette sentance un accent particulier. De toute façon,

— sans même avoir à confirmer par la critique interne de
l'œuvre de Freud qu'il a bien écrit *Das Ich und das Es*
pour maintenir cette distinction fondamentale entre le sujet
véritable de l'inconscient et le *moi* comme constitué en son
noyau par une série d'identifications aliénantes, — il apparaît ici que c'est au lieu : *Wo,* où *Es,* sujet dépourvu
d'aucun *das* ou autre article objectivant, *war,* était, c'est
d'un lieu d'être qu'il s'agit, et qu'en ce lieu : *soll,* c'est un
devoir au sens moral qui là s'annonce, comme le confirme
l'unique phrase qui succède à celle-ci pour clore le
chapitre[3], *Ich,* je, là dois-je (comme on annonçait : ce
suis-je, avant qu'on dise : c'est moi), *werden,* devenir, c'est-
à-dire non pas survenir, ni même advenir, mais venir au
jour de ce lieu même en tant qu'il est lieu d'être.

C'est ainsi que nous consentirions, contre les principes
d'économie significative qui doivent dominer une traduction, à forcer un peu en français les formes du signifiant
pour les aligner au poids que l'allemand reçoit mieux ici
d'une signification encore rebelle, et pour cela de nous
servir de l'homophonie du *es* allemand avec l'initiale du
mot : sujet. Du même pas en viendrons-nous à une indul-
gence au moins momentanée pour la traduction première
qui fut donnée du mot *es* par le *soi,* le *ça* qui lui fut préféré
non sans motif ne nous paraissant pas beaucoup plus
adéquat, puisque c'est au *das* allemand de : *was ist das ?*
qu'il répond dans *das ist,* c'est. Ainsi le c' élidé qui va
apparaître si nous nous en tenons à l'équivalence reçue, nous
suggère-t-il la production d'un verbe : s'être, où s'exprime-
rait le mode de la subjectivité absolue, en tant que Freud
l'a proprement découverte dans son excentricité radicale :
« Là où c'était, peut-on dire, là où s'était, voudrions-nous
faire qu'on entendît, c'est mon devoir que je vienne à
être[4]. »

3. C'est à savoir : « *Es ist Kulturarbeit etwa die Trockenlegung
der Zuydersee.* C'est une tâche civilisatrice de la sorte de l'assèche-
ment du Zuydersee. »
4. On ne peut que se demander quel démon a inspiré l'auteur quel
qu'il soit de la traduction qui existe en français, à la produire en ces

Vous entendez bien que ce n'est pas dans une conception grammaticale des fonctions où ils apparaissent, qu'il s'agit d'analyser si et comment le *je* et le *moi* se distinguent et se recouvrent dans chaque sujet particulier.

Ce que la conception linguistique qui doit former le travailleur dans son initiation de base lui apprendra, c'est à attendre du symptôme qu'il fasse la preuve de sa fonction de signifiant, c'est-à-dire de ce par quoi il se distingue de l'indice naturel que le même terme désigne couramment en médecine. Et pour satisfaire à cette exigence méthodique, il s'obligera à reconnaître son emploi conventionnel dans les significations suscitées par le dialogue analytique. (Dialogue dont nous allons tenter de dire la structure.) Mais ces significations mêmes, il les tiendra pour ne pouvoir être saisies avec certitude que dans leur contexte, soit dans la séquence que constituent pour chacune la signification qui renvoie à elle et celle à quoi elle renvoie dans le discours analytique.

Ces principes de base entrent aisément en application dans la technique, et en l'éclairant, ils dissipent beaucoup des ambiguïtés qui, pour se maintenir même dans les concepts majeurs de transfert et de la résistance, rendent ruineux l'usage que l'on en fait dans la pratique.

La résistance aux résistants.

A considérer seulement la résistance dont l'emploi se confond de plus en plus avec celui de la défense, et tout ce qu'elle implique dans ce sens comme manœuvres de réduction dont on ne peut plus s'aveugler sur la coercition qu'elles exercent, il est bon de rappeler que la première résistance à quoi l'analyse a affaire, c'est celle du discours lui-même en tant qu'il est d'abord discours de l'opinion, et que toute objectivation psychologique s'avérera solidaire de

---

termes : « Le moi doit déloger le ça. » Il est vrai qu'on peut y savourer le ton d'un côté où l'on s'entend à la sorte d'opération ici évoquée.

ce discours. C'est en effet ce qui a motivé la simultanéité remarquable avec laquelle les burgraves de l'analyse sont arrivés à un point mort de leur pratique vers les années 1920 : c'est qu'ils en savaient dès lors trop et pas assez, pour en faire reconnaître à leurs patients, qui n'en savaient guère moins, la vérité.

Mais le principe dès lors adopté de la primauté à accorder à l'analyse de la résistance, est loin d'avoir conduit à un développement favorable. Pour la raison que faire passer une opération en première urgence, ne suffit à lui faire atteindre son objectif, si l'on ne sait pas bien en quoi il consiste.

Or c'est précisément vers un renforcement de la position objectivante chez le sujet que l'analyse de la résistance s'est orientée, au point que cette directive s'étale maintenant dans les principes à donner à la conduite d'une cure-type.

Bien loin donc qu'il faille maintenir le sujet dans un état d'observation, il faut qu'on sache qu'à l'y engager, on entre dans le cercle d'un malentendu que rien ne pourra briser dans la cure, pas plus que dans la critique. Toute intervention dans ce sens ne pourrait donc se justifier que d'une fin dialectique, à savoir de démontrer sa valeur d'impasse.

Mais j'irai plus loin et pour dire : vous ne pouvez à la fois procéder vous-même à cette objectivation du sujet et lui parler comme il convient. Et ce pour une raison qui n'est pas seulement qu'on ne peut à la fois, comme dit le proverbe anglais, manger son gâteau et le garder : c'est-à-dire avoir vis-à-vis des mêmes objets deux conduites dont les conséquences s'excluent. Mais pour le motif plus profond qui s'exprime dans la formule qu'on ne peut servir deux maîtres, c'est-à-dire conformer son être à deux actions qui s'orientent en sens contraire.

Car l'objectivation en matière psychologique est soumise dans son principe à une loi de méconnaissance qui régit le sujet non seulement comme observé, mais comme observateur. C'est-à-dire que ce n'est pas de lui que vous avez à lui parler, car il suffit à cette tâche, et ce faisant, ce n'est même pas à vous qu'il parle : si c'est à lui que vous avez à parler, c'est littéralement d'autre chose, c'est-à-dire d'une chose autre que ce dont il s'agit quand il parle de lui, et qui est la chose qui vous parle, chose qui, quoi qu'il dise, lui resterait à jamais inaccessible, si d'être une parole qui s'adresse à vous elle ne pouvait évoquer en vous sa réponse et si, d'en avoir entendu le message sous cette forme inversée, vous ne pouviez, à le lui retourner, lui donner la double satisfaction de l'avoir reconnu et de lui en faire reconnaître la vérité.

Cette vérité que nous connaissons ainsi ne pouvons-nous donc la connaître ? *Adæquatio rei et intellectus*, tel se définit le concept de la vérité depuis qu'il y a des penseurs, et qui nous conduisent dans les voies de leur pensée. Un intellect comme le nôtre sera bien à la hauteur de cette chose qui nous parle, voire qui parle à nous, et même à se dérober derrière le discours qui ne dit rien que pour nous faire parler, il ferait beau voir qu'elle ne trouve pas à qui parler.

C'est bien la grâce que je vous souhaite, c'est d'en parler qu'il s'agit maintenant, et la parole est à ceux qui mettent la chose en pratique.

Intermède.

Ne vous attendez pourtant à rien de trop ici, car depuis que la chose psychanalytique est devenue chose reçue et que ses servants vont chez la manucure, le ménage qu'ils font s'accommode de sacrifices au bon ton, ce qui pour les idées dont les psychanalystes n'ont jamais eu à revendre, est bien commode : les idées en solde pour tous feront le solde de ce qui manque à chacun. Nous sommes gens assez au fait des choses pour savoir que le chosisme n'est pas bien porté ; et voilà notre pirouette toute trouvée.

« Qu'allez-vous chercher autre chose que ce moi que vous distinguez, avec défense à nous d'y voir ? nous rétorque-t-on. Nous l'objectivons, soit. Quel mal y a-t-il à cela ? ». Ici c'est à pas de loup que procèdent les souliers fins pour nous porter à la figure le coup de savate que voici : croyez-vous donc que le *moi* puisse être pris pour une chose, ce n'est pas nous qui mangeons de ce pain-là.

De trente-cinq ans de cohabition avec le *moi* sous le toit de la seconde topique freudienne, dont dix de liaison plutôt orageuse, régularisée enfin par le ministère de mademoiselle Anna Freud en un mariage dont le crédit social n'a fait qu'aller en augmentant, au point qu'on m'assure qu'il demandera bientôt à se faire bénir par l'Eglise, en un mot comme en cent, de l'expérience la plus suivie des psychanalystes, vous ne tirerez rien de plus que ce tiroir.

Il est vrai qu'il est rempli jusqu'au bord de vieilles nouveautés et de nouvelles vieilleries dont l'amas ne laisse pas d'être divertissant. Le *moi* est une fonction, le moi est une synthèse, une synthèse de fonctions, une fonction de synthèse. Il est autonome ! Celle-là est bien bonne. C'est le dernier fétiche introduit au saint des saints de la pratique qui s'autorise de la supériorité des supérieurs. Il en vaut bien un autre en cet emploi, chacun sachant que pour cette fonction, elle tout à fait réelle, c'est l'objet le plus démodé, le plus sale et le plus repoussant qui fait toujours le mieux l'affaire. Que celui-ci vaille à son inventeur la vénération qu'il recueille là où il est en service, passe encore, mais le plus beau est qu'il lui confère dans des milieux éclairés le prestige d'avoir fait rentrer la psychanalyse dans les lois de la psychologie générale. C'est comme si S. E. l'Agakhan, non content de recevoir le fameux pesant d'or qui ne lui nuit pas dans l'estime de la société cosmopolite, se voyait décerner le prix Nobel pour avoir distribué en échange à ses zélateurs le règlement détaillé du pari mutuel.

Mais la dernière trouvaille est la meilleure : le moi, comme tout ce que nous manions depuis quelque temps dans les sciences humaines, est une notion o-pé-ra-tion-nelle.

Ici je prends recours auprès de mes auditeurs de ce chosisme naïf qui les maintient si bienséants sur ces bancs à m'écouter malgré le ballet des appels du service, pour qu'ils veuillent bien avec moi stopper c't o-pé.

En quoi cet o-pé distingue-t-il rationnellement ce qu'on fait de la notion du *moi* en analyse de l'usage courant de toute autre chose, de ce pupitre pour prendre la première qui nous tombe sous la main ? En si peu de chose que je me fais fort de démontrer que les discours qui les concernent, et c'est cela qui est en cause, coïncident point par point.

Car ce pupitre n'est pas moins que le *moi* tributaire du signifiant, soit du mot qui portant sa fonction au général auprès du lutrin de mémoire querelleuse et du meuble Tronchin de noble pedigree, fait qu'il n'est pas seulement de l'arbre bûcheronné, menuisé et recollé par l'ébéniste, à des fins de commerce solidaires des modes créatrices de besoins qui en soutiennent la valeur d'échange, sous la condition d'un dosage qui ne l'amène pas trop vite à satisfaire le moins superflu de ces besoins par l'usage dernier où le réduira son usure : nommément comme bois de chauffage.

D'autre part, les significations où renvoie le pupitre ne le cèdent en rien en dignité à celles que le *moi* intéresse, et la preuve, c'est qu'elles enveloppent à l'occasion le *moi* lui-même, si c'est par les fonctions que M. Heinz Hartmann lui attribue qu'un de nos semblables peut devenir notre pupitre : à savoir, maintenir une position convenable à ce qu'il y met de consentement. Fonction opérationnelle sans doute qui permettra audit semblable d'échelonner en lui toutes les valeurs possibles de la chose qu'est ce pupitre : depuis la location onéreuse qui maintint et maintient encore la cote du petit bossu de la rue Quincampoix au-dessus des vicissitudes et de la mémoire elle-même du premier grand krach spéculatif des temps modernes, en descendant par tous les offices de commodité familière, d'ameublement de l'espace, de cession vénale ou d'usufruit, jusqu'à l'usage, et pourquoi pas ? on a déjà vu ça, de combustible.

Ce n'est pas tout, car je suis prêt à prêter ma voix au vrai pupitre pour qu'il tienne discours sur son existence qui, tout ustensile qu'elle soit, est individuelle, sur son histoire qui, si radicalement aliénée qu'elle nous paraisse, a laissé des traces mémoriales auxquelles ne manque rien de ce qu'exige l'historien : des-documents-des-textes-des-notes-de-fournisseurs, sur sa destinée même qui, tout inerte qu'elle soit, est dramatique, puisqu'un pupitre est périssable, qu'il a été engendré dans le labeur, qu'il a un sort soumis à des hasards, à des travers, à des avatars, à des prestiges, voire à des fatalités dont il devient l'intersigne, et qu'il est promis à une fin dont il n'est pas besoin qu'il sache rien pour qu'elle soit la sienne, puisque c'est la fin que l'on sait.

Mais il n'y aurait encore rien que de banal à ce qu'après cette prosopopée, l'un de vous rêve qu'il est ce pupitre doué ou non de la parole, et comme l'interprétation des rêves est maintenant chose connue sinon commune, il n'y aurait pas lieu d'être surpris qu'à déchiffrer l'emploi de signifiant que ce pupitre aura pris dans le rébus où le rêveur aura enfermé son désir, et à analyser le renvoi plus ou moins équivoque que cet emploi comporte aux significations qu'aura intéressées en lui la conscience de ce pupitre, avec ou sans son discours, nous touchions ce qu'on peut appeler le préconscient de ce pupitre.

Ici j'entends une protestation que, bien qu'elle soit réglée comme papier à musique, je ne sais trop comment nommer : c'est qu'à vrai dire elle relève de ce qui n'a de nom dans aucune langue, et qui, pour s'annoncer en général sous la motion nègre-blanc de la personnalité totale, résume tout ce qui nous tympanise en psychiatrie de phénoménologie à la gomme et dans la société de progressisme stationnaire. Protestation de la belle âme sans doute, mais sous les formes qui conviennent à l'être ni chair ni poisson, à l'air mi-figue mi-raisin, à la démarche entre chien et loup de l'intellectuel moderne, qu'il soit de droite ou de gauche. C'est en effet de ce côté que la protestation fictive de ceux qui provignent du désordre, trouve ses apparentements nobles. Ecoutons plutôt le ton de celle-ci.

Ce ton est mesuré mais grave : le préconscient non plus que la conscience, nous fait-on observer, ne sont pas du

pupitre, mais de nous-mêmes qui le percevons et lui donnons son sens, avec d'autant moins de peine au reste que
nous avons fabriqué la chose. Mais se fût-il agi d'un être
plus naturel, il convient de ne jamais ravaler inconsidéré-
ment dans la conscience la forme haute qui, quelle que soit
notre faiblesse dans l'univers, nous y assure une impres-
criptible dignité, voyez roseau au dictionnaire de la pensée
spiritualiste.

Il faut reconnaître qu'ici Freud m'incite à l'irrévérence
par la façon dont, quelque part en passant et comme sans y
toucher, il s'exprime sur les modes de provocation sponta-
née qui sont de règle dans la mise en action de la conscience universelle. Et ceci m'ôte toute gêne à poursuivre
mon paradoxe.

La différence est-elle donc si grande entre le pupitre et
nous quant à la conscience, s'il en acquiert si facilement le
semblant, à être mis en jeu entre moi et vous, que mes
phrases aient permis qu'on s'y trompe ? C'est ainsi qu'à
être placé avec l'un de nous entre deux glaces parallèles, il
sera vu se refléter indéfiniment, ce qui veut dire qu'il sera
beaucoup plus semblable à celui qui regarde qu'on n'y
pense, puisque à voir se répéter de la même façon son
image, celui-ci aussi se voit bien par les yeux d'un autre
quand il se regarde, puisque sans cet autre qu'est son
image, il ne se verrait pas se voir.

Autrement dit le privilège du *moi* par rapport aux choses
est à chercher ailleurs que dans cette fausse récurrence à
l'infini de la réflexion qui constitue le mirage de la conscience, et qui malgré sa parfaite inanité, émoustille encore
assez ceux qui travaillent de la pensée pour qu'ils y voient
un progrès prétendu de l'intériorité, alors que c'est un
phénomène topologique dont la distribution dans la nature
est aussi sporadique que les dispositions de pure extériorité
qui le conditionnent, si tant est que l'homme ait contribué à
les répandre avec une fréquence immodérée.

Comment d'autre part écarter le terme de préconscient
des affectations de ce pupitre, ou de celles qui se trouvent
en puissance ou en acte en aucune autre chose, et qui de

s'ajuster aussi exactement à mes affections, viendront à la conscience avec elles ?

Que le moi soit le siège de perceptions et non pas le pupitre, nous le voulons bien, mais il reflète en cela l'essence des objets qu'il perçoit et non pas la sienne en tant que la conscience serait son privilège, puisque ces perceptions sont pour la plus grande part inconscientes.

Ce n'est pas pour rien du reste que nous repérions l'origine de la protestation dont nous devons nous occuper ici, dans ces formes bâtardes de la phénoménologie qui enfument les analyses techniques de l'action humaine et spécialement celles qui seraient requises en médecine. Si leur matière à bon marché, pour employer ce qualificatif que M. Jaspers affecte spécialement à son estimation de la psychanalyse, est bien ce qui donne à l'œuvre de celui-ci son style, comme son poids à sa statue de directeur de conscience en fonte et de maître à penser de fer-blanc, elles ne sont pas sans usage, et c'est même toujours le même : faire diversion.

On s'en sert ici par exemple pour ne pas aller au fait que le pupitre ne parle pas, dont les tenants de la fausse protestation ne veulent rien savoir, parce qu'à m'entendre le leur accorder, mon pupitre aussitôt deviendrait parlant.

Le discours de l'autre.

« En quoi prévaut-il donc sur le pupitre que je suis, leur dirait-il, ce moi que vous traitez dans l'analyse ?

« Car si sa santé est définie par son adaptation à une réalité tenue tout uniment pour être à sa mesure, et s'il vous faut l'alliance de « la partie saine du moi » pour réduire, dans l'autre partie sans doute, les discordances à la réalité, qui n'apparaissent telles qu'à votre principe de tenir la situation analytique pour simple et anodine, et dont vous n'aurez de cesse que vous ne les fassiez voir du même œil que vous par le sujet, n'est-il pas clair qu'il n'y a pas d'autre discrimination de la partie saine du moi du sujet

que son accord avec votre optique qui, pour être supposée
saine, devient ici la mesure des choses, de même qu'il n'y a
pas d'autre critère de la guérison que l'adoption complète
par le sujet de cette mesure qui est la vôtre, — ce que
confirme l'aveu courant chez des auteurs graves que la fin
de l'analyse est obtenue avec l'identification au moi de
l'analyste ?

« Assurément la conception qui s'étale aussi tranquillement, non moins que l'accueil qu'elle rencontre, laisse à
penser qu'à l'encontre du lieu commun qui veut qu'on en
impose aux naïfs, il est encore bien plus facile aux naïfs
d'en imposer. Et l'hypocrisie qui se dévoile dans la déclaration dont le repentir apparaît avec une régularité si curieuse
en ce discours, qu'il faut parler au sujet « son langage »,
donne encore plus à méditer quant à la profondeur de cette
naïveté. Encore faut-il y surmonter l'écœurement qui se
lève à l'évocation qu'elle suggère du parler *babyish,* sans
lequel des parents avisés ne croiraient pas pouvoir induire
à leurs hautes raisons les pauvres petits qu'il faut bien faire
tenir tranquilles ! Simples égards qu'on tient pour dus à ce
que l'imbécillité analytique projette dans la notion de la
faiblesse du *moi* des névrosés.

« Mais nous ne sommes pas ici pour rêver entre la
nausée et le vertige. Il reste que tout pupitre que je sois à
vous parler, je suis le patient idéal puisque avec moi pas
tant de peine à se donner, les résultats sont acquis
d'emblée, je suis guéri d'avance. Puisqu'il s'agit seulement
de substituer à mon discours le vôtre, je suis un moi
parfait, puisque je n'en ai jamais eu d'autre et que je m'en
remets à vous de m'informer des choses auxquelles mes
dispositifs de réglage ne vous permettent pas de m'adapter
directement, à savoir de toutes celles qui ne sont pas vos
dioptries, votre taille et la dimension de vos papiers. »

Voilà, me semble-t-il, qui est fort bien parlé pour un
pupitre. Sans doute veux-je rire. Dans ce qu'il a dit à mon
gré, il n'avait pas son mot à dire. Pour la raison qu'il était
lui-même un mot ; il était *moi* en tant que sujet grammatical. Tiens, un grade de gagné, et bon à être ramassé par le

soldat d'occasion dans le fossé d'une revendication tout éristique, mais aussi à nous fournir une illustration de la devise freudienne qui, à s'exprimer comme : « Là où était ça, le *je* doit être », confirmerait pour notre profit le caractère faible de la traduction qui substantifie le *Ich* en passant un t au doit du *soll* et fixe le cours du *Es* au taux du cécédilla. Il reste que le pupitre n'est pas un moi, si éloquent ait-il été, mais un moyen dans mon discours.

Mais après tout, à envisager sa vertu dans l'analyse, le moi aussi est un moyen, et nous pouvons les comparer.

Comme le pupitre l'a pertinemment fait remarquer, il présente sur le *moi* l'avantage de n'être pas un moyen de résistance, et c'est bien pour cela que je l'ai choisi pour supporter mon discours et alléger d'autant ce qu'une plus grande interférence de mon *moi* dans la parole de Freud eût provoqué en vous de résistance : satisfait que je serais déjà, si ce qui doit vous en rester malgré cet effacement, vous faisait trouver ce que je dis « intéressant ». Locution dont ce n'est pas sans motif qu'elle désigne en son euphémisme ce qui ne nous intéresse que modérément, et qui trouve à boucler sa boucle dans son antithèse par quoi sont appelées désintéressées les spéculations d'intérêt universel.

Mais voyons voir un peu que ce que je dis vienne à vous intéresser, comme on dit pour combler l'autonomase par le pléonasme : personnellement, le pupitre sera bientôt en morceaux pour nous servir d'arme.

Eh bien ! tout cela se retrouve pour le *moi*, à ceci près que ses usages apparaissent renversés dans leur rapport à ses états. Moyen de la parole à vous adressée de l'inconscient du sujet, arme pour résister à sa reconnaissance, c'est morcelé qu'il porte la parole, et c'est entier qu'il sert à ne pas l'entendre.

C'est en effet dans la désagrégation de l'unité imaginaire que constitue le moi, que le sujet trouve le matériel signifiant de ses symptômes. Et c'est de la sorte d'intérêt qu'éveille en lui le moi, que viennent les significations qui en détournent son discours.

La passion imaginaire.

Cet intérêt du moi est une passion dont la nature était déjà entrevue par la lignée des moralistes où on l'appelait l'amour-propre, mais dont seule l'investigation psychanalytique a su analyser la dynamique dans sa relation à l'image du corps propre. Cette passion apporte à toute relation avec cette image, constamment représentée par mon semblable, une signification qui m'intéresse tellement, c'est-à-dire qui me fait être dans une telle dépendance de cette image, qu'elle vient à lier au désir de l'autre tous les objets de mes désirs, de plus près qu'au désir qu'ils suscitent en moi.

Il s'agit des objets en tant que nous en attendons l'apparition dans un espace structuré par la vision, c'est-à-dire des objets caractéristiques du monde humain. Quant à la connaissance dont dépend le désir de ces objets, les hommes sont loin de confirmer la locution qui veut qu'ils n'y voient pas plus loin que le bout de leur nez, car leur malheur bien au contraire veut que ce soit au bout de leur nez que commence leur monde, et qu'ils n'y puissent appréhender leur désir que par le même truchement qui leur permet de voir leur nez lui-même, c'est-à-dire en quelque miroir. Mais à peine discerné ce nez, ils en tombent amoureux, et ceci est la première signification par où le narcissisme enveloppe les formes du désir. Ce n'est pas la seule, et la montée croissante de l'agressivité au firmament des préoccupations analytiques resterait obscure à s'y tenir.

C'est un point que je crois avoir moi-même contribué à élucider en concevant la dynamique dite du *stade du miroir*, comme conséquence d'une prématuration de la naissance, générique chez l'homme, d'où résulte au temps marqué l'identification jubilatoire de l'individu encore *infans* à la forme totale où s'intègre ce reflet de nez, soit à l'image de son corps : opération qui, pour être faite à vue de nez, c'est le cas de le dire, soit à peu près de l'acabit de cet aha ! qui nous éclaire sur l'intelligence du chimpanzé, émerveillés que nous sommes toujours d'en saisir le miracle sur la face de nos pairs, ne manque pas d'entraîner une déplorable suite.

Comme le remarque fort justement un poète bel esprit, le miroir ferait bien de réfléchir un peu plus avant de nous renvoyer notre image. Car à ce moment le sujet n'a encore rien vu. Mais pour peu que la même capture se reproduise devant le nez d'un de ses semblables, le nez d'un notaire par exemple, Dieu sait où le sujet va être emmené par le bout du nez, vu les endroits où ces officiers ministériels ont l'habitude de fourrer le leur. Aussi bien tout ce que nous avons de reste, mains, pieds, cœur, bouche, voire les yeux répugnant à suivre, une rupture d'attelage vient à menacer, dont l'annonce en angoisse ne saurait qu'entraîner des mesures de rigueur. Rassemblement ! c'est-à-dire appel au pouvoir de cette image dont jubilait la lune de miel du miroir, à cette union sacrée de la droite et de la gauche qui s'y affirme, pour intervertie qu'elle apparaisse si le sujet s'y montre un peu plus regardant.

Mais de cette union, quel plus beau modèle que l'image elle-même de l'autre, c'est-à-dire du notaire en sa fonction ? C'est ainsi que les fonctions de maîtrise, qu'on appelle improprement fonctions de synthèse du moi, instaurent sur le fondement d'une aliénation libidinale le développement qui s'ensuit, et nommément ce que nous avons autrefois appelé le principe paranoïaque de la connaissance humaine, selon quoi ses objets sont soumis à une loi de réduplication imaginaire, évoquant l'homologation d'une série indéfinie de notaires, qui ne doit rien à leur chambre syndicale.

Mais la signification décisive pour nous de l'aliénation constituante de l'*Urbild* du moi, apparaît dans la relation d'exclusion qui structure dès lors dans le sujet la relation duelle de moi à moi. Car si la coaptation imaginaire de l'un à l'autre devrait faire que les rôles se répartissent de façon complémentaire entre le notaire et le notarié par exemple, l'identification précipitée du moi à l'autre dans le sujet a pour effet que cette répartition ne constitue jamais une harmonie même cinétique, mais s'institue sur le « toi ou moi » permanent d'une guerre où il en va de l'existence de l'un ou l'autre de deux notaires en chacun des sujets. Situation qui se symbolise dans le « Vous en êtes un autre » de la querelle transitiviste, forme originelle de la communication agressive.

On voit à quoi se réduit le langage du moi : l'illumination intuitive, le commandement récollectif, l'agressivité rétorsive de l'écho verbal. Ajoutons-y ce qui lui revient des déchets automatiques du discours commun : le serinage éducatif et la ritournelle délirante, modes de communication que reproduisent parfaitement des objets à peine plus compliqués que ce pupitre, une construction de *feed back* pour les premiers, pour les seconds un disque de gramophone, de préférence rayé au bon endroit.

C'est pourtant dans ce registre-là que se profère l'analyse systématique de la défense. Elle se corrobore des semblants de la régression. La relation d'objet en fournit les apparences et ce forçage n'a d'autre issue qu'une des trois qui s'avouent dans la technique en vigueur. Soit le saut impulsif dans le réel à travers le cerceau de papier du fantasme : *acting out* dans un sens ordinairement de signe contraire à la suggestion. Soit l'hypomanie transitoire par éjection de l'objet lui-même, qui est proprement décrite dans l'ébriété mégalomaniaque que notre ami Michaël Balint, d'une plume si véridique qu'elle nous le rend plus ami encore, reconnaît pour l'indice de la terminaison de l'analyse dans les normes actuelles. Soit dans la sorte de somatisation qu'est l'hypocondrie *a minima*, théorisée pudiquement sous le chef de la relation médecin-malade.

La dimension suggérée par Rickman de la *two body psychology* est le fantasme dont s'abrite un *two ego analysis* aussi insoutenable qu'elle est cohérente en ses résultats.

L'action analytique.

C'est pourquoi nous enseignons qu'il n'y a pas seulement dans la situation analytique deux sujets présents, mais deux sujets pourvus chacun de deux objets qui sont le moi et l'autre, cet autre ayant l'indice d'un petit *a* initial. Or en raison des singularités d'une mathématique dialectique avec lesquelles il faudra se familiariser, leur réunion dans la paire des sujets *S* et *A* ne compte en tout que quatre termes, pour la raison que la relation d'exclusion qui joue entre *a* et *a'* réduit les deux couples ainsi notés à un seul dans la confrontation des sujets.

Dans cette partie à quatre, l'analyste agira sur les résistances significatives qui lestent, freinent et dévient la parole, en apportant lui-même dans le quatuor le signe primordial de l'exclusion connotant l'ou bien — ou bien — de la présence ou de l'absence, qui dégage formellement la mort incluse dans la *Bildung* narcissique. Signe qui manque, notons-le au passage, dans l'appareil algorithmique de la logique moderne qui s'intitule symbolique, et y démontre l'insuffisance dialectique qui la rend encore inapte à la formalisation des sciences humaines.

Ceci veut dire que l'analyste intervient concrètement dans la dialectique de l'analyse en faisant le mort, en cadavérisant sa position comme disent les Chinois, soit par son silence là où il est l'Autre avec un grand A, soit en annulant sa propre résistance là où il est l'autre avec un petit *a*. Dans les deux cas et sous les incidences respectives du symbolique et de l'imaginaire, il présentifie la mort.

Encore convient-il qu'il reconnaisse et donc distingue son action dans l'un et l'autre de ces deux registres pour savoir pourquoi il intervient, à quel instant l'occasion s'en offre et comment en agir.

La condition primordiale en est qu'il soit pénétré de la différence radicale de l'Autre auquel sa parole doit s'adresser, et de ce second autre qui est celui qu'il voit et dont et par qui le premier lui parle dans le discours qu'il poursuit devant lui. Car c'est ainsi qu'il saura être celui à qui ce discours s'adresse.

L'apologue de mon pupitre et la pratique courante du discours de la conviction lui montreront assez, s'il y songe, qu'aucun discours, sur quelque inertie qu'il s'appuie ou à quelque passion qu'il fasse appel, ne s'adresse jamais qu'au bon entendeur auquel il porte son salut. Ce qu'on appelle l'argument *ad hominem* lui-même n'est considéré par celui qui le pratique que comme une séduction destinée à obtenir de l'autre dans son authenticité, l'acceptation d'une parole, parole qui constitue entre les deux sujets un pacte, avoué ou non, mais qui se situe dans un cas comme dans l'autre au-delà des raisons de l'argument.

Pour l'ordinaire chacun sait que les autres tout comme lui resteront inaccessibles aux contraires de la raison, hors d'une acceptation de principe d'une règle du débat qui ne va pas sans un accord explicite ou implicite sur ce qu'on appelle son fonds, ce qui équivaut presque toujours à un accord anticipé sur son enjeu. Ce qu'on appelle logique ou droit n'est jamais rien de plus qu'un corps de règles qui furent laborieusement ajustées à un moment de l'histoire dûment daté et situé par un cachet d'origine, agora ou forum, église, voire parti. Je n'espérerai donc rien de ces règles hors de la bonne foi de l'Autre, et en désespoir de cause ne m'en servirai, si je le juge bon ou si on m'y oblige, que pour amuser la mauvaise foi.

Le lieu de la parole.

L'Autre est donc le lieu où se constitue le je qui parle avec celui qui entend, ce que l'un dit étant déjà la réponse et l'autre décidant à l'entendre si l'un a ou non parlé.

Mais en retour ce lieu s'étend aussi loin dans le sujet qu'y règnent les lois de la parole, c'est-à-dire bien au-delà du discours qui prend du moi ses mots d'ordre, depuis que Freud a découvert son champ inconscient et les lois qui le structurent.

Ce n'est pas en raison d'un mystère qui serait celui de l'indestructibilité de certains désirs infantiles que ces lois de l'inconscient déterminent les symptômes analysables. Le modelage imaginaire du sujet par ses désirs plus ou moins fixés ou régressés dans leur relation à l'objet est insuffisant et partiel à en donner la clé.

L'insistance répétitive de ces désirs dans le transfert et leur remémoration permanente dans un signifiant dont le refoulement s'est emparé, c'est-à-dire où le refoulé fait retour, trouvent leur raison nécessaire et suffisante, si l'on admet que le désir de la reconnaissance domine dans ces déterminations le désir qui est à reconnaître, en le conservant comme tel jusqu'à ce qu'il soit reconnu.

Les lois de la remémoration et de la reconnaissance symbolique, en effet, sont différentes dans leur essence et dans leur manifestation des lois de la réminiscence imaginaire, c'est-à-dire de l'écho du sentiment ou de l'empreinte *(Prägung)* instinctuelle, même si les éléments qu'ordonnent les premières comme signifiants sont empruntés au matériel auquel les secondes donnent signification.

Il suffit pour toucher la nature de la mémoire symbolique d'avoir une fois étudié, comme je l'ai fait faire en mon séminaire, la suite symbolique la plus simple, celle d'une série linéaire de signes connotant l'alternative de la présence ou l'absence, chacun étant choisi au hasard sous quelque mode pur ou impur qu'on procède. Qu'à cette suite on apporte alors l'élaboration la plus simple, celle d'y noter les séquences ternaires en une nouvelle série, et l'on verra apparaître des lois syntaxiques qui imposent à chaque terme de celle-ci certaines exclusions de possibilité jusqu'à ce que soient levées les compensations qu'exigent ses antécédents.

C'est au cœur de cette détermination de la loi symbolique que Freud s'est porté d'emblée par sa découverte, car dans cet inconscient dont il nous dit avec insistance qu'il n'a rien à faire avec tout ce qui a été désigné sous ce nom jusqu'alors, il a reconnu l'instance des lois où se fondent l'alliance et la parenté, en y installant dès la *Traumdeutung* le complexe d'Œdipe comme sa motivation centrale. Et c'est ce qui me permet maintenant de vous dire pourquoi les motifs de l'inconscient se limitent, — point sur quoi Freud s'est déclaré dès l'abord et n'a jamais fléchi —, au désir sexuel. C'est essentiellement en effet sur la liaison sexuelle, et en l'ordonnant à la loi des alliances préféren-

tielles et des relations interdites, que la première combinatoire des échanges de femmes entre les lignées nominales
prend son appui, pour développer en un échange de biens
gratuits et en un échange de maîtres-mots le commerce
fondamental et le discours concret qui supportent les sociétés humaines.

Le champ concret de la conversation individuelle, par
contre, par ses attaches à la division non pas du travail,
mais du désir et du travail, déjà manifesté depuis la première transformation introduisant dans l'aliment sa signification humaine jusqu'aux formes les plus élaborées de la
production des biens qui se consomment, montre assez qu'il
se structure dans cette dialectique du maître et de l'esclave
où nous pouvons reconnaître l'émergence symbolique de la
lutte à mort imaginaire où nous avons tout à l'heure défini
la structure essentielle du *moi* : il n'y a pas dès lors à
s'étonner que ce champ se reflète exclusivement dans cette
structure. Autrement dit ceci explique que l'autre grand
désir générique, celui de la faim, ne soit pas représenté,
comme Freud l'a toujours soutenu, dans ce que l'inconscient conserve pour le faire reconnaître.

Ainsi s'éclaire toujours plus l'intention de Freud, si lisible à qui ne se contente pas d'ânonner son texte, au
moment où il promut la topique du moi, et qui fut de
restaurer dans sa rigueur la séparation, jusque dans leur
interférence inconsciente, du champ du moi et de celui de
l'inconscient premièrement découvert par lui, en montrant
la position « en travers » du premier par rapport au
second, à la reconnaissance duquel il résiste par l'incidence
de ses propres significations dans la parole.

C'est bien là que gît le contraste entre les significations
de la culpabilité dont la découverte dans l'action du sujet a
dominé la phase première de l'histoire de l'analyse, et les
significations de frustration affective, de carence instinctuelle et de dépendance imaginaire du sujet qui dominent
sa phase actuelle.

Que la prévalence des secondes telle qu'elle se consolide
à présent dans l'oubli des premières, nous promette une

propédeutique d'infantilisation générale, c'est peu de le dire, quand la psychanalyse laisse déjà s'autoriser de son principe des pratiques de mystification sociale à grande échelle.

La dette symbolique.

Notre action ira-t-elle donc à refouler la vérité même qu'elle emporte en son exercice ? Fera-t-elle rentrer en sommeil celle-ci, que Freud dans la passion de l'homme aux rats maintiendrait offerte à jamais à notre reconnaissance, si même nous devions de plus en plus en détourner notre vigilance : à savoir que c'est des forfaitures et des vains serments, des manques de parole et des mots en l'air dont la constellation a présidé à la mise au monde d'un homme, qu'est pétri l'invité de pierre qui vient troubler, dans les symptômes, le banquet de ses désirs ?

Car le raisin vert de la parole par quoi l'enfant reçoit trop tôt d'un père l'authentification du néant de l'existence, et la grappe de la colère qui répond aux mots de fausse espérance dont sa mère l'a leurré en le nourrisant au lait de son vrai désespoir, agacent plus ses dents que d'avoir été sevré d'une jouissance imaginaire ou même d'avoir été privé de tels soins réels.

Tirerons-nous notre épingle du jeu symbolique par où la faute réelle paye le prix de la tentation imaginaire ? Détournerons-nous notre étude de ce qu'il advient de la loi quand d'avoir été intolérable à une fidélité du sujet, elle fut par lui méconnue déjà quand ignorée encore, et de l'impératif si, de s'être présenté à lui dans l'imposture, il est en son for récusé avant que d'être discerné : c'est-à-dire des ressorts qui, dans la maille rompue de la chaîne symbolique, font monter de l'imaginaire cette figure obscène et féroce où il faut voir la signification véritable du surmoi ?

Qu'il soit entendu ici que notre critique de l'analyse qui se prétend analyse de la résistance et se réduit de plus en plus à la mobilisation des défenses, ne porte que sur le fait qu'elle est aussi désorientée dans sa pratique que dans ses principes, pour la rappeler à l'ordre de ses fins légitimes.

Les manœuvres de complicité duelle où elle s'efforce pour des effets de bonheur et de succès ne sauraient prendre de valeur à nos yeux que d'amoindrir la résistance des effets de prestige où le moi s'affirme, à la parole qui s'avoue à tel moment de l'analyse qui est le moment analytique.

Nous croyons que c'est dans l'aveu de cette parole dont le transfert est l'actualisation énigmatique, que l'analyse doit retrouver son centre avec sa gravité, et qu'on n'aille pas imaginer à nos propos de tout à l'heure que nous concevions cette parole sous quelque mode mystique évocateur du *karma*. Car ce qui frappe dans le drame pathétique de la névrose, ce sont les aspects absurdes d'une symbolisation déconcertée, dont le quiproquo à mesure qu'on le pénètre plus avant, apparaît plus dérisoire.

Adæquatio rei et intellectus: l'énigme homonymique que nous pouvons faire jaillir du génitif *rei*, qui sans même changer d'accent peut être celui du mot *reus*, lequel veut dire partie en cause en un procès, particulièrement l'accusé, et métaphoriquement celui qui est en dette de quelque chose, nous surprend à donner à la fin de sa formule à l'adéquation singulière dont nous posions la question pour notre intellect et qui trouve sa réponse dans la dette symbolique dont le sujet est responsable comme sujet de la parole.

La formation des analystes à venir.

Aussi est-ce aux structures du langage si manifestement reconnaissables aux mécanismes primordialement découverts de l'inconscient, que nous reviendrons à reprendre notre analyse des modes sous lesquels la parole sait recouvrer la dette qu'elle engendre.

Que l'histoire de la langue et des institutions et les résonances, attestées ou non dans la mémoire, de la littérature et des significations impliquées dans les œuvres de l'art, soient nécessaires à l'intelligence du texte de notre expérience, c'est un fait dont Freud, pour y avoir pris lui-même son inspiration, ses procédés de pensée et ses armes techniques, témoigne si massivement qu'on peut le toucher rien qu'à feuilleter les pages de son œuvre. Mais il n'a pas cru superflu d'en poser la condition à toute institution d'un enseignement de la psychanalyse.

Que cette condition ait été négligée, et jusque dans la sélection des analystes, ceci ne saurait être étranger aux résultats que nous voyons, et nous indique que c'est à articuler techniquement ses exigences que nous pourrons seulement y satisfaire. C'est d'une initiation aux méthodes du linguiste, de l'historien et je dirai du mathématicien, qu'il doit être maintenant question pour qu'une nouvelle génération de praticiens et de chercheurs recouvre le sens de l'expérience freudienne et de son moteur. Elle y trouvera aussi à se préserver de l'objectivation psycho-sociologique, où le psychanalyste en ses incertitudes va chercher la substance de ce qu'il fait, alors qu'elle ne peut lui apporter qu'une abstraction inadéquate où sa pratique s'enlise et se dissout.

Cette réforme sera une œuvre institutionnelle, car elle ne peut se soutenir que d'une communication constante avec des disciplines qui se définiraient comme sciences de l'inter-subjectivité, ou encore par le terme de sciences conjecturales, terme où j'indique l'ordre des recherches qui sont en train de faire virer l'implication des sciences humaines.

Mais une telle direction ne se maintiendra que d'un enseignement véritable, c'est-à-dire qui ne cesse de se soumettre à ce qu'on appelle novation. Car le pacte instituant l'expérience doit tenir compte du fait qu'elle instaure les effets mêmes qui la capturent pour l'écarter du sujet.

Ainsi, de dénoncer la pensée magique, on ne voit pas que c'est pensée magique, et en vérité l'alibi des pensées de pouvoir, toujours prêtes à produire leur rejet dans une action qui ne se soutient que de son joint à la vérité.

C'est à ce joint de vérité que Freud se rapporte en déclarant impossibles à tenir trois gageures : éduquer, gou-

verner, psychanalyser. Pourquoi en effet le seraient-elles ?
sinon que le sujet ne peut qu'y être manqué, d'y filer dans
la marge que Freud réserve à la vérité.

Car la vérité s'y avère complexe par essence, humble en
ses offices et étrangère à la réalité, insoumise au choix du
sexe, parente de la mort et, à tout prendre, plutôt inhumaine, Diane peut-être... Actéon trop coupable à courre la
déesse, proie où se prend, veneur, l'ombre que tu deviens,
laisse la meute aller sans que ton pas se presse, Diane à ce
qu'ils vaudront reconnaîtra les chiens...

L'instance de la lettre
dans l'inconscient
ou la raison depuis Freud

> *Des enfants au maillot*
> O cités de la mer, je vois chez vous vos
> citoyens, hommes et femmes, les bras et
> les jambes étroitement ligotés dans de
> solides liens par des gens qui n'enten-
> dront point votre langage et vous ne
> pourrez exhaler qu'entre vous, par des
> plaintes larmoyantes, des lamentations
> et des soupirs, vos douleurs et vos
> regrets de la liberté perdue. Car ceux-là
> qui vous ligotent ne comprendront pas
> votre langue, non plus que vous ne les
> comprendrez.
> (*Carnets* de Léonard DE VINCI [1].)

Si le thème de ce volume 3 de *La Psychanalyse* [2] me commandait cette contribution, je dois cette déférence à ce qui va s'y découvrir, de l'introduire en la situant entre l'écrit et la parole : elle sera à mi-chemin.

L'écrit se distingue en effet par une prévalence du *texte*, au sens qu'on va voir prendre ici à ce facteur du discours, — ce qui y permet ce resserrement qui à mon gré ne doit laisser au lecteur d'autre sortie que son entrée, que je préfère difficile. Ce ne sera donc pas ici un écrit à mon sens.

La propriété que j'accorde à nourrir mes leçons de sémi-naire d'un apport à chaque fois inédit, m'a empêché jusqu'à ce jour d'en donner un tel texte, sinon pour l'une

---

1. Codice Atlantico 145. r. a., trad. Louise Servicen, Gallimard, t. II, p. 400.
2. *Psychanalyse et Sciences de l'homme.*

d'entre elles, quelconque au reste dans leur suite, et à quoi il ne vaut ici de se reporter que pour l'échelle de leur topique.

Car l'urgence où je prends maintenant prétexte de laisser là cette visée, ne fait que recouvrir la difficulté qu'à la soutenir à l'échelle où je dois ici présenter mon enseignement, elle ne passe trop loin de la parole, dont les mesures différentes sont essentielles à l'effet de formation que je cherche.

C'est pourquoi j'ai pris ce biais d'un entretien qui me fut demandé à cet instant par le groupe de philosophie de la Fédération des étudiants ès lettres [3], pour y prendre l'accommodation propice à mon exposé : sa généralité nécessaire trouvant à s'accorder au caractère extraordinaire de leur audience, mais son objet unique rencontrant la connivence de leur qualification commune, la littéraire, à quoi mon titre fait hommage.

Comment oublier en effet que Freud a maintenu constamment et jusqu'à sa fin l'exigence première de cette qualification pour la formation des analystes, et qu'il a désigné dans l'*universitas litterarum* de toujours le lieu idéal pour son institution [4] ?

Ainsi le recours au mouvement restitué à chaud de ce discours, marquait-il de surcroît, par ceux à qui je le destine, ceux à qui il ne s'adresse pas.

Je veux dire : personne de ceux qui, pour quelque fin que ce soit dans la psychanalyse, tolèrent que leur discipline se prévale de quelque fausse identité.

Vice d'habitude et tel en son effet mental que la vraie même puisse y paraître un alibi parmi les autres, dont on espère au moins que le redoublement raffiné n'échappe pas aux plus subtils.

C'est ainsi qu'on observe avec curiosité le virage qui s'amorce concernant la symbolisation et le langage dans l'*Int. J. Psychoanal.*, à grands renforts de doigts humides

3. Le topo eut lieu le 9 mai 1957 à l'amphithéâtre Descartes à la Sorbonne et la discussion s'en poursuivit devant des pots.
4. *Die Frage der Laienanalyse, G. W.*, XIV, p. 281-283.

remuant les folios de Sapir et de Jespersen. Ces exercices sont encore novices, mais c'est surtout le ton qui n'y est pas. Un certain sérieux fait sourire à rentrer dans le véridique.

Et comment même un psychanalyste d'aujourd'hui ne s'y sentirait-il pas venu, à toucher à la parole, quand son expérience en reçoit son instrument, son cadre, son matériel et jusqu'au bruit de fond de ses incertitudes ?

I. *Le sens de la lettre.*

Notre titre fait entendre qu'au-delà de cette parole, c'est toute la structure du langage que l'expérience psychanalytique découvre dans l'inconscient. Mettant dès l'abord l'esprit prévenu en alerte, de ce qu'il peut avoir à revenir sur l'idée que l'inconscient n'est que le siège des instincts.

Mais cette lettre comment faut-il la prendre ici ? Tout uniment, à la lettre.

Nous désignons par lettre ce support matériel que le discours concret emprunte au langage.

Cette simple définition suppose que le langage ne se confond pas avec les diverses fonctions somatiques et psychiques qui le desservent chez le sujet parlant.

Pour la raison première que le langage avec sa structure préexiste à l'entrée qu'y fait chaque sujet à un moment de son développement mental.

Notons que les aphasies, causées par des lésions purement anatomiques des appareils cérébraux qui donnent à ces fonctions leur centre mental, s'avèrent dans leur ensemble répartir leurs déficits selon les deux versants de l'effet signifiant de ce que nous appelons ici la lettre, dans la création de la signification [5]. Indication qui s'éclairera de ce qui va suivre.

Le sujet aussi bien, s'il peut paraître serf du langage, l'est

5. Cet aspect, très suggestif à renverser la perspective de la « fonction psychologique » qui obscurcit tout en cette matière, apparaît lumineux dans l'analyse purement linguistique des deux grandes formes de l'aphasie qu'a pu ordonner l'un des chefs de la linguistique moderne, Roman Jakobson. Cf. au plus accessible de

plus encore d'un discours dans le mouvement universel duquel sa placé est déjà inscrite à sa naissance, ne serait-ce que sous la forme de son nom propre.

La référence à l'expérience de la communauté comme à la substance de ce discours, ne résout rien. Car cette expérience prend sa dimension essentielle dans la tradition qu'instaure ce discours. Cette tradition, bien avant que le drame historique ne s'y inscrive, fonde les structures élémentaires de la culture. Et ces structures mêmes révèlent une ordination des échanges qui, fût-elle inconsciente, est inconcevable hors des permutations qu'autorise le langage.

D'où résulte qu'à la dualité ethnographique de la nature et de la culture, est en passe de se substituer une conception ternaire — nature, société et culture — de la condition humaine, dont il se pourrait bien que le dernier terme se réduisît au langage, soit à ce qui distingue essentiellement la société humaine des sociétés naturelles.

Mais nous ne prendrons ici ni parti ni départ, laissant à leurs ténèbres les relations originelles du signifiant et du travail. Nous contentant, pour nous acquitter d'une pointe avec la fonction générale de la *praxis* dans la genèse de l'histoire, de relever que la société même qui aurait restauré dans son droit politique avec le privilège des producteurs, la hiérarchie causatoire des rapports de production aux superstructures idéologiques, n'a pour autant pas enfanté un espéranto dont les relations au réel socialiste eussent mis dès la racine hors de débat toute possibilité de formalisme littéraire [6].

---

ses ouvrages, *Fundamentals of Language* (avec Morris Halle), Mouton and Co, 'S-Gravenhage, les chapitres I à IV de la Deuxième Partie ainsi que dans le recueil de traductions qu'on doit aux soins de Nicolas Ruwet, paru aux Editions de Minuit sous le titre : *Essais linguistiques.*

6. On se souviendra que la discussion concernant la nécessité de l'avènement d'un nouveau langage dans la société communiste a réellement eu lieu, et que Staline, pour le soulagement de ceux qui faisaient confiance à sa philosophie, l'a tranchée en ces termes : le langage n'est pas une superstructure.

Nous ne nous fierons quant à nous qu'aux seules prémisses, qui ont vu se confirmer leur prix de ce que le langage y a effectivement conquis dans l'expérience son statut d'objet scientifique.

Car c'est là le fait par quoi la linguistique [7] se présente en position pilote dans ce domaine autour de quoi un reclassement des sciences signalé, comme il est de règle, une révolution de la connaissance : les nécessités de la communication seules nous le faisant inscrire au chapiteau de ce volume sous le titre de « sciences de l'homme », malgré la confusion qui peut trouver à s'y couvrir.

Pour pointer l'émergence de la discipline linguistique, nous dirons qu'elle tient, comme c'est le cas de toute science au sens moderne, dans le moment constituant d'un algorithme qui la fonde. Cet algorithme est le suivant :

$$\frac{S}{s}$$

qui se lit : signifiant sur signifié, le sur répondant à la barre qui en sépare les deux étapes.

Le signe écrit ainsi, mérite d'être attribué à Ferdinand de Saussure, bien qu'il ne se réduise strictement à cette forme en aucun des nombreux schémas sous lesquels il apparaît dans l'impression des leçons diverses des trois cours des années 1906-07, 1908-09, 1910-11, que la piété d'un groupe de ses disciples a réunies sous le titre de *Cours de linguistique générale* : publication primordiale à transmettre un enseignement digne de ce nom, c'est-à-dire qu'on ne peut arrêter que sur son propre mouvement.

C'est pourquoi il est légitime qu'on lui rende hommage de la formalisation $\frac{S}{s}$ où se caractérise dans la diversité des écoles l'étape moderne de la linguistique.

---

7. La linguistique, disons-nous, c'est-à-dire l'étude des langues existantes dans leur structure et dans les lois qui s'y révèlent, — ce qui laisse en dehors la théorie des codes abstraits improprement portée à la rubrique de la théorie de la communication, la théorie, de constitution physicienne, dite de l'information, voire toute sémiologie plus ou moins hypothétiquement généralisée.

La thématique de cette science est dès lors en effet suspendue à la position primordiale du signifiant et du signifié, comme d'ordres distincts et séparés initialement par une barrière résistante à la signification.

C'est là ce qui rendra possible une étude exacte des liaisons propres au signifiant et de l'ampleur de leur fonction dans la genèse du signifié.

Car cette distinction primordiale va bien au-delà du débat concernant l'arbitraire du signe, tel qu'il s'est élaboré depuis la réflexion antique, voire de l'impasse dès la même époque éprouvée qui s'oppose à la correspondance bi-univoque du mot à la chose, fût-ce dans l'acte de la nomination. Ceci à l'envers des apparences qu'en donne le rôle imputé à l'index pointant un objet dans l'apprentissage par le sujet *infans* de sa langue maternelle ou dans l'emploi des méthodes scolaires dites concrètes pour l'étude des langues étrangères.

Dans cette voie les choses ne peuvent aller plus loin que de démontrer [8] qu'il n'est aucune signification qui se soutienne sinon du renvoi à une autre signification : touchant à l'extrême la remarque qu'il n'y a pas de langue existante, pour laquelle se pose la question de son insuffisance à couvrir le champ du signifié, étant un effet de son existence de langue qu'elle y réponde à tous les besoins. Allons-nous serrer dans le langage la constitution de l'objet, nous n'y pourrons que constater qu'elle ne se rencontre qu'au niveau du concept, bien différent d'aucun nominatif, et que la *chose*, à se réduire bien évidemment au nom, se brise en le double rayon divergent de la cause où elle a pris abri en notre langue et du rien à qui elle a fait abandon de sa robe latine *(rem).*

Ces considérations, si existantes qu'elles soient pour le philosophe, nous détournent du lieu d'où le langage nous interroge sur sa nature. Et l'on échouera à en soutenir la question, tant qu'on ne se sera pas dépris de l'illusion que

8. Cf. le *De masgistro* de saint Augustin, dont j'ai commenté le chapitre « De significatione locutionis » à mon séminaire le 23 juin 1954.

le signifiant répond à la fonction de représenter le signifié, disons mieux : que le signifiant ait à répondre de son existence au titre de quelque signification que ce soit.

Car même à se réduire à cette dernière formule, l'hérésie est la même. C'est elle qui conduit le logico-positivisme à la quête du sens du sens, du *meaning of meaning* comme on en dénomme, dans la langue où ses fervents s'ébrouent, l'objectif. D'où l'on constate que le texte le plus chargé de sens se résout à cette analyse en d'insignifiantes bagatelles, seuls y résistant les algorithmes mathématiques qui sont eux, comme de juste, sans aucun sens [9].

Reste que l'algorithme $\frac{S}{s}$ si nous n'en pouvions retirer que la notion du parallélisme de ses termes supérieur et inférieur, chacun pris seulement dans sa globalité, demeurait le signe énigmatique d'un mystère total. Ce qui bien entendu n'est pas le cas.

Pour saisir sa fonction je commencerai par produire l'illustration fautive par quoi l'on introduit classiquement son usage. La voici :

---

9. Ainsi M. Richards, auteur précisément d'un ouvrage sur les procédés appropriés à cet objectif, nous en montre dans un autre l'application. Il choisit pour cela une page de Mong-Tsé, Mencius pour les Jésuites : *Mencius on the mind*, ça s'appelle vu l'objet du morceau. Les garanties apportées à la pureté de l'expérience ne le cèdent en rien au luxe de ses approches. Et le lettré expert dans le Canon traditionnel où s'insère le texte, est rencontré sur le site même de Pékin où l'essoreuse en démonstration a été transportée sans regarder aux frais.

Mais nous ne le serons pas moins, et pour moins cher, transportés, à voir s'opérer la transformation d'un bronze qui rend un son de cloche au moindre frôlement de la pensée, en une sorte de serpillière à nettoyer le tableau noir du psychologisme anglais le plus consternant. Non sans bien vite, hélas ! l'identifier à la propre méninge de l'auteur, seul reste à subsister de son objet et de lui-même après l'exhaustion accomplie du sens de l'un, et du bon sens de l'autre.

ARBRE

où l'on voit quelle faveur elle ouvre à la direction précédemment indiquée pour erronée.

Je lui en substituai pour mes auditeurs une autre, qui ne pouvait être tenue pour plus correcte que d'attiger dans la dimension incongrue à quoi le psychanalyste n'a pas encore tout à fait renoncé, dans le sentiment justifié que son conformisme n'a de prix qu'à partir d'elle. Voici cette autre :

HOMMES DAMES

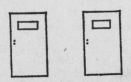

où l'on voit que, sans beaucoup étendre la portée du signifiant intéressé dans l'expérience, soit en redoublant seulement l'espèce nominale par la seule juxtaposition de deux termes dont le sens complémentaire paraît devoir s'en consolider, la surprise se produit d'une précipitation du sens inattendue : dans l'image de deux portes jumelles qui symbolisent avec l'isoloir offert à l'homme occidental pour satisfaire à ses besoins naturels hors de sa maison, l'impératif qu'il semble partager avec la grande majorité des communautés primitives et qui soumet sa vie publique aux lois de la ségrégation urinaire.

Ceci n'est pas seulement pour sidérer par un coup bas le débat nominaliste, mais pour montrer comment le signifiant entre en fait dans le signifié ; à savoir sous une forme qui, pour n'être pas immatérielle, pose la question de sa place dans la réalité. Car à devoir s'approcher des petites plaques émaillées qui le supportent, le regard clignotant d'un myope serait peut-être justifié à questionner si c'est bien là qu'il faut voir le signifiant, dont le signifié dans ce cas recevrait de la double et solennelle procession de la nef supérieure les honneurs derniers.

Mais nul exemple construit ne saurait égaler le relief qui se rencontre dans le vécu de la vérité. Par quoi je n'ai pas lieu d'être mécontent d'avoir forgé celui-ci : puisqu'il a réveillé chez la personne la plus digne de ma foi ce souvenir de son enfance qui, heureusement ainsi venu à ma portée, se place au mieux ici.

Un train arrive en gare. Un petit garçon et une petite fille, le frère et la sœur, dans un compartiment sont assis l'un en face de l'autre du côté où la vitre donnant sur l'extérieur laisse se dérouler la vue des bâtiments du quai le long duquel le train stoppe : « Tiens, dit le frère, on est à Dames ! — Imbécile ! répond la sœur, tu ne vois pas qu'on est à Hommes. »

Outre en effet que les rails dans cette histoire matérialisent la barre de l'algorithme saussurien sous une forme bien faite pour suggérer que sa résistance puisse être autre que dialectique, il faudrait, c'est bien l'image qui convient, n'avoir pas les yeux en face des trous pour s'y embrouiller sur la place respective du signifiant et du signifié, et ne pas suivre de quel centre rayonnant le premier vient à refléter sa lumière dans la ténèbre des significations inachevées.

Car il va porter la Dissension, seulement animale et vouée à l'oubli des brumes naturelles, à la puissance sans mesure, implacable aux familles et harcelante aux dieux, de la guerre idéologique. Hommes et Dames seront dès lors pour ces enfants deux patries vers quoi leurs âmes chacune tireront d'une aile divergente, et sur lesquelles il leur sera d'autant plus impossible de pactiser qu'étant en vérité la même, aucun ne saurait céder sur la précellence de l'une sans attenter à la gloire de l'autre.

Arrêtons-nous là. On dirait l'histoire de France. Plus humaine, comme de juste, à s'évoquer ici que celle d'Angleterre, vouée à culbuter du Gros au Petit Bout de l'œuf du Doyen Sift.

Reste à concevoir quel marchepied et quel couloir l'S du signifiant, visible dans les pluriels dont il centre ses accueils au-delà de la vitre, doit franchir pour porter ses coudes aux canalisations par où, comme l'air chaud et l'air froid, l'indignation et le mépris viennent à souffler en deçà.

Une chose est certaine, c'est que cet accès en tout cas ne doit comporter aucune signification, si l'algorithme $\frac{S}{s}$ avec sa barre lui convient. Car l'algorithme, en tant qu'il n'est lui-même que pure fonction du signifiant, ne peut révéler qu'une structure de signifiant à ce transfert.

Or la structure du signifiant est, comme on le dit communément du langage, qu'il soit articulé.

Ceci veut dire que ses unités, d'où qu'on parte pour dessiner leurs empiétements réciproques et leurs englobements croissants, sont soumises à la double condition de se réduire à des éléments différentiels derniers et de les composer selon les lois d'un ordre fermé.

Ces éléments, découverte décisive de la linguistique, sont les *phonèmes* où il ne faut chercher aucune constance *phonétique* dans la variabilité modulatoire où s'applique ce terme, mais le système synchronique des couplages différentiels, nécessaires au discernement des vocables dans une langue donnée. Par quoi l'on voit qu'un élément essentiel dans la parole elle-même était prédestiné à se couler dans les caractères mobiles qui, Didots ou Garamonds se pressant dans les bas de casse, présentifient valablement ce que nous appelons la lettre, à savoir la structure essentiellement localisée du signifiant.

Avec la seconde propriété du signifiant de se composer selon les lois d'un ordre fermé, s'affirme la nécessité du substrat topologique dont le terme de chaîne signifiante dont j'use d'ordinaire donne une approximation : anneaux dont le collier se scelle dans l'anneau d'un autre collier fait d'anneaux.

Telles sont les conditions de structure qui déterminent — comme grammaire — l'ordre des empiétements constituants du signifiant jusqu'à l'unité immédiatement supérieure à la phrase, — comme lexique, l'ordre des englobements constituants du signifiant jusqu'à la locution verbale.

Il est aisé dans les limites où s'arrêtent ces deux entreprises d'appréhension de l'usage d'une langue, de s'apercevoir que seules les corrélations du signifiant au signifiant y donnent l'étalon de toute recherche de signification, comme le marque la notion d'*emploi* d'un taxième ou d'un sémantème, laquelle renvoie à des contextes du degré juste supérieur aux unités intéressées.

Mais ce n'est pas parce que les entreprises de la grammaire et du lexique s'épuisent à une certaine limite qu'il faut penser que la signification règne au-delà sans partage. Ce serait une erreur.

Car le signifiant de sa nature anticipe toujours sur le sens en déployant en quelque sorte au-devant de lui sa dimension. Comme il se voit au niveau de la phrase quand elle s'interrompt avant le terme significatif : Jamais je ne..., Toujours est-il..., Peut-être encore... Elle n'en fait pas moins sens, et d'autant plus oppressant qu'il se suffit à se faire attendre [10].

Mais le phénomène n'est pas différent, qui du seul recul d'un *mais* la faisant apparaître, belle comme la Sulamite,

10. Ce en quoi l'hallucination verbale, à revêtir cette forme, parfois nous ouvre une porte de communication, jusqu'ici manquée d'être inaperçue, avec la structure freudienne de la psychose (Séminaire de l'année 1955-56).

honnête autant que la rosière, pare et prépare la négresse pour les noces et la pauvresse pour l'encan.

D'où l'on peut dire que c'est dans la chaîne du signifiant que le sens *insiste*, mais qu'aucun des éléments de la chaîne ne *consiste* dans la signification dont il est capable au moment même.

La notion d'un glissement incessant du signifié sous le signifiant s'impose donc, — que F. de Saussure illustre d'une image qui ressemble aux deux sinuosités des Eaux supérieures et inférieures dans les miniatures des manuscrits de la Genèse. Double flux où le repère semble mince des fines raies de pluie qu'y dessinent les pointillés verticaux censés y limiter des segments de correspondance.

Toute l'expérience va là contre, qui m'a fait parler, à un moment donné de mon séminaire sur les psychoses, des « points de capiton » requis par ce schéma pour rendre compte de la dominance de la lettre dans la transformation dramatique que le dialogue peut opérer dans le sujet [11].

Mais la linéarité que F. de Saussure tient pour constituante de la chaîne du discours, conformément à son émission par une seule voix et à l'horizontale où elle s'inscrit dans notre écriture, si elle est nécessaire en effet, n'est pas suffisante. Elle ne s'impose à la chaîne du discours que dans la direction où elle est orientée dans le temps, y étant même prise comme facteur signifiant dans toutes les langues où : [Pierre bat Paul] renverse son temps à inverser ses termes.

Mais il suffit d'écouter la poésie, ce qui sans doute était le cas de F. de Saussure [12], pour que s'y fasse entendre une

11. Nous l'avons fait le 6 juin 1956 sur l'exemple de la première scène d'*Athalie*, dont nous avouons qu'une allusion jetée comme en passant dans le *New Statesman and Nation* par un critique *high brow* à la « haute putasserie » des héroïnes de Racine, n'y fut pas étrangère, en nous incitant à renoncer à la référence aux drames sauvages de Shakespeare, devenue compulsionnelle dans les milieux analytiques où elle joue le rôle de la savonnette à vilain du philistinisme.

12. La publication par Jean Starobinski, dans *le Mercure de France* de février 1964, des notes laissées par Ferdinand de Saus-

polyphonie et que tout discours s'avère s'aligner sur les
plusieurs portées d'une partition.

Nulle chaîne signifiante en effet qui ne soutienne comme
appendu à la ponctuation de chacune de ses unités tout ce
qui s'articule de contextes attestés, à la verticale, si l'on
peut dire, de ce point.

C'est ainsi que pour reprendre notre mot : arbre, non
plus dans son isolation nominale, mais au terme d'une de
ces ponctuations, nous verrons que ce n'est pas seulement à
la faveur du fait que le mot barre est son anagramme, qu'il
franchit celle de l'algorithme saussurien.

Car décomposé dans le double spectre de ses voyelles et
de ses consonnes, il appelle avec le robre et le platane les
significations dont il se charge sous notre flore, de force et
de majesté. Drainant tous les contextes symboliques où il
est pris dans l'hébreu de la Bible, il dresse sur une butte
sans frondaison l'ombre de la croix. Puis se réduit à l'Y
majuscule du signe de la dichotomie qui, sans l'image
historiant l'armorial, ne devrait rien à l'arbre, tout généalo-
gique qu'il se dise. Arbre circulatoire, arbre de vie du
cervelet, arbre de Saturne ou de Diane, cristaux précipités
en un arbre conducteur de la foudre, est-ce votre figure qui
trace notre destin dans l'écaille passée au feu de la tortue,
ou votre éclair qui fait surgir d'une innombrable nuit cette
lente mutation de l'être dans l' Ἐν Πάντα du langage :

> *Non ! dit l'Arbre, il dit : Non ! dans l'étincellement*
> *De sa tête superbe*

vers que nous tenons pour aussi légitimes à être entendus
dans les harmoniques de l'arbre que leur revers :

> *Que la tempête traite universellement*
> *Comme elle fait une herbe.*

Car cette strophe moderne s'ordonne selon la même loi

sure sur les anagrammes et leur usage hypogrammatique, depuis
les vers saturniens jusques aux textes de Cicéron, nous donne l'assurance dont nous manquions alors (1966).

du parallélisme du signifiant, dont le concert régit la primitive geste slave et la poésie chinoise la plus raffinée.

Comme il se voit dans le commun mode de l'étant où sont choisis l'arbre et l'herbe, pour qu'y adviennent les signes de contradiction du : dire « Non ! » et du : traiter comme, et qu'à travers le contraste catégorique du particularisme de la *superbe* à *l'universellement* de sa réduction, s'achève dans la condensation de la tête et de la tempête l'indiscernable étincellement de l'instant éternel.

Mais tout ce signifiant, dira-t-on, ne peut opérer qu'à être présent dans le sujet. C'est bien à quoi je satisfais en supposant qu'il est passé à l'étage du signifié.

Car ce qui importe ce n'est pas que le sujet en cache peu ou prou. (HOMMES et DAMES seraient-ils écrits dans une langue inconnue du petit garçon et de la petite fille que leur querelle n'en serait que plus exclusivement querelle de mots, mais non moins prête pour autant à se charger de signification.)

Ce que cette structure de la chaîne signifiante découvre, c'est la possibilité que j'ai, justement dans la mesure où sa langue m'est commune avec d'autres sujets, c'est-à-dire où cette langue existe, de m'en servir pour signifier *tout autre chose* que ce qu'elle dit. Fonction plus digne d'être soulignée dans la parole que celle de déguiser la pensée (le plus souvent indéfinissable) du sujet : à savoir celle d'indiquer la place de ce sujet dans la recherche du vrai.

Il me suffit en effet de planter mon arbre dans la locution : grimper à l'arbre, voire de projeter sur lui l'éclairage narquois qu'un contexte de description donne au mot : arborer, pour ne pas me laisser emprisonner dans un quelconque *communiqué* des faits, si officiel soit-il, et, si je sais la vérité, la faire entendre malgré toutes les censures *entre les lignes* par le seul signifiant que peuvent constituer mes acrobaties à travers les branches de l'arbre, provocantes jusqu'au burlesque ou seulement sensibles à un œil exercé, selon que je veux être entendu de la foule ou de quelques-uns.

La fonction proprement signifiante qui se dépeint ainsi

dans le langage, a un nom. Ce nom, nous l'avons appris dans notre grammaire enfantine à la page finale où l'ombre de Quintilien, reléguée en un fantôme de chapitre pour faire entendre d'ultimes considérations sur le style, semblait précipiter sa voix sous la menace du crochet.

C'est parmi les figures de style ou tropes, d'où nous vient le verbe : trouver, que ce nom se trouve en effet. Ce nom, c'est la *métonymie*.

Dont nous retiendrons seulement l'exemple qui en était donné : trente voiles. Car l'inquiétude qu'il provoquait en nous de ce que le mot bateau qui s'y cache, semblât y dédoubler sa présence d'avoir pu, au ressassement même de cet exemple, emprunter son sens figuré, — voilait moins ces illustres voiles que la définition qu'elles étaient censées illustrer.

La partie prise pour le tout, nous disions-nous en effet, si la chose est à prendre au réel, ne nous laisse guère d'idée de ce qu'il faut entendre de l'importance de la flotte que ces trente voiles pourtant sont censées évaluer : qu'un navire n'ait qu'une voile est en effet le cas le moins commun.

A quoi se voit que la connexion du navire et de la voile n'est pas ailleurs que dans le signifiant, et que c'est dans le *mot à mot* de cette connexion que s'appuie la métonymie [13].

13. Nous rendons hommage ici à ce que nous devons en cette formulation à M. Roman Jakobson, nous entendons à ses travaux où un psychanalyste trouve à tout instant à structurer son expérience, et qui rendent superflues les « communications personnelles » dont nous pouvons faire état autant que quiconque.

On reconnaît en effet dans cette forme oblique d'allégeance le style de ce couple immortel : Rosencrantz et Guildenstern, dont le dépareillage est impossible, fût-ce par l'imperfection de leur destin, car il dure par le même procédé que le couteau de Jeannot, et pour la raison même dont Goethe louait Shakespeare d'en avoir présenté le personnage en leur doublet : ils sont à eux seuls la *Gesellschaft* tout entière, la Société tout court (*Wilhelm Meisters Lehrjahre*, Ed. Trunz, Christian Wegner Verlag, Hamburg, V. 5, p. 299) (a), j'entends l'I. P. A.

Nous en désignerons le premier versant du champ effectif que le signifiant constitue, pour que le sens y prenne place.

Disons l'autre. C'est la *métaphore*. Et tout de suite allons à l'illustrer : le dictionnaire Quillet m'a paru propre à en fournir un échantillon qui ne fût pas suspect d'être sélectionné, et je n'en cherchai pas plus loin la farce que le vers bien connu de Victor Hugo :

> *Sa gerbe n'était pas avare ni haineuse...*

sous l'aspect duquel je présentai la métaphore au temps venu de mon séminaire sur les psychoses.

Disons que la poésie moderne et l'école surréaliste nous ont fait faire ici un grand pas, en démontrant que toute conjonction de deux signifiants serait équivalente pour constituer une métaphore, si la condition du plus grand disparate des images signifiées n'était exigée pour la production de l'étincelle poétique, autrement dit pour que la création métaphorique ait lieu.

Certes cette position radicale se fonde sur une expérience dite de l'écriture automatique, qui n'aurait pas été tentée sans l'assurance que ses pionniers prenaient de la découverte freudienne. Mais elle reste marquée de confusion parce que la doctrine en est fausse.

L'étincelle créatrice de la métaphore ne jaillit pas de la mise en présence de deux images, c'est-à-dire de deux

---

Qu'on sache gré dans ce contexte à l'auteur des « Some remarks on the role of speech in psycho-analytic technique » (*I. J. P.*, nov.-déc. 1956, XXXVII, 6, p. 467), d'avoir pris soin de souligner qu'elles sont « basées sur » un travail de 1952. On s'explique ainsi en effet que rien n'y soit assimilé des travaux parus depuis et que l'auteur pourtant n'ignore pas puisqu'il me cite comme leur éditeur (*sic*. Je sais ce que veut dire editor).

(a) Il faudrait distiller tout le passage de Gœthe : *Dieses leise Auftreten, dieses Schmiegen und Biegen, dies Jasagen, Streicheln und Schmeicheln, diese Behendigkeit, dies Schwänzein, diese Allheit und Leerheit, diese rechtliche Schurkerei, diese Unfähigkeit, wie kann sie durch einen Menschen ausgedruckt werden ? Es sollten ihrer wenigstens ein Dutzend sein, wenn man sie haben könnte ; denn sie bloss in Gesellschaft etwas, sie sind die Gesellschaft...*

signifiants également actualisés. Elle jaillit entre deux signifiants dont l'un s'est substitué à l'autre en prenant sa place dans la chaîne signifiante, le signifiant occulté restant présent de sa connexion (métonymique) au reste de la chaîne.

Un mot pour un autre, telle est la formule de la métaphore, et si vous êtes poète, vous produirez, à vous en faire un jeu, un jet continu, voire un tissu éblouissant de métaphores. N'en obtenant en outre l'effet d'ébriété du dialogue que Jean Tardieu a composé sous ce titre, que de la démonstration qui s'y opère de la superfluité radicale de toute signification pour une représentation parfaitement convaincante de la comédie bourgeoise.

Dans le vers de Hugo, il est manifeste qu'il ne jaillit pas la moindre lumière de l'attestation qu'une gerbe ne soit pas avare ni haineuse, pour la raison qu'il n'est pas question qu'elle ait le mérite plus que le démérite de ces attributs, l'un et l'autre étant avec elle propriétés de Booz qui les exerce à disposer d'elle, sans lui faire part de ses sentiments.

Si sa gerbe renvoie à Booz, comme c'est bien le cas pourtant, c'est de se substituer à lui dans la chaîne signifiante, à la place même qui l'attendait d'être exhaussée d'un degré par le déblaiement de l'avarice et de la haine. Mais dès lors c'est de Booz que la gerbe a fait cette place nette, rejeté qu'il est maintenant dans les ténèbres du dehors où l'avarice et la haine l'hébergent dans le creux de leur négation.

Mais une fois que *sa* gerbe a ainsi usurpé sa place, Booz ne saurait y revenir, le mince fil du petit *sa* qui l'y rattache y étant un obstacle de plus, à lier ce retour d'un titre de possession qui le retiendrait au sein de l'avarice et de la haine. Sa générosité affirmée se voit réduire à *moins que rien* par la munificence de la gerbe qui, d'être prise à la nature, ne connaît pas notre réserve et nos rejets, et même dans son accumulation reste prodigue pour notre aune.

Mais si dans cette profusion le donateur a disparu avec le don, c'est pour resurgir dans ce qui entoure la figure où

il s'est annihilé. Car c'est le rayonnement de la fécondité,
— qui annonce la surprise que célèbre le poème, à savoir
la promesse que le vieillard va recevoir dans un contexte
sacré de son avènement à la paternité.

C'est donc entre le signifiant du nom propre d'un homme
et celui qui l'abolit métaphoriquement, que se produit
l'étincelle poétique ici, d'autant plus efficace à réaliser la
signification de la paternité qu'elle reproduit l'événement
mythique où Freud a reconstruit le cheminement, dans
l'inconscient de tout homme, du mystère paternel.

La métaphore moderne n'a pas une autre structure. Par
quoi cette jaculation :

> *L'amour est un caillou riant dans le soleil,*

recrée l'amour dans une dimension que j'ai pu dire me
paraître tenable, contre son glissement toujours imminent
dans le mirage d'un altruisme narcissique.

On voit que la métaphore se place au point précis où le
sens se produit dans le non-sens, c'est-à-dire à ce passage
dont Freud a découvert que, franchi à rebours, il donne
lieu à ce mot qui en français est « le mot » par excellence,
le mot qui n'y a pas d'autre patronage que le signifiant de
l'esprit [14], et où se touche que c'est sa destinée même que
l'homme met au défi par la dérision du signifiant.

Mais pour y revenir d'ici, que trouve l'homme dans la
métonymie, si ce doit être plus que le pouvoir de tourner
les obstacles de la censure sociale ? Cette forme qui donne
son champ à la vérité dans son oppression, ne manifeste-
t-elle pas quelque servitude inhérente à sa présentation ?

On lira avec profit le livre où Léo Strauss. de la terre
classique à offrir son asile à ceux qui ont choisi la liberté,

---

14. C'est bien l'équivalent du terme allemand du *Witz* dont Freud
a marqué la visée de son 3e ouvrage fondamental sur l'inconscient.
La difficulté bien plus grande de trouver cet équivalent en anglais,
est instructive : le *wit*, alourdi de la discussion qui va de Davenant
et de Hobbes à Pope et à Addison, y laissant ses vertus essentielles
à l'*humour* qui est autre chose. Reste le *pun*, trop étroit pourtant.

médite sur les rapports de l'art d'écrire à la persécution [15]. En y serrant au plus près la sorte de connaturalité qui noue cet art à cette condition, il laisse apercevoir ce quelque chose qui impose ici sa forme, dans l'effet de la vérité sur le désir.

Mais ne sentons-nous pas depuis un moment que d'avoir suivi les chemins de la lettre pour rejoindre la vérité freudienne, nous brûlons, son feu prenant de partout.

Certes la lettre tue, dit-on, quand l'esprit vivifie. Nous n'en disconvenons pas, ayant eu à saluer quelque part ici une noble victime de l'erreur de chercher dans la lettre, mais nous demandons aussi comment sans la lettre l'esprit vivrait. Les prétentions de l'esprit pourtant demeureraient irréductibles, si la lettre n'avait fait la preuve qu'elle produit tous ses effets de vérité dans l'homme, sans que l'esprit ait le moins du monde à s'en mêler.

Cette révélation, c'est à Freud qu'elle s'est faite, et sa découverte, il l'a appelée l'inconscient.

II. *La lettre dans l'inconscient.*

L'œuvre complète de Freud nous présente une page sur trois de références philologiques, une page sur deux d'inférences logiques, partout une appréhension dialectique de l'expérience, l'analytique langagière y renforçant encore ses proportions à mesure que l'inconscient y est plus directement intéressé.

C'est ainsi que dans *la Science des rêves*, il ne s'agit à toutes les pages que de ce que nous appelons la lettre du discours, dans sa texture, dans ses emplois, dans son immanence à la matière en cause. Car cet ouvrage ouvre avec l'œuvre sa route royale à l'inconscient. Et nous en sommes avertis par Freud, dont la confidence surprise quand il lance ce livre vers nous aux premiers jours de ce siècle [16],

---

15. *Persecution and the art of Writing*, by Léo Strauss. The free Press. Glencoë. Illinois.

16. Cf. la correspondance, nommément les n° 107 et 119, des lettres choisies par ses éditeurs.

ne fait que confirmer ce qu'il a proclamé jusqu'au bout :
dans ce va-tout de son message est le tout de sa découverte.

La première clause articulée dès le chapitre liminaire,
parce que l'exposé n'en peut souffrir le retard, c'est que le
rêve est un rébus. Et Freud de stipuler qu'il faut l'entendre
comme j'ai dit d'abord, à la lettre. Ce qui tient à l'instance
dans le rêve de cette même structure littérante (autrement
dit phonématique) où s'articule et s'analyse le signifiant
dans le discours. Telles les figures hors nature du bateau sur le toit ou de l'homme à tête de virgule expressément évoquées par Freud, les images du rêve ne sont à
retenir que pour leur valeur de signifiant, c'est-à-dire pour
ce qu'elles permettent d'épeler du « proverbe » proposé par
le rébus du rêve. Cette structure de langage qui rend
possible l'opération de la lecture, est au principe de la
signifiance du rêve, de la *Traumdeutung*.

Freud exemplifie de toutes les manières que cette valeur
de signifiant de l'image n'a rien à faire avec sa signification, mettant en jeu les hiéroglyphes de l'Egypte où il serait
bouffon de déduire de la fréquence du vautour qui est un
aleph ou du poussin qui est un *vau* à signaler une forme du
verbe être et les pluriels, que le texte intéresse si peu que ce
soit ces spécimens ornithologiques. Freud trouve à se repérer à certains emplois du signifiant dans cette écriture, qui
sont effacés dans la nôtre, tel l'emploi de déterminatif,
ajoutant l'exposant d'une figure catégorique à la figuration
littérale d'un terme verbal, mais c'est pour mieux nous
ramener au fait que nous sommes dans l'écriture où même
le prétendu « idéogramme » est une lettre.

Mais il n'est pas besoin de la confusion courante sur
ce terme pour que dans l'esprit du psychanalyste qui n'a
aucune formation linguistique, le préjugé prévale d'un symbolisme qui se dérive de l'analogie naturelle, voire de
l'image coaptative de l'instinct. Tellement que, hors de
l'école française qui y pare, c'est sur la ligne : voir dans le
marc de café n'est pas lire dans les hiéroglyphes, qu'il me

faut rappeler à ses principes une technique dont rien ne saurait justifier les voies hors la visée de l'inconscient.

Il faut dire que ceci n'est reçu qu'avec peine et que le vice mental dénoncé plus haut jouit d'une telle faveur qu'on peut s'attendre à ce que le psychanalyste d'aujourd'hui admette qu'il décode, avant que de se résoudre à faire avec Freud les stations nécessaires (tournez à la statue de Champollion, dit le guide) pour comprendre qu'il déchiffre : ce qui s'en distingue par le fait qu'un cryptogramme n'a toutes ses dimensions que lorsque c'est celui d'une langue perdue.

Faire ces stations, ce n'est pourtant que continuer dans la *Traumdeutung*.

L'*Entstellung*, traduite : transposition, où Freud montre la précondition générale de la fonction du rêve, c'est ce que nous avons désigné plus haut avec Saussure comme le glissement du signifié sous le signifiant, toujours en action (inconsciente, remarquons-le) dans le discours.

Mais les deux versants de l'incidence du signifiant sur le signifié s'y retrouvent.

La *Verdichtung*, condensation, c'est la structure de surimposition des signifiants où prend son champ la métaphore, et dont le nom pour condenser en lui-même la *Dichtung* indique la connaturalité du mécanisme à la poésie, jusqu'au point où il enveloppe la fonction proprement traditionnelle de celle-ci.

La *Verschiebung* ou déplacement, c'est plus près du terme allemand ce virement de la signification que la métonymie démontre et qui, dès son apparition dans Freud, est présenté comme le moyen de l'inconscient le plus propre à déjouer la censure.

Qu'est-ce qui distingue ces deux mécanismes, qui jouent dans le travail du rêve, *Traumarbeit*, un rôle privilégié, de leur homologue fonction dans le discours ? — Rien, sinon une condition imposée au matériel signifiant, dite *Rücksicht auf Darstellbarkeit* qu'il faut traduire par : égard aux moyens de la mise en scène (la traduction par : rôle de la possibilité de figuration étant ici par trop approximative).

Mais cette condition constitue une limitation qui s'exerce à l'intérieur du système de l'écriture, loin qu'elle le dissolve en une sémiologie figurative où il rejoindrait les phénomènes de l'expression naturelle. On pourrait probablement éclairer par là les problèmes de certains modes de pictographie, qu'on n'est pas autorisé, du seul fait qu'ils aient été abandonnés comme imparfaits dans l'écriture, à considérer comme des stades évolutifs. Disons que le rêve est semblable à ce jeu de salon où l'on doit, sur la sellette, donner à deviner aux spectateurs un énoncé connu ou sa variante par le seul moyen d'une mise en scène muette. Que le rêve dispose de la parole n'y change rien, vu que pour l'insconscient elle n'est qu'un élément de mise en scène comme les autres. C'est justement quand le jeu et aussi bien le rêve se heurteront au manque de matériel taxiématique pour représenter les articulations logiques de la causalité, de la contradiction, de l'hypothèse, etc., qu'ils feront la preuve que l'un et l'autre ils sont affaire d'écriture et non de pantomime. Les procédés subtils que le rêve s'avère employer pour représenter néanmoins ces articulations logiques, de façon beaucoup moins artificielle que le jeu n'y pare d'ordinaire, sont dans Freud l'objet d'une étude spéciale où se confirme une fois de plus que le travail du rêve suit les lois du signifiant.

Le reste de l'élaboration est désigné par Freud comme secondaire, ce qui prend sa valeur de ce dont il s'agit : fantasmes ou rêves diurnes, *Tagtraum* pour employer le terme dont Freud préfère se servir pour les situer dans leur fonction d'accomplissement du désir (*Wunscherfüllung*). Leur trait distinctif, étant donné que ces fantasmes peuvent rester inconscients, est bien leur signification. Or de ceux-ci Freud nous dit que leur place dans le rêve est ou bien d'y être repris à titre d'éléments signifiants pour l'énoncé de la pensée inconsciente (*Traumgedanke*), — ou bien de servir à l'élaboration secondaire ici en question, c'est-à-dire à une fonction, dit-il, qu'il n'y a pas lieu de distinguer de la pensée vigile (*von unserem wachen Denken nicht zu unterscheiden*). On ne peut donner une meilleure idée des effets de cette fonction que de la comparer à des plaques de badigeon, qui de ci de là reportées au pochoir, tendraient à faire rentrer dans l'apparence d'un tableau à sujets les clichés plutôt rébarbatifs en eux-mêmes du rébus ou des hiéroglyphes.

Je m'excuse de paraître épeler moi-même le texte de Freud ; ce n'est pas seulement pour montrer ce que l'on gagne à simplement n'y pas retrancher. C'est pour pouvoir situer sur des repères premiers, fondamentaux et jamais révoqués ce qui s'est passé dans la psychanalyse.

Dès l'origine on a méconnu le rôle constituant du signifiant dans le statut que Freud fixait à l'inconscient d'emblée et sous les modes formels les plus précis.

Ceci pour une double raison, dont la moins aperçue naturellement est que cette formalisation ne suffisait pas à elle seule à faire reconnaître l'instance du signifiant, car elle était, à la parution de la *Traumdeutung*, très en avance sur les formalisations de la linguistique auxquelles on pourrait sans doute démontrer qu'elle a, par son seul pesant de vérité, frayé la voie.

La seconde raison n'est après tout que l'envers de la première, car si les psychanalystes furent exclusivement fascinés par les significations relevées dans l'inconscient, c'est qu'elles tiraient leur attrait le plus secret de la dialectique qui semblait leur être immanente.

J'ai montré pour mon séminaire que c'est dans la nécessité de redresser les effets toujours s'accélérant de cette partialité que se comprennent les virements apparents, ou pour mieux dire les coups de barre, que Freud, à travers son soin premier d'assurer la survie de sa découverte avec les premiers remaniements qu'elle imposait aux connaissances, a cru devoir donner en cours de route à sa doctrine.

Car dans le cas où il était, je le répète, de n'avoir rien qui répondant à son objet fût au même niveau de maturation scientifique, — du moins n'a-t-il pas failli à maintenir cet objet à la mesure de sa dignité ontologique.

Le reste fut l'affaire des dieux et a couru de telle sorte

que l'analyse prend aujourd'hui ses repères dans ces formes imaginaires que je viens de montrer comme dessinées en réserve sur le texte qu'elles mutilent, — et que c'est sur elles que la visée de l'analyste s'accommode : les mêlant dans l'interprétation du rêve à la libération visionnaire de la volière hiéroglyphique, et cherchant plus généralement le contrôle de l'exhaustion de l'analyse dans une sorte de *scanning* [17] de ces formes où qu'elles apparaissent, dans l'idée qu'elles sont les témoins de l'exhaustion des régressions autant que du remodelage de la « relation d'objet » où le sujet est censé se typifier [18].

La technique qui se réclame de telles positions, peut être fertile en effets divers, fort difficiles à critiquer derrière l'égide thérapeutique. Mais une critique interne peut se dégager d'une discordance flagrante entre le mode opératoire dont cette technique s'autorise — à savoir la règle analytique dont tous les instruments, à partir de la « libre association », se justifient de la conception de l'inconscient de son inventeur —, et la méconnaissance complète qui y règne de cette conception de l'inconscient. Ce dont ses tenants les plus tranchants croient être quittes d'une pirouette : la règle analytique doit être observée d'autant plus religieusement qu'elle n'est que le fruit d'un heureux hasard. Autrement dit, Freud n'a jamais bien su ce qu'il faisait.

Le retour au texte de Freud montre au contraire la cohérence absolue de sa technique à sa découverte, en même temps qu'elle permet de placer ses procédés à leur rang.

C'est pourquoi toute rectification de la psychanalyse

---

17. On sait que c'est le procédé par où une recherche s'assure de son résultat par l'exploration mécanique de l'extension entière du champ de son objet.

18. La typologie, de ne se référer qu'au développement de l'organisme, méconnaît la structure où le sujet est pris respectivement dans le fantasme, dans la pulsion, dans la sublimation, — structure dont j'élabore la théorie (1966).

impose de revenir à la vérité de cette découverte, impossible à obscurcir dans son moment originel.

Car dans l'analyse du rêve, Freud n'entend pas nous donner autre chose que les lois de l'insconscient dans leur extension la plus générale. Une des raisons pour lesquelles le rêve y était le plus propice, c'est justement, Freud nous le dit, qu'il ne révèle pas moins ces lois chez le sujet normal que chez le névrosé.

Mais dans un cas comme dans l'autre, l'efficience de l'inconscient ne s'arrête pas au réveil. L'expérience psychanalytique n'est pas autre chose que d'établir que l'inconscient ne laisse aucune de nos actions hors de son champ. Sa présence dans l'ordre psychologique, autrement dit dans les fonctions de relation de l'individu, mérite pourtant d'être précisée : elle n'est nullement coexistensive à cet ordre, car nous savons que, si la motivation inconsciente se manifeste aussi bien dans des effets psychiques conscients que dans des effets psychiques inconscients, inversement c'est un rappel élémentaire que de faire remarquer qu'un grand nombre d'effets psychiques que le terme d'inconscient, au titre d'exclure le caractère de la conscience, désigne légitimement, n'en sont pas moins sans aucun rapport de leur nature avec l'inconscient au sens freudien. Ce n'est donc que par un abus de terme que l'on confond psychique et inconscient en ce sens, et qu'on qualifie ainsi de psychique un effet de l'inconscient sur le somatique par exemple.

Il s'agit donc de définir la topique de cet inconscient. Je dis que c'est celle-là même que définit l'algorithme :

$$\frac{S}{s}$$

Ce qu'il nous a permis de développer de l'incidence du signifiant sur le signifié, s'accommode de sa transformation en :

$$f(S)\frac{\mathrm{I}}{s}$$

C'est de la coprésence non seulement des éléments de

la chaîne signifiante horizontale, mais de ses attenances verticales, dans le signifié, que nous avons montré les effets,
répartis selon deux structures fondamentales dans la métonymie et dans la métaphore. Nous pouvons les symboliserpar :

$$f(S\ldots S')\ S \cong S\ (-)\ s \qquad ,$$

soit la stucture métonymique, indiquant que c'est la connexion du signifiant au signifiant, qui permet l'élision par
quoi le signifiant installe le manque de l'être dans la relation d'objet, en se servant de la valeur de renvoi de la
signification pour l'investir du désir vivant ce manque qu'il
supporte. Le signe — placé entre ( ) manifestant ici le maintien de la barre —, qui dans l'algorithme premier marque
l'irréductibilité où se constitue dans les rapports du signifiant au signifié, la résistance de la signification[19].

Voici maintenant :

$$f\left(\frac{S'}{S}\right)\ S \cong S(+)\ s \qquad ,$$

la structure métaphorique, indiquant que c'est dans la substitution du signifiant au signifiant que se produit un effet
de signification qui est de poésie ou de création, autrement
dit d'avènement de la signification en question[20]. Le
signe + placé entre ( ) manifestant ici le franchissement de
la barre et la valeur constituante de ce franchissement
pour l'émergence de la signification.

Ce franchissement exprime la condition de passage du
signifiant dans le signifié dont j'ai marqué plus haut le
moment en le confondant provisoirement avec la place du
sujet.

C'est la fonction du sujet, ainsi introduite, à laquelle il

19. Le signe $\cong$ désigne la congruence.
20. S' désignant dans le contexte le terme productif de l'effet
signifiant (ou signifiance), on voit que ce terme est latent dans la
métonymie, patent dans la métaphore.

faut maintenant nous arrêter, parce qu'elle est au point crucial de notre problème.

Je pense, donc je suis (*cogito ergo sum*), n'est pas seulement la formule où se constitue, avec l'apogée historique d'une réflexion sur les conditions de la science, la liaison à la transparence du sujet transcendantal de son affirmation existentielle.

Peut-être ne suis-je qu'objet et mécanisme (et donc rien de plus que phénomène), mais assurément en tant que je le pense, je suis — absolument. Sans doute les philosophes avaient apporté là d'importantes corrections, et nommément que dans cela qui pense (*cogitans*), je ne fais jamais que me constituer en objet (*cogitatum*). Il reste qu'à travers cette épuration extrême du sujet transcendental, ma liaison existentielle à son projet semble irréfutable, au moins sous la forme de son actualité, et que :

« *cogito ergo sum* », *ubi cogito, ibi sum,*

surmonte l'objection.

Bien entendu ceci me limite à n'être là dans mon être que dans la mesure où je pense que je suis dans ma pensée ; dans quelle mesure je le pense vraiment, ceci ne regarde que moi, et, si je le dis, n'intéresse personne[21].

L'éluder pourtant sous le prétexte de ses semblants philosophiques, est simplement faire preuve d'inhibition. Car la notion de sujet est indispensable au maniement d'une science comme la stratégie au sens moderne, dont les calculs excluent tout « subjectivisme ».

C'est aussi s'interdire l'accès à ce qu'on peut appeler l'univers de Freud, comme on dit l'univers de Copernic. C'est bien en effet à la révolution dite copernicienne que Freud lui-même comparait sa découverte, soulignant qu'il y

---

21. Tout autrement en est-il si, posant par exemple une question comme : « Pourquoi des philosophes ? », je me fais plus candide que nature, puisque je pose non seulement la question que les philosophes se posent depuis toujours, mais celle à quoi peut-être ils s'intéressent le plus.

allait une fois de plus de la place que l'homme s'assigne au centre d'un univers.

La place que j'occupe comme sujet de signifiant est-elle, par rapport à celle que j'occupe comme sujet du signifié, concentrique ou excentrique ? Voilà la question.

Il ne s'agit pas de savoir si je parle de moi de façon conforme à ce que je suis, mais si, quand j'en parle, je suis le même que celui dont je parle. Et il n'y a ici aucun inconvénient à faire intervenir le terme de pensée. Car Freud désigne de ce terme les éléments en jeu dans l'inconscient ; c'est-à-dire dans les mécanismes signifiants que je viens d'y reconnaître.

Il n'en reste pas moins que le *cogito* philosophique est au foyer de ce mirage qui rend l'homme moderne si sûr d'être soi dans ses incertitudes sur lui-même, voire à travers la méfiance qu'il a pu apprendre dès longtemps à pratiquer quant aux pièges de l'amour-propre.

Aussi bien si, retournant contre la nostalgie qu'elle sert, l'arme de la métonymie, je me refuse à chercher aucun sens au-delà de la tautologie et si, au nom de « la guerre est la guerre » et « un sou est un sou », je me décide à n'être que ce que je suis, comment ici me détacher de cette évidence que je suis dans cet acte même ?

Non moins qu'à me porter à l'autre pôle, métaphorique, de la quête signifiante et me vouer à devenir ce que je suis, à venir à l'être, — je ne puis douter qu'à m'y perdre même, j'y suis.

Or c'est sur ces points mêmes, où l'évidence va être subvertie par l'empirique, que gît le tour de la conversion freudienne.

Ce jeu signifiant de la métonymie et de la métaphore, jusque et y compris sa pointe active qui clavette mon désir sur un refus du signifiant ou sur un manque de l'être et noue mon sort à la question de mon destin, ce jeu se joue, jusqu'à ce que la partie soit levée, dans son inexorable finesse, là où je ne suis pas parce que je ne peux pas m'y situer.

C'est-à-dire que c'est peu de ces mots dont j'ai pu interloquer un instant mes auditeurs : je pense où je ne suis pas, donc je suis où je ne pense pas. Mots qui à toute oreille suspendue rendent sensible dans quelle ambiguïté de furet fuit sous nos prises l'anneau du sens sur la ficelle verbale.

Ce qu'il faut dire, c'est : je ne suis pas, là où je suis le jouet de ma pensée ; je pense à ce que je suis, là où je ne pense pas penser.

Ce mystère à deux faces rejoint ce fait que la vérité ne s'évoque que dans cette dimension d'alibi par où tout « réalisme » dans la création prend sa vertu de la métonymie, comme cet autre que le sens ne livre son accès qu'au double coude de la métaphore, quand on a leur clef unique : le S et le *s* de l'algorithme saussurien ne sont pas dans le même plan, et l'homme se leurrait à se croire placé dans leur commun axe qui n'est nulle part.

Ceci du moins jusqu'à ce que Freud en ait fait la découverte. Car si ce que Freud a découvert n'est pas cela même, ce n'est rien.

Les contenus de l'inconscient ne nous livrent en leur décevante ambiguïté nulle réalité plus consistante dans le sujet que l'immédiat ; c'est de la vérité qu'ils prennent leur vertu, et dans la dimension de l'être : *Kern unseres Wesen*, les termes sont dans Freud.

Le mécanisme à double détente de la métaphore est celui-là même où se détermine le symptôme au sens analytique. Entre le signifiant énigmatique du trauma sexuel et le terme à quoi il vient se substituer dans une chaîne signifiante actuelle, passe l'étincelle, qui fixe dans un symptôme — métaphore où la chair ou bien la fonction sont prises comme élément signifiant, — la signification inaccessible au sujet conscient où il peut se résoudre.

Et les énigmes que propose le désir à toute « philosophie naturelle », sa frénésie mimant le gouffre de l'infini, la collusion intime où il enveloppe le plaisir de savoir et celui de dominer avec la jouissance, ne tiennent à nul autre dérèglement de l'instinct qu'à sa prise dans les rails, — éternellement tendus vers le *désir d'autre chose* —, de la métonymie. D'où sa fixation « perverse » au même point de suspension de la chaîne signifiante où le souvenir-écran s'immobilise, où l'image fascinante du fétiche se statufie.

Nul autre moyen de concevoir l'indestructibilité du désir inconscient, — quand il n'est pas de besoin qui, à se voir interdire son assouvissement, ne s'étiole, au cas extrême par la consomption de l'organisme lui-même. C'est dans une mémoire, comparable à ce qu'on dénomme de ce nom dans nos modernes machines-à-penser (fondées sur une réalisation électronique de la composition signifiante), que gît cette chaîne qui *insiste* à se reproduire dans le transfert, et qui est celle d'un désir mort.

C'est la vérité de ce que ce désir a été dans son histoire que le sujet crie par son symptôme, comme le Christ a dit qu'eussent fait les pierres si les enfants d'Israël ne leur eussent donné leur voix.

C'est aussi pourquoi la psychanalyse seule permet de différencier, dans la mémoire, la fonction de la remémoration. Enracinée dans le signifiant, elle résout, par l'ascendant de l'histoire dans l'homme, les apories platoniciennes de la réminiscence.

Il suffit de lire les *Trois essais sur la sexualité*, recouverts pour la foule par tant de gloses pseudo-biologiques, pour constater que Freud fait dériver toute accession à l'objet, d'une dialectique du retour.

Parti ainsi du νόστος hölderlinien, c'est à la répétition kierkegardienne que Freud en viendra moins de vingt ans plus tard, c'est-à-dire que sa pensée, de s'être soumise à son origine aux seules humbles mais inflexibles conséquences de la *talking cure,* n'a jamais pu se déprendre des vivantes servitudes qui, du principe royal du Logos, l'ont conduit à repenser les mortelles antinomies empédocléennes.

Et comment concevoir autrement que sur cette « autre scène » dont il parle comme du lieu du rêve, son recours d'homme scientifique à un *Deus ex machina* moins déri-soire de ce qu'ici soit dévoilé au spectateur que la machine régit le régisseur lui-même ? Figure obscène et féroce du père primordial, inépuisable à se rédimer dans l'éternel aveuglement d'Œdipe, comment penser, sinon qu'il dût courber la tête sous la force d'un témoignage qui dépassait nos préjugés, qu'un savant du XIXᵉ siècle ait tenu plus qu'à tout dans son œuvre à ce *Totem et tabou*, devant lequel les ethnologues d'aujourd'hui s'inclinent comme devant la croissance d'un mythe authentique ?

Aussi bien est-ce aux mêmes nécessités que le mythe, que répond cette impérieuse prolifération de créations symboliques particulières, où se motivent jusque dans leurs détails les compulsions du névrosé, comme ce qu'on appelle les théories sexuelles de l'enfant.

C'est ainsi que pour vous placer au point précis où se déroule actuellement dans mon séminaire mon commentaire de Freud, le petit Hans, à cinq ans laissé en plan par les carences de son entourage symbolique, devant l'énigme soudain actualisée pour lui de son sexe et de son existence, développe, sous la direction de Freud et de son père son disciple, autour du cristal signifiant de sa phobie, sous une forme mythique, toutes les permutations possibles d'un nombre limité de signifiants.

Opération où se démontre que même au niveau individuel, la solution de l'impossible est apportée à l'homme par l'exhaustion de toutes les formes possibles d'impossibilités rencontrées dans la mise en équation signifiante de la solution. Démonstration saisissante à éclairer le labyrinthe d'une observation dont on ne s'est servi jusqu'à présent que pour en extraire des matériaux de démolition. A faire saisir aussi que dans la coextensivité du développement du symptôme et de sa résolution curative, s'avère la nature de la névrose : phobique, hystérique ou obsessionnelle, la névrose est une question que l'être pose pour le sujet « de là où il était avant que le sujet vînt au monde » (cette subordonnée est la propre phrase dont se sert Freud expliquant au petit Hans le complexe d'Œdipe).

Il s'agit ici de cet être qui n'apparaît que l'éclair d'un instant dans le vide du verbe être, et j'ai dit qu'il pose sa question pour le sujet. Qu'est-ce à dire ? Il ne la pose pas *devant* le sujet puisque le sujet ne peut venir à la place où il la pose, mais il la pose *à la place* du sujet, c'est-à-dire qu'à cette place il pose la question *avec* le sujet, comme on pose un problème *avec* une plume et comme l'homme antique pensait *avec* son âme.

C'est ainsi que Freud a fait rentrer le moi dans sa doctrine, en le définissant par les résistances qui lui sont propres. Qu'elles soient de nature imaginaire au sens des leurres coaptatifs, que l'éthologie nous démontre dans les conduites animales de la parade et du combat, c'est ce que je me suis employé à faire saisir pour ce à quoi ces leurres se réduisent chez l'homme, soit pour la relation narcissique introduite par Freud et telle que je l'ai élaborée dans le *stade du miroir*. Que Freud, à situer dans ce moi la synthèse des fonctions perceptives où s'intègrent les sélections sensorimotrices, paraisse abonder dans la délégation qui lui est faite traditionnellement de répondre de la réalité, cette réalité n'en est que plus incluse dans le suspens du *moi*.

Car ce *moi* distingué d'abord pour les inerties imaginaires qu'il concentre contre le message de l'inconscient, n'opère qu'à couvrir ce déplacement qu'est le sujet, d'une résistance essentielle au discours comme tel.

C'est là la raison pour laquelle une exhaustion des mécanismes de défense, aussi sensible que nous la fait un Fenichel dans ses problèmes de technique parce qu'il est un praticien (alors que toute sa réduction théorique des névroses ou des psychoses à des anomalies génétiques du développement libidinal est la platitude même), se manifeste, sans qu'il en rende compte ni même qu'il s'en rende compte, comme l'envers dont les mécanismes de l'inconscient seraient l'endroit. La périphrase, l'hyperbate, l'ellipse, la suspension, l'anticipation, la rétractation, la dénégation, la digression, l'ironie, ce sont les figures de style (*figurae sententiarum* de Quintilien), comme la catachrèse, la litote, l'antonomase, l'hypotypose sont les tropes, dont les termes s'imposent à la plume comme les plus propres à étiqueter ces mécanismes. Peut-on n'y voir qu'une simple manière de dire, quand ce sont les figures mêmes qui sont en acte dans la rhétorique du discours effectivement prononcé par l'analysé ?

A s'obstiner à réduire à une permanence émotionnelle la réalité de la résistance dont ce discours ne serait que la couverture, les psychanalystes d'aujourd'hui montrent seulement qu'ils tombent sous le coup d'une des vérités fondamentales que Freud a retrouvées par la psychanalyse. C'est qu'à une vérité nouvelle, on ne peut se contenter de faire sa place, car c'est de prendre notre place en elle qu'il s'agit. Elle exige qu'on se dérange. On ne saurait y parvenir à s'y habituer seulement. On s'habitue au réel. La vérité, on la refoule.

Or, il est tout spécialement nécessaire au savant, au mage et même au mège, qu'il soit le seul à savoir. L'idée qu'au fond des âmes les plus simples, et qui plus est, malades, il y ait quelque chose de prêt à éclore, passe encore ! mais quelqu'un qui ait l'air d'en savoir autant qu'eux sur ce qu'il faut en penser, ... accourez à notre aide, catégories de la pensée primitive, prélogique, archaïque, voire de la pensée magique, si commode à imputer aux autres. C'est qu'il ne convient pas que ces croquants nous tiennent hors d'haleine à nous proposer des énigmes qui s'avèrent trop malicieuses.

Pour interpréter l'inconscient comme Freud, il faudrait être comme lui une encyclopédie des arts et des muses, doublé d'un lecteur assidu des *Fliegende Blätter*. Et la tâche ne nous serait pas plus aisée de nous mettre à la merci d'un fil tissé d'allusions et de citations, de calembours et d'équivoques. Aurons-nous à faire métier de fanfreluches antidotées ?

Il faut s'y résoudre pourtant. L'inconscient n'est pas le primordial, ni l'instinctuel, et d'élémentaire il ne connaît que les éléments du signifiant.

Les livres que l'on peut dire canoniques en matière d'inconscient, — la *Traumdeutung*, la *Psychopathologie de la vie quotidienne* et le *Trait d'esprit (Witz) dans ses rapports avec l'inconscient* —, ne sont qu'un tissu d'exemples dont le développement s'inscrit dans les for-

mules de connexion et de substitution (seulement portées
au décuple par leur complexité particulière, et le tableau
en étant donné parfois par Freud en hors-texte), qui sont
celles que nous donnons du signifiant dans sa fonction de
transfert. Car dans la *Traumdeutung*, c'est dans le sens
d'une telle fonction qu'est introduit le terme d'*Ubertragung*
ou transfert, qui donnera plus tard son nom au ressort
opérant du lien intersubjectif entre l'analysé et l'analyste.

De tels diagrammes ne sont pas seulement constituants
dans la névrose pour chacun de ses symptômes, mais ils
sont seuls à permettre d'envelopper la thématique de son
cours et de sa résolution. Comme les grandes observations
d'analyses qu'a données Freud, sont admirables pour le
démontrer.

Et pour nous rabattre sur une donnée plus réduite, mais
plus maniable à nous offrir le dernier cachet dont sceller
notre propos, citerai-je l'article de 1927 sur le fétichisme, et
le cas que Freud y rapporte d'un patient[22] pour qui la
satisfaction sexuelle exigeait un certain brillant sur le nez
(Glanz auf der Nase), et dont l'analyse montra qu'il le
devait au fait que ses primes années anglophones avaient
déplacé dans un regard sur le nez (*a glance at the nose*, et
non pas *shine on the nose* dans la langue « oubliée » de
l'enfance du sujet) la curiosité brûlante qui l'attachait au
phallus de sa mère, soit à ce manque-à-être éminent dont
Freud a révélé le signifiant privilégié.

C'est cet abîme ouvert à la pensée qu'une pensée se fasse
entendre dans l'abîme, qui a provoqué dès l'abord la résistance à l'analyse. Et non pas comme on le dit la promotion
de la sexualité dans l'homme. Celle-ci est l'objet qui prédo-
mine de beaucoup dans la littérature à travers les siècles.
Et l'évolution de la psychanalyse a réussi par un tour de
magie comique à en faire une instance morale, le berceau
et le lieu d'attente de l'oblativité et de l'aimance. La mon-
ture platonicienne de l'âme, maintenant bénie et illuminée,
s'en va tout droit au paradis.

22. *Fetischismus, G. W.*, XIV, p. 311.

Le scandale intolérable au temps où la sexualité freudienne n'était pas encore sainte, c'était qu'elle fût si « intellectuelle ». C'est en cela qu'elle se montrait la digne comparse de tous ces terroristes dont les complots allaient ruiner la société.

Au moment où les psychanalystes s'emploient à remodeler une psychanalyse bien-pensante dont le poème sociologique du *moi autonome* est le couronnement, je veux dire à ceux qui m'entendent à quoi ils reconnaîtront les mauvais psychanalystes : c'est au terme dont ils se servent pour déprécier toute recherche technique et théorique qui poursuit l'expérience freudienne dans sa ligne authentique. C'est le mot : *intellectualisation*, — exécrable à tous ceux qui, vivant eux-mêmes dans la crainte de s'éprouver à boire le vin de la vérité, crachent sur le pain des hommes, sans que leur bave au reste y puisse jamais plus faire que l'office d'un levain.

III. *La lettre, l'être et l'autre.*

Ce qui pense ainsi à ma place est-il donc un autre *moi* ? La découverte de Freud représente-t-elle la confirmation au niveau de l'expérience psychologique, du manichéisme [23] ?

Aucune confusion n'est possible en fait : ce à quoi la recherche de Freud a introduit, ce n'est pas à des cas plus ou moins curieux de personnalité seconde. Même à l'époque héroïque dont nous venons de faire état où, comme les bêtes au temps des contes, la sexualité parlait, jamais l'atmosphère de diablerie qu'une telle orientation eût engendrée, ne s'est précisée [24].

La fin que propose à l'homme la découverte de Freud, a

23. Un de mes collègues allait jusqu'à cette pensée en s'interrogeant si le *Ça* (Es) de la doctrine ultérieure n'était pas le « mauvais moi ». (On voit avec qui j'ai dû travailler. 1966.)
24. Noter pourtant le ton dont on peut parler à cette époque des tours de lutins de l'inconscient : *Der Zufall und die Koboldstreiche des Unbewussten*, c'est un titre de Silberer, qui serait absolument anachronique dans la présente ambiance des managers de l'âme.

été définie par lui à l'apogée de sa pensée en des termes émouvants *Wo es war, soll Ich werden*. Là où fut ça, il me faut advenir.

Cette fin est de réintégration et d'accord, je dirai de réconciliation (*Versöhnung*).

Mais si l'on méconnaît l'excentricité radicale de soi à lui-même à quoi l'homme est affronté, autrement dit la vérité découverte par Freud, on faillira sur l'ordre et sur les voies de la médiation psychanalytique, on en fera l'opération de compromis où elle est venue effectivement, soit à ce que répudient le plus l'esprit de Freud comme la lettre de son œuvre : car la notion de compromis étant invoquée par lui sans cesse comme étant au support de toutes les misères que son analyse secourt, on peut dire que le recours au compromis, qu'il soit explicite ou implicite, désoriente toute l'action psychanalytique et la plonge dans la nuit.

Mais il ne suffit pas non plus de se frotter aux tartufferies moralisantes de notre temps et d'en avoir plein la bouche de la « personnalité totale », pour avoir seulement dit quelque chose d'articulé sur la possibilité de la médiation.

L'hétéronomie radicale dont la découverte de Freud a montré dans l'homme la béance, ne peut plus être recouverte sans faire de tout ce qui s'y emploie une malhonnêteté foncière.

Quel est donc cet autre à qui je suis plus attaché qu'à moi, puisque au sein le plus assenti de mon identité à moi-même, c'est lui qui m'agite ?

Sa présence ne peut être compromise qu'à un degré second de l'altérité, qui déjà le situe lui-même en position de médiation par rapport à mon propre dédoublement d'avec moi-même comme d'avec un semblable.

Si j'ai dit que l'inconscient est le discours de l'Autre avec un grand A, c'est pour indiquer l'au-delà où se noue la reconnaissance du désir au désir de reconnaissance.

Autrement dit cet autre est l'Autre qu'invoque même mon mensonge pour garant de la vérité dans laquelle il subsiste.

A quoi s'observe que c'est avec l'apparition du langage qu'émerge la dimension de la vérité.

Avant ce point, dans la relation psychologique, parfaitement isolable dans l'observation d'un comportement animal, nous devons admettre l'existence de sujets, non point par quelque mirage projectif dont c'est la tarte à la crème du psychologue que de pourfendre à tout bout de champ le fantôme, mais en raison de la présence manifestée de l'intersubjectivité. Dans le guet où il se cache, dans le piège construit, dans la feintise traînarde où un fuyard dégagé d'une troupe déroute le rapace, quelque chose de plus émerge que dans l'érection fascinante de la parade ou du combat. Rien pourtant là qui transcende la fonction du leurre au service d'un besoin, ni qui affirme une présence dans cet au-delà-du-voile où la Nature entière peut être questionnée sur son dessein.

Pour que la question même en vienne au jour (et l'on sait que Freud y est venu dans l'*Au-delà du principe du plaisir*), il faut que le langage soit.

Car je peux leurrer mon adversaire par un mouvement qui est contraire à mon plan de bataille, ce mouvement n'exerce son effet trompeur que justement dans la mesure où je le produis en réalité, et pour mon adversaire.

Mais dans les propositions par quoi j'ouvre avec lui une négociation de paix, c'est en un tiers lieu, qui n'est ni ma parole ni mon interlocuteur, que ce qu'elle lui propose se situe.

Ce lieu n'est rien d'autre que le lieu de la convention signifiante, comme il se dévoile dans le comique de cette plainte douloureuse du Juif à son compère : « Pourquoi me dis-tu que tu vas à Cracovie pour que je croie que tu vas à Lemberg, quand tu vas vraiment à Cracovie ? »

Bien entendu mon mouvement de troupes de tout à l'heure peut être compris dans ce registre conventionnel de la stratégie d'un jeu, où c'est en fonction d'une règle que je trompe mon adversaire, mais alors mon succès est apprécié dans la connotation de la traîtrise, c'est-à-dire dans la relation avec l'Autre garant de la Bonne Foi.

Ici les problèmes sont d'un ordre dont l'hétéronomie est simplement méconnue à être réduite à aucun « sentiment de l'autrui », de quelque façon qu'on le dénomme. Car « l'existence de l'autre » ayant naguère réussi à atteindre les oreilles du Midas psychanalyste à travers la cloison qui le sépare du conciliabule phénoménologiste, on sait que cette nouvelle court par les roseaux : « Midas, le roi Midas, est l'autre de son patient. C'est lui-même qui l'a dit. »

Quelle porte en effet a-t-il enfoncée là ? L'autre, quel autre ?

Le jeune André Gide mettant sa logeuse à qui sa mère l'a confié, au défi de le traiter comme un être responsable, en ouvrant ostensiblement pour sa vue, d'une clef qui n'est fausse que d'être la clef qui ouvre tous les mêmes cadenas, le cadenas qu'elle-même croit être le digne signifiant de ses intentions éducatives, — quel autrui vise-t-il ? Celle qui va intervenir, et à qui l'enfant dira en riant : « Qu'avez-vous à faire d'un cadenas ridicule pour me tenir en obéissance ? » Mais de seulement être restée cachée et d'avoir attendu le soir pour, après l'accueil pincé qui convient, sermonner le gosse, ce n'est pas seulement une autre dont celle-ci lui montre le visage avec le courroux, c'est un autre André Gide, qui n'est plus bien sûr, dès lors et même à y revenir à présent, de ce qu'il a voulu faire : qui est changé jusque dans sa vérité par le doute porté contre sa bonne foi.

Peut-être cet empire de la confusion qui est simplement celui dans lequel se joue toute l'*opera-buffa* humaine, mérite-t-il qu'on s'y arrête, pour comprendre les voies par lesquelles procède l'analyse non seulement pour restaurer là un ordre, mais pour installer les conditions de la possibilité de le restaurer.

Kern unseres Wesen, le noyau de notre être, ce n'est pas tant cela que Freud nous ordonne de viser comme tant d'autres l'ont fait avant lui par le vain adage du « Connais-toi toi-même », que ce ne sont les voies qui y mènent qu'il nous donne à reviser.

Ou plutôt ce cela qu'il nous propose d'atteindre, n'est pas cela qui puisse être l'objet d'une connaissance, mais cela, ne le dit-il pas, qui fait mon être et dont il nous apprend que je témoigne autant et plus dans mes caprices, dans mes aberrations, dans mes phobies et dans mes fétiches, que dans mon personnage vaguement policé.

Folie, vous n'êtes plus l'objet de l'éloge ambigu où le sage a aménagé le terrier inexpugnable de sa crainte. S'il n'y est après tout pas si mal logé, c'est parce que l'agent suprême qui en creuse depuis toujours les galeries et le dédale, c'est la raison elle-même, c'est le même Logos qu'il sert.

Aussi bien comment concevrez-vous qu'un érudit, aussi peu doué pour les « engagements » qui le sollicitaient de son temps comme en tout autre, qu'était Erasme, ait tenu une place si éminente dans la révolution d'une Réforme où l'homme était aussi intéressé dans chaque homme que dans tous ?

C'est qu'à toucher si peu que ce soit à la relation de l'homme au signifiant, ici conversion des procédés de l'exé-gèse, on change le cours de son histoire en modifiant les amarres de son être.

C'est par là que le freudisme si incompris qu'il ait été, si confuses qu'en soient les suites, apparaît à tout regard capable d'entrevoir les changements que nous avons vécus dans notre propre vie, comme constituant une révolution insaisissable mais radicale. Accumuler les témoignages est vain [25] : tout ce qui intéresse non pas seulement les sciences humaines, mais le destin de l'homme, la politique, la méta-physique, la littérature, les arts, la publicité, la propagande, par là, je n'en doute pas, l'économie, en a été affecté.

---

25. Je relève le dernier en date dans ce qui vient tout uniment sous la plume de François Mauriac pour s'excuser, dans *le Figaro littéraire* du 25 mai, de son refus de nous « raconter sa vie ». Si personne ne peut plus s'y engager du même cœur, c'est, nous dit-il, que « depuis un demi-siècle, Freud, quoi que nous pensions de lui », est passé par là. Et, après avoir un instant fléchi sous l'idée reçue que c'est pour nous assujettir à l' « histoire de notre corps », il en revient vite à ce que sa sensibilité d'écrivain n'a pu laisser échapper : c'est l'aveu le plus profond de l'âme de tous nos proches que notre discours publierait à vouloir s'achever.

Est-ce là autre chose pourtant que les effets désaccordés d'une vérité immense où Freud a tracé une voie pure ? Il faut dire là que cette voie n'est pas suivie, en toute technique qui se prévaut de la seule catégorisation psychologique de son objet, comme c'est le cas de la psychanalyse d'aujourd'hui hors d'un retour à la découverte freudienne.

Aussi bien la vulgarité des concepts dont sa pratique se recommande, les faufilés de fofreudisme qui n'y sont plus que d'ornement, non moins que ce qu'il faut bien appeler le décri où elle prospère, témoignent-ils ensemble de son reniement fondamental.

Freud par sa découverte a fait rentrer à l'intérieur du cercle de la science cette frontière entre l'objet et l'être qui semblait marquer sa limite.

Que ceci soit le symptôme et le prélude d'une remise en question de la situation de l'homme dans l'étant, telle que l'ont supposée jusqu'à présent tous les postulats de la connaissance, ne vous contentez pas, je vous prie, de cataloguer le fait que je le dise comme un cas d'heideggerianisme, — fût-il préfixé d'un néo, qui n'ajoute rien à ce style de poubelle par où il est d'usage de se dispenser de toute réflexion en un recours au décrochez-moi-ça de ses épaves mentales.

Quand je parle de Heidegger ou plutôt quand je le traduis, je m'efforce à laisser à la parole qu'il profère sa signifiance souveraine.

Si je parle de la lettre et de l'être, si je distingue l'autre et l'Autre, c'est parce que Freud me les indique comme les termes où se réfèrent ces effets de résistance et de transfert, auxquels j'ai dû me mesurer inégalement, depuis vingt ans que j'exerce cette pratique — impossible, chacun se plaît à le répéter après lui, de la psychanalyse. C'est aussi parce qu'il me faut en aider d'autres à ne pas s'y perdre.

C'est pour empêcher que ne tombe en friche le champ dont ils ont l'héritage, et pour cela leur faire entendre que si le symptôme est une métaphore, ce n'est pas une métaphore que de le dire, non plus que de dire que le désir de l'homme est une métonymie. Car le symptôme *est* une métaphore, que l'on veuille ou non se le dire, comme le désir *est* une métonymie, même si l'homme s'en gausse.

Aussi bien pour que je vous invite à vous indigner qu'après tant de siècles d'hypocrisie religieuse et d'esbroufe philosophique, rien n'ait été encore valablement articulé de ce qui lie la métaphore à la question de l'être et la métonymie à son manque, — faudrait-il que, de l'objet de cette indignation en tant que fauteur et que victime, quelque chose soit encore là pour y répondre : à savoir l'homme de l'humanisme et la créance, irrémédiablement protestée, qu'il a tirée sur ses intentions.

T.t.v.m.u.p.t. 14-26 mai 1957.

NOTES

Lorsqu'il est fait renvoi, dans la pagination des notes, aux *Ecrits,* sans autre précision, c'est l'édition complète qu'il faut entendre : il s'agit alors de textes absents du présent recueil. Tous les autres renvois sont intérieurs au présent volume et conformes à sa pagination.

Table

IMPRIMERIE BCA À SAINT-AMAND (5-94)
DÉPÔT LÉGAL 1er TRIM. 1970. N° 3705-10 (94/379)

Collection Points

SÉRIE ESSAIS

Collection Points

SÉRIE ROMAN

DERNIERS TITRES PARUS